基层社会治理系列

社区治理方法论

社会创新者说

闫加伟 著

上海三联书店

社会创新，其实没有那么多路

（代序）

　　我大学专业是社工专业，1997 年工作后曾在基层街道社区、团市委等政府部门工作过，也曾在宣传部门工作过，做过市志愿者协会的秘书长，创办过上海青年家园民间组织服务中心等机构。2006 年 11 月，我加入到了一个互联网＋社区服务的创业企业，担任上海公司的董事长。2017 年 8 月，我创办社邻家，专业从事社区空间运营、社区服务和社区治理事业。

　　40 岁时，我说，要做一个能够做一辈子的事，就是社会创新事业。2015 年 2 月，"壹号社会创新群"成立，之后大约每半个月或一个月做一次活动，现在已经做了 70 多场活动，包括一些沙龙、论坛，以及参访等活动。我们所走的每一步都是十分扎实的，并且结出了硕果。

　　走过了很多路，感觉路越来越宽，大势越来越好，发展也是日新月异。一路探索过来，今天我确有深深的感觉，就是我们已经到了社会创新的深水区，社会创新，其实没有那么多路可走！

　　在探索的过程中，我发现，在政府里做的事情并不能实践我对社会创新的一些想法，原因有：

　　第一，政府体系内推动社会创新的作为空间不大。有一天，我和慈善超市的负责人交流了解到，慈善超市一年才卖 20 万，那还是在经营良好的时候，现在却只能卖 10 万，只有 5 个工作人员，这该怎么去赢利？为什么不能有效率？因为整合不起来，慈善超市就只是这个街道范围内的慈善超市，不会服务于其他的街道，也无法成为连锁超市，导致了成本居高不下。诸如此类的事在政府体制内是无法破局的。

政府官员是联络工作的一个节点,而他们的水平就决定了对整件事情的判断。再如,领导的调动,有时候领导一调走,一个项目就难以持续。还有就是金字塔型的行政架构导致了活力的缺失。为什么这样讲? 我们一直强调要去发动自下而上的社会参与,无论是社区微更新还是社区营造都应这样做,但是却很难做到。如果我们要在政府体制内,就像我作为一个官员个人去推动社会创新是非常难的。在政府里,很难把社会创新的路走得很好。

第二,社会组织也遇到了困境。我接触过大量的社会组织,感觉最大的问题是能力和执行力。社会组织整合资源特别困难,大多数工作人员整合资源的能力比较差。在政府拿到多少资金,就花掉多少、做多少事,这和市场组织有什么区别。社会组织不应该只做这些,应该整合更多的社会资源参与其中,但绝大多数的社会组织还是做不到这一点。

还有一个原因是规模化效应的追寻和受挫。我也曾做过社会组织,做过青年家园民间组织服务中心总干事,曾服务过几百家公益组织。我了解到,想把一件事情做好真的需要规模化,就像慈善超市一样。为什么韩国的美丽商店每年都有几十亿韩元的盈利? 为什么乐施会的慈善商店和美国"好意"慈善商店都可以盈利? 因为它们有规模化效应。没有规模化是难以和其他的一些超市去竞争的,更不会有好的效益,而社会组织在这一方面的探索经常受挫。

无论是政府还是社会组织,在今天,社会创新的广阔领域已经接近于蓝海。

改革开放的前30年是经济领域不断完善和发展的30年,而现在是社会领域不断完善和发展的初期,我一直这样讲,但是讲到现在我不能再这么讲了。因为离我说这话的时间已经过去10年了,而在这10年发生了这么多的变化。比如政府的日益成熟,官员和社会组织打交道也有了经验。我在和很多街道书记聊天的时候,他们会指责一些社会组织,说社会组织领袖来谈的时候,谈得天花乱坠,但到了后面来的具体执行的人,就一塌糊涂了。当然,第一年可以这样,但如果第二年再这样,在经过了四五年之后已有了判断力,这个时候他们自己会再琢磨,这个社会力量是不是仅仅指社会组织? 是不是也可以包括企业? 当然也是可以包括企业的。而政府购买服务的机制也在不断地完善发展,完善发展之后,很多公益组织已经不再单纯地想获得政府的这些资金了,因为现在的招投标机制特别复杂,有很多人正刻意地不朝这边走,而是到市场之中去获得应有的一些收益。

我曾认为,社会创新有无数条路。我和三个同仁专门写过一本书叫《磨合的空间》。对于政府、市场和社会在磨合的过程之中会产生大量的创新之路,就像养老和地产创新出"养老地产"一样,会有很多类似这样的创新点。但是深入实践得多了就会发现,任何一条路上面都塞满了车子。无论做社区服务还是做议事规则、社区空间微更新、垃圾分类等项目,其实已经有很多人开始做了。我们再去尝试,会遇到很多竞争者。

这条路上不仅有公车、有私车,还有改装车。公车是指政府背景的公益组织,而改装车是指街道里的社区服务社等等,而这些改装车拿社区的项目想当然是天经地义的,因为它们的创始人是街道的退休科长,有天然的资源优势。

社会创新的路其实越来越曲折。现在已经是一个充分竞争的红海,而在充分竞争的时代,我觉得最重要的就是效率和执行力。

我们既要有整合除政府资源之外的能力,也要有不花钱也能营销的能力,还要有满足需求的能力。而这一方面,市场做得很好,互联网带来的共享概念更是改变了我们的生活。同时,需要项目创新的能力,并且随手可以做,让大家参与其中并乐在其中。这个项目要方便于传播,也方便营销,这样的项目才是好的创新项目。

另外,我们要有攻坚克难的能力。目前政府再让社会组织去做的事,已经都是难题了,比如老旧公房装电梯这样的事。装电梯最难的并不是钱的问题,而是一个社会共识达成的问题,如何让一楼同意装电梯实际上是很难的,还要让他出钱,他更加不愿意。社会组织就是要去做这种攻坚克难的事。现在整治环境的事也越来越多,该如何把这些摊贩给组织起来?该怎样形成一个议事规则,让他们自我管理?像这样政府有需求的项目其实是很难的,但也是我们都绕不过的一些事。

社会创新是正在进行中的革命!在这样一个过程之中,我们发现了社会企业的兴起,也发现了互联网领域共享经济的兴起,上海市委主要领导曾在上海市人代会上把共享单车当成社会创新项目来讲。另外还有一些公益众筹的兴起，在大连有一个由佛教组织创办的免费的养老院。如果想让社会创新再朝前走，我们一定要市场化，并提高执行力和效率。这条路值得探索。

在今天，我们要和情怀说再见；那些天天讲愿景、模式和理念的人，我们应该远离；那些一直不停抱怨，抱怨政府、政策、群众、环境的人，我们也应该远离！

对于社会创新者而言，我们已经无路可退，退不回那个机会遍地的时代；我们面临的又是最好的时代，个人力量的拓展，互联网带来的共享技术，社会发展带来的广泛需求，都是我们的机会，很多方面都需要我们跨界去拓展。

我们只有不停地实践，才有可能在社会创新的广阔天空中有更美好的明天！

目　录

第一章

理念先行： 更新社区治理的理念

第一节　从社区中来，再到社区中去

◎ 社会组织要到社区中去解决问题

2018年3月10日，国际公益学院华东校友会和社邻家在天平街道"创邑邻里汇"联合举办了一个活动，原民政部司长、国际公益学院院长王振耀和英国的社会创新家迈克尔·诺顿来到了天平"创邑邻里汇"，和天平街道及社邻家做了交流和对接。原本只是礼节性交流，一个小时差不多了，结果我们聊了将近两个小时。为什么？因为大家聊得相当投机，理念上一致，达成了共识。

王振耀院长是我公益之路的精神导师，我从体制内辞职，很大程度上是受他的感召和影响。诺顿是英国著名的社会创新家，40多年来，他一直致力于支持公益组织的发展，寻找更创新的行动，鼓励公众一起行动起来改变世界。《365种改变世界的方法》是他写的一本与社会创新相关的很著名的书。诺顿极其推崇行动。他说他的人生信条有三个——做、现在就做、错了重新再来。当天他在讲演中说，我们这些人有一个共同的特点，就是同感心。社会问题的出现并不可怕，反而更加能够激发我们这些人的同感心。很多时候坐而论道，坐在那里讨论一个新的方法是否符合法律规定，政府是否会支持，是否容易获得资金，这是没有太多意义的。关键的是你要迈出第一步，有了第一步就会有第二步、有第三步。有一个九岁的英国小姑娘,她觉得学校的蛋糕特别难吃,所以每天就给学校供应的糟糕蛋糕拍照,并上传到博客,在一个月之内吸引了全球网友的疯狂点击。而这样的一个行动最后促成了慈善组织"玛丽的午餐"的建立,并筹集到了许多善款。一个九岁小女孩做到了她这个年龄阶段不能做到的事情。这就是改变世界的一小步。

天平街道作为市委办公所在地,深受各级领导关注。天平街道是传统老洋房集中的地区,有很多名人故居坐落于此,像武康路、天平路、衡山路等都是上海著名的景观道路。街面上分布着很多网红店,每天都吸引了大量的游客在这里驻足拍照。即使像天平街道这样"高大上"的社区,都难免有很多社区问题存在。如在背街小巷里,有些环境比较差,在一些弄堂里还有很多贫困家庭等,还有很多社区难题存在,像文明养宠物、居家老人照顾等。天平街道的很多老旧小区中,停车相当困难。比如天平社区范围里有一家著名医院,这个医院以停车难著称。为什么呢?医院停车位少,难停车,周边社区也停不进去,而有黄牛却以此为业,他们倒是总能在社区里找到停车位。这种现象就惹怒了车主。医院停车难问题不仅仅是医院自身的事,而且还需要医院与周边的单位和社区形成联动才能解决。这个问题就是非常具体的社区难题。

街道高路书记表示,街道有不少的社会组织,但是专门针对这些社会问题的,能够参与到社区创新与社区治理中去的社会组织特别少,有能力的则更加少。所以,社区非常欢迎这样的社会组织能够真正地扎根到街道,和街道合作,将这些社区问题一个个地解决。

王振耀院长说,国际公益学院是社会创新领域的探索者,自成立以来,其培育了大量公益高端人才,这些人才已经在社会创新领域发挥了重要作用,这些社会组织也是非常优秀的。但他们不应该只关注一些大而空的理想愿景,而应该将自己的行动聚焦到一个个小的社会问题之中去。他举了一个他推动的案例——厕所革命,解决公共厕所无手纸这个小问题。他在学校里做了深入的调查,并且有专门的调研报告发布。在北京即使是很出名的学校,厕所里都没有手纸。有的学生没有养成带手纸的习惯,所以经常会憋着回家解决,长此以往会影响孩子的健康。王振耀院长认为,厕纸事虽小,但是体现的是对人的尊重,所以他在十几年之前就发起了厕所革命,并且称自己是厕所革命的行动先锋。他还举办了中国厕所革命论坛。他的行动得到了很多企业家的支持,大家纷纷对这个小项目进行捐助。通过不断的倡导,越来越多学校厕所有了厕纸,越来越多公厕厕位变得更加合理、整洁、方便。

王院长在当晚就行动起来,呼吁这些国际公益学院的校友能够积极参与到天平街道的社区治理之中,对社区进行调研,发现一个自己能干的小事,和居委会合作,和街道合作,真正地使社区问题得到解决。

当天晚上很多公益同仁已经开始行动起来。其中,有一个专门做应急救援的组织找到了我,他们在地铁和外企中开展了很多安全教育、应救救援、应急救护知识普及的项目,教更多人学会用心脏除颤机等。社区在这方面是有很大的需求的,所以这个组织想把这样一个项目做成社区安全救护的项目在社区推动。

当然社区的问题是极其复杂的,任何一个项目既涉及到居民需求,还涉及到居委需求、政府政策,以及社区单位利益,所以推动起来肯定会遇到很多困难。就如医院周边停车难问题的解决,在今天,技术问题都不是问题,更重要的是周边社区单位的配合,以及街道和社区的支持,大家如何形成共识并整合资源去推动这样的事情的解决。这是最关键的。

任何一个小的项目,后面还会遇到钱从哪里来、项目是不是可持续等问题,有一些社会组织在社区的项目做得很好,但是,又不可能长期在这里驻扎,一走后,有些项目就停了,社区又重回原貌。这样的现象也是我们必须重视和克服的。

诺顿给出的答案是:

> **首先要做一名同感者**,做一名很好的同感者,对社区问题要有深切的调研和深切的感受,并且愿意将这样的感受告诉更多的人,从而形成一个项目。
>
> **第二个方面,就是走出第一步**,哪怕是拍一张照片或发一个微博这样微不足道的小的行动,但一定要行动起来。

> **第三个方面，是要找到更多的行动者。**他在南亚推动的针对印度贫困儿童的项目就动员了很多有过贫困经历的志愿者的参与。对于社区而言，就是动员更多的人参与到社区行动之中来。这就是社区治理的本意。

◎ "死结型社区"的破解之道

1997年，我刚毕业时被作为社工分到了浦东新区一个基层社区去做社区工作，那时候我也是浦东第一批社工。见识到了浦东当地农民动迁社区的混乱与复杂，当时这些动迁居民动迁补偿特别低，没有后来的政策好。而他们赖以生存的村落都拆掉了，建成了现代化公房。

居住形态虽然变了，但生活方式还停留在农村生活方式，进入这样的社区，随处可见绿化被毁，转而种上了鸡毛菜、青菜；有的则用篱笆拦起来，在里面喂鸡。老式家具就摆在社区小广场，三五个老人在那里打麻将，抠着脚丫子在那里喝茶聊天，如果进来一个人，他们就会集体盯着看。

这样的社区在当时的浦东，尤其是城乡结合部的地方普遍存在。这里的问题也很多：楼道堆物根本就难以处理，你去清理他们跟你吵翻天；各种乱扔垃圾，随地吐痰，你和他们说，他们嗓门比你大，他们觉得也没有什么大的问题。还有，物业费很难收起来。以前在村里，交什么物业费，是你把我们动迁了，我也不交，交不起，所以物业费普遍难收。所以，这样的城郊结合部的农村动迁居民为主的社区，社区治理面临着诸多问题。这个社区当时还在争创市级文明社区，所以要和这样的不文明习惯及一些社区难题去做斗争，投入的人力、物力、财力极其巨大。

这样的社区问题是很难解决的，有的来自于老百姓的习惯，有的来自于生活方式，不是一下子能够改变的；更重要的困难来自于政策，因为动迁补偿特别少，他们天然有意见，天然对政府不满，认为政府的所有投入都是理所应该的，他们受之泰然，这个更难改变。

所以我称这样的社区叫"死结型社区"，当时，我就抱着这样的态度：这样的社区要好，可能要再过 10 年 20 年，等他们老了、去世了，才可能会好。不久前，我去了徐汇区的一个同类型社区，也是 20 年前因为漕河泾开发当地农民动迁集中居住的一个社区。

我原以为，20 年了，靠时间是不是可以消磨，或者说能够改变这里的状况，是不是已经不再是我刚工作时的样子了。进去后发现很有意思，社区面貌应该说比以前好多了，硬件设施，像广场、墙面、垃圾房等，都做得挺漂亮，政府不断地投入，做得挺好。草地上种菜，虽然有，但是也很少了。居民的文明习惯也挺不错，经过多年，不再乱涂乱画，乱扔垃圾，随地吐痰了。

但是一旦涉及到居民利益，情况就不一样了，就变得极其复杂了。这里面突出的问题就是物业费收缴问题。居民说是"打死不交物业费"，包括停车费，这里停车收费特别低，在上海徐汇区这样的地段，每个月才 80 块钱，但是他们就是不交。并且是谁交物业费就攻击谁，导致那些本来想交的也不敢交。

停车自然也是一塌糊涂，随便停，没人管。这些车位到底怎么管？靠占位置，谁先占就是谁的。连费用也不交，物业也就不管，也不敢管。有空车位就拿凳子占上。碰上文明检查，居委会有时候也想整治一下，把凳子拿走，这些居民就冲到居委会，把居委会的凳子捡好的搬走。社区里有几拨"传统势力"，熟人社会，老早就熟悉的，这些势力是组织化力量，更难说服，也做不通工作。

因为对政府当时的动迁有极大不满，总觉得政府亏欠自己，所以一旦涉及他们的一点点利益，他们都要抵制。

这样的社区真的进入到了一个"治理死结"：居民已经形成习惯，形成了潜规则或者潜意识。

目前，针对这样的社区，有三种习惯的治理方法：

第一个就是信访式的治理，把它当成一个不安定单位来对待，把里面发生的事件当成信访事件处理。一般也不去管你，如果你要上访了，就被动地接待，当成信访处理了。有事就处理事，谁带头就给他恩威并施，这是一种思路。

第二种方式是懒政式的治理，就觉得算了，我也没办法，拿你们真没办法，你们自己爱怎么着怎么着，爱种什么种什么，不交钱就不交呗。任时光流逝，反正这一代人死光了，接下来年轻人会更好一点。

第三种是群众工作式的治理，主要方式是做思想工作，看看谁在里面最积极，谁是头，然后去给他不停地做思想工作，去说教，做他的个案工作。这个可能会有一点效果，但是总体上来讲，很难发挥很好的作用，因为这里面的利益问题和复杂的问题仅靠个案式的思想工作是难以奏效的。除非社区书记非常有工作艺术，不光能够和他谈得上话，还能够说服他，这还是会有一定的效果的。

> 如果仅是这三种方式对付这样的"死结型社区"，作用是不大的。就像我以为，随着时光流逝，十几年之前我工作的那个社区，情况会不会更好一点？总体上，这样的"死结型社区"已经成了一个政府单向地和无底限地投入的一个"福利社"，大家习惯了被喂养，习惯了等靠要。诚然，给钱的都欢迎，让我出钱或出力，甚至是自治共治，那没门。

这样的社区很有意思，对于社会创新者和社区工作者而言，有很大的实践价值。我有一个观点，社会问题之所在，就是探索价值之所在。因为变成了死结，说明有问题，有需求，就代表了有工作价值。对于市场来讲，刚需就是大市场；对于社会来讲，这样的社会问题就是我们工作的意义和价值之所在。**这样的复杂社区对于社工机构和社区工作者来说是一笔不可多得的财富**，因为问题复杂，难以解决，如果你去解决，去触动它，才能有能力方面的更好的提升。

针对这样的社区，我觉得有四个方面可以值得一试：

第一个方面就是分析此类社区的真正问题之所在。它的问题到底是什么？你可能会说，它的问题就是历史遗留问题，当时动迁政策导致了他们内心的不公平感。但是，历史遗留问题也只是很粗的归因，十几年之后，这里的问题是不是还是这个？可能随着时间的推移，大家抱怨的可能不再是政策了，这是当时的政策，再搞也没太多的意义。所以，很可能问题已经变成了当前的问题，他的生活困难和未来发展问题。所以，如果我们能够解决他们一些生活问题和未来的问题，那么他不配合的问题就不存在了。这是第一步，就是发现问题到底是什么？社区都有意见领袖，对政府来讲，就是刺头，带头闹事的。要发现这个人的问题是什么。他的问题也不一定就是因为动迁导致的,所以要找到这样的问题,针对这个问题去解决。有可能是他的心理有一点问题,也可能是他的家人去世了,导致他的无聊空虚,要发现此类问题之真正所在。

第二个方面是要找到社区的关键人物。社区的关键人物,以往可能是老农村的老书记或者这个家族的比较有威望的人,但是除此之外,还可以去找我刚才说的那些"刺头",这些人有一定的动员能力和积极性。这样的刺头,如果能够真正地去说服他和影响他,那他发挥的作用就很大。

第三个方面是积极开展社区文化活动。像我十几年前工作的那个社区,年轻人如果收入高一些,一般不愿意住在这里,因为都是他的乡亲,他爸他妈要管他,叔叔婶婶都住这儿,他觉得没意思,有点钱就会搬出去,这里很容易就变成了老年社区。他们又不再务农了,又没有其他事,所以文化活动很容易搞。当年的确组织了很多这种文化的团队,跳舞、唱歌,包括做菜、手工,好多这样的文化活动将很多人动员起来了。通过文化活动把这些人凝聚起来是一个挺好的介入路径。通过文化活动,大家对这个社区会形成更多的认同,对活动的组织者和支持者——政府和社区——会有更好的认同。

最后一个方面是要对这样的社区综合施策。综合施策就是既要有硬件(硬件在改观),也要有软件(服务和活动在提升)。既要有外来组织在这里扎根,培育项目,推动自治共治,使他们更多地参与,也要有本地社区工作者在这里不断地扎根培育,也要有一些当地群众文化团队的活跃。这种综合施策才能真正影响社区,不仅影响一些物质方面的改观,包括生活,如就业方面的解决;也能通过大家的共治,解决停车难等问题。

当然,针对这样的死结型社区,其实很难说一年或两年把它治理好。今天,19年过去了,社区死结依然存在。这方面的工作就像我学的社会工作中讲的社区发展,它是一个专业性的工作,综合施策的事业需要四五年,甚至更长时间,慢慢地才能够真正使社区得到全面的发展。

当然,综合推进的同时需要找到其中的一个点,这个点往往就是当前最难解决的点,比如说停车难,大家都知道难,但解决的意义更大,因为这是触类旁通的点,是个穴位,一通百通。所以,我们要找到对这个问题最关心的人,最积极行动的人,通过一定的议事规则,加上一些专业的手段,形成共识,很好地解决这个问题。这可能就是这个社区的"死结",死结一解,其他的问题就可能迎刃而解。

所以,对于"死结型社区",最终可能是要靠综合的与长期的社区工作思路去解决,但同时也要针对其中一个关键性问题进行突破。

◎ "深度社区治理"是唯一的方案

成都市民政局的江维来上海交流,谈到了社区深度治理问题,我觉得想到一块去了。她提出,现今社区治理已经分开了层次:一种是居民自娱自乐式的治理,活动丰富,大家都对唱歌跳舞等感兴趣,参与人多,也不涉及到太多的利益,老百姓喜欢,广场舞以及亲子活动什么的特别受欢迎,而相关工作也好做。而另一种是和社区深度问题相关的治理,江维称之为"公共品",即涉及到社区"公共产品"的工作,就是深度社区治理的事。

> 那么,什么是"公共品",即"公共产品",即在使用上是非竞争性的,比如义务教育服务,我也能用,你也能用;同时,在受益上也是非排他性的,你能享受,我也能,大家都受益。社区公共服务中的福利服务、义务教育、文化等,都属于"公共产品",都是国家提供的。此外,像社区配套空间服务、公共绿地、公共电梯等,也都是"公共产品",而这些服务的提供者,就不一定是国家了,而是居委会、业委会、社会组织等提供的。

我认为,社区治理的层次,按照内容来分可以分成三个方面:

第一个层次当然就是活动型社区治理。提供的是自娱自乐的兴趣活动,发起者都是兴趣达人,目标是做各种各样的活动,活动之外的其他方面交流不多,这是第一个层次。

第二个层次,议题型的社区治理。一个社区里面产生了很多大家共同关心的问题,或者政府和居委认为大家应该关心的问题,从而动员居民一起就这些事进行讨论。这些事可以是社区花园怎么改或社区公约怎么制定。这些议题多来自于上面或者外部,表现出来的是参与式的、协商的、自治的内容。一个社区空间的"参与式设计"改造,就是设计师主导,同时征求老百姓的意见;楼组公约的制定,社区环境整治等,也会听取居民意见。此类治理会推动很多社区议事会的产生。

第三个层次,我称之为**"居民主导型"社区治理**,其目标是产生前面所讲到的"公共产品",老百姓的参与是非常深度的参与,主导者也从政府和居委转到了居民。比如,要在社区里面建一个社区花园,或者解决停车难问题。推动者是由对这个事特别关心的社区居民组成的自治组织,主导项目推进,居委会及上级相关部门对这个自治组织进行指导支持,但不包办,这才是深度的"社区治理"。社区"深度治理"最终产生的是"公共品",加装电梯出来的就是一个电梯,解决停车难问题,出来的是停车库的建成,并为居民提供更好的停车服务。

现今,已经到了一个必须面对深度治理问题的时候了。前面三个层次中的前两个,自娱自乐型、议题型,根本没有触及社区的深层次问题,主导还是依靠行政力量,或者是自上而下的行政管理,推动主体是政府部门或者居委会。

第一个层次的探索,基层有着丰富的实践,社区活动特别丰富,各种队伍参与得很踊跃,成功案例很多。

第二个层次的探究,居民议事会、基层民主协商等例子也不少。对于居委会干部和社区工作者来讲,这都是能 hold 住的,通过制度性创新设计就可以做好了。议事是不是形式,对于社区居民参与有没有促进,有多少促进,也没有量化的指标。

但最难的,恰恰就是第三个层次,如何通过深度治理,促进"公共产品"的产出。这恰恰是社区治理的重中之重,因为简单的大家都做得差不多了,今天必须面对社区的深度治理。很多社区难题的解决都要涉及深度治理,像老旧公房加装电梯、垃圾分类、流浪猫狗问题等。因为这些问题都涉及到一些关键要素,并且不能绕过:

一是产权。很多社区问题都涉及房屋产权属性,比如社区配套用房中到底提供什么服务,这些公共服务是不是符合大多数居民的利益。一些房地产公司把一些共同产权的会所和电梯租出去营利,其实就侵犯了居民的产权。

二是利益。这点更加突出,任何社区难题的背后成因都是因为动了某些居民的利益,导致他们大加反对。一个专业名词叫"邻避效应"就是说的这一点,建设公共设施可以,但不能动了我的利益。如果侵害了我的利益,我就不同意。就像加装电梯,一楼居民就不愿意;垃圾分类建垃圾房,靠近建设点的居民就不愿意,这些都是深度利益问题。

三是观念。社区很多元,大家对于同一件事,观点可能完全相左,这就会产生冲突。比如流浪猫狗,有的人特别有爱心,有的人就特别讨厌。我一个同事就遇到了这样的事儿,她住的小区里有不少流浪猫,她就在自己窗台下面摆了几个小盘子,定期投放猫粮。有一天她去喂猫,忽然发现放猫粮的盘子被人摔坏了,碎片四散。喂猫引来了猫,也引来了不喜欢猫的邻居的怨恨。这个同事是个小姑娘,吓得不得了,都不敢住在这个小区了。

四是更深层次问题。像宗教以及对政治的不同看法,都会引发社区的冲突。社区深度治理还有一个绕不开的问题,就是党的基层社区治理,中央高度重视城市基层党建,而现实是社区里面的党的影响力真的非常弱小,所以,党要重视这块工作,将党的影响力覆盖到社区、楼组、居民家庭,真正影响到社区的每个居民,但难度是相当大的。

党下了决心去推动城市基层党建,使党的服务更加实体化,项目更加亲民。但如何以更好的方式让居民感受到党的温暖呢?现今,在有些高档社区和别墅区,居委干部没有物业陪同都敲不开门。所以党组织要在这里面发生影响,就成了一个深度的社区治理问题。

今天,我们讨论深度社区治理的问题,我也没有什么特别好的招数。从总体上来讲,还没有破局。从中央到地方、到街镇,各级领导早就意识到了这个问题,但这个问题再推进,也恰恰遇到了路径依赖问题,导致了我们常讲的一个悖论——行政有效而治理无效。

如果社区治理还是遵循传统手段,通过行政力量层层分解地压下去,有些工作是有效的,通过数据能够体现出来,会成为政绩的一部分。但这也极易导致形式主义,这就是近期中央媒体集中批评的"痕迹管理","干得好不如晒得好——政务APP过多,基层干部很苦恼"……但是,治理这个事儿就比较麻烦,老百姓不愿意参与，他们和这个社区没有什么感情，没有归属感，这恰恰是社区治理的目标，而这些目标只靠自上而下的行政管理是无效的。按照行政手段去推进深度治理，必然会遇到不尊重社区发展规划、讲政绩、形式主义的问题。推进一个项目，半年就要开现场会，这样的方式对于社区治理，尤其是深度社区治理真的没什么用处。

> 社区治理需要耐心，需要扎实地在社区里面耕耘，但是很多基层政府部门是没有耐心去做这个事情的，他们最擅长的是在里面找典型，然后树典型。哪个社区工作者做得好，就请高校专家写本书，打造成一个"×××工作法"；哪个居委书记特别好，就把他树为"优秀社区书记"。这种方式也有效，但得到的都是一个一个的个案；这个个案在这个点上因为有特殊资源，所以能够做成，但是搬到另外一个地方就做不成了。

现今，深度的社区治理遇到的都是产权、利益和观点的问题，甚至是政治方面的深度问题。这些深度问题的解决不是一朝一夕能够完成的，在这个领域还没有太多成熟的案例，没有比较普适的标准化的解决方案。大的原则我们都有，大家都知道要动员居民，发现达人组建社团，然后为社团赋能，让他们自己有能力解决自己身边的事，这样才能真正解决社区问题，这才是深度治理。相关领导和社区工作者要真正有耐心去做这个事，而不是主观和冲动地直接替代地去解决居民问题。

◎ 社区治理是坑还是井？请珍惜挖井人！

对于社区治理而言，**每一件事，每一个项目都挺费劲**。不是单一元素能够解决的事都特别麻烦，涉及到方方面面的协调，因为是共治自治和多方参与的事，所以再小的项目，在社区里面都需要非常复杂地协调，协调，再协调。

也挺耗时，为什么？比如说一个简单的目标，希望这个社区志愿的参与率能达到 10%。你要实现它，一两年不一定能够达至。推进一个社区的发展和进步,时间都是三年五年级别的,是非常费时的,需要耐心。

另外,**就是不挣钱**。社区治理属公共公益领域,我说过,都是边缘行业和边缘部门,都是用边缘的资源和边缘的钱来做的,所以,无论是购买服务还是捐赠,不管是谁参与、谁投入,钱都不会很多,所以不可能挣钱。

诸多不利,好多人为什么还要心甘情愿地向坑里跳,那么,社区治理还是有可为之处的吧。社区治理这个事,国家特别重视,它是社会治理的重要部分,我们看到,随着城市发展,越来越多的大城市更加重视社区治理这件事;像成都已经把社区治理作为经济工作之外的第二个中心工作了。对于创业而言,在公益和商业之间,也会有一个业态,既有情感连接,又有商业模式,这种业态最大的可能就是在社区产生。

政府推进社区治理有路径依赖,要么给钱,成立社区治理专项资金、社会组织发展基金、自治金等;要么给编制,专门成立什么什么部门,推进社区治理事业;要么给政策,比如鼓励社区基金会发展、社会组织培训,推动社会企业等,这都是政策。

政府能做的事和擅长做的事就是这些,除了这些,剩下的事就应交给社会。但事情也并不是这么简单。这两天看到一份关于青年公寓的调研报告,调研发现很多问题:青年公寓的公共空间有的是面积小,有的是规划不合理,有的是运营问题,运营人员配备不足,很多青年公寓没有居委会管,也没有专门机构管,虽然有的地方建立了党群服务站,但服务也跟不上,就是多举办几次活动而已,服务效能不高,青年该不参与的还是不参与。在这样的情况下,这个报告提出了很多建议,但其实是没有现实意义的:人员配备不足,建议配备专门人员,但是我没办法配、没钱配怎么办?还有,即使建了党群服务站,服务就会好吗?这也是问题,党群服务站和党建服务的中心工作人员都是事业编制,作为事业单位员工,他们的积极性如何调动?**这是个服务性行业,没有积极性,谈何服务!**

即使是建了党群服务站的青年公寓公共空间,难道就是有活力的社区治理的典型吗?对于社区治理的很多事情,即使各方很重视,很支持,也都在关注、调研、推动,但是往往会发现,所有的力量到了社区治理这个层面却像陷到了坑里:

> 很多办法硬是不管用,很无奈,工作进入死循环! 给钱,好像用处不大;给人,好像用处也不大;领导一重视,各方一呼吁,搞一次活动,就没有后面了,并不持久。运营成效是碰运气,为什么是碰运气? 体制内的人对这个事真正有兴趣,愿意去做社群,愿意去发动、动员和搞活动的人并不多,所以,成功运营的机会并不多。这个地方运营得好,主要因为这个人好。

很多地方运营的好坏,真的是碰运气,一个员工好,一个支部书记好,就做得好。针对任何一个社区、新的领域或新的空间,外部力量的介入,我们能想得到的,首先就是政府的力量,刚才我分析了,结果往往是要么不管用,要么不持久,要么碰运气。当然,外部力量不光是政府,也可以是一些公益组织、社团组织,或者是社区内生机构、社会企业。

我们看到,很多专业机构和社会组织都在纷纷参与到社区治理之中,但参与的点和角度是不一样的。这些参与的社会力量,更多做的是标准化、产品化和容易见效的项目,几乎都在专业领域,比如,我进社区只做阅读,做成"阅读马拉松"的品牌,我进去只做养老,我进去只做议事规则等。社区虽然复杂,只要我可以掌控投入、成本、产出,就可以去弄,这是普遍现象。

但到今天,特别缺的是什么? 就是整体推动社区治理,把社区内生力量激发出来的、持续深耕的机构。

虽然很多人认为,社区治理是一个坑,为什么还有这么多人投身? 显然,很多人是在把社区当成了井,在这里面挖挖挖,坚信能挖出水来,挖出矿来,能够实现理想。这类深耕社区的整合型的组织在深耕深挖,而不是只做项目,项目做完就走人,这样的组织少之又少,因为这需要更多耐心、更长时间,需要更持续的投入。要激励更多这样的组织的发展,让他们看到希望,看到能够挖出东西来的希望,而不是只有无可无奈。

现在,各方对社区这么重视,社区也在不断地出现新的领域,比如社区公共空间的运营就是综合性的挖井的事,不光要运营空间,还要运营关系。还有一些扎根在社区里面的社会企业，它们不光在卖东西或卖服务，它们也在和周边产生联动，这是新业态，是可以挖出矿来的事。如何让社区治理不是坑，而是井，打好井，挖出水，这需要大家的共同努力。政府可以打把伞，让挖井人不要那么辛苦；大家一起支持挖井人，有钱出钱，有力出力。

事实上可以归结为一句话：让挖井者的成本更低，收益更高。收益未必是钱，可以是社会资本的收益，也可以是个人价值的实现，这个就不展开说了。成本更低就在于，更低的房租，更低的人力成本。社区相关业态有更多的情感连接因素，要激发社区内在力量，吸引更多志愿者的参与。没有内生力量支持的话，成本不可能降下来。如二手商店等社会企业的运营，如果不能降低成本，而和市场化的连锁商店拼产品、拼成本，那肯定会走向失败。

社区好多挖井者有着很好的初心，但做着做着，由于找不出好模式，就浅尝辄止了。这里搞了个活动，搞一次联建，做一次培训，就走了，社区没有收益，只有困惑。其实，这便不是挖井了，而是挖了很多坑，不停地挖坑，以至于社区治理这条道路变得崎岖不平，坑坑洼洼。这个领域呼唤更多的挖井人，在今天，挖井人真的是凤毛麟角，所以恳请大家善待每一个挖井人吧。

第二节　社区治理之创新思维

◎ 社区工作者需要"社会企业"思维

在一篇推文《无人商店烧光 40 亿，我们谈的新消费究竟在谈什么？》中报道，台湾 7 - 11 无人商店停止拓展，而在大陆烧光 40 亿人民币之后的无人便利店创业公司几乎全部倒闭。推文作者分析了失败的原因：无人商店为什么会失败？大家看到的现象是什么？是失去人情味的无人商店重复购买率低落，相对于传统商店几乎没有太多吸引力。作者感慨说："如果说我们找到社区的一个创业点,找一个技术团队进行所有的影像分析,来对居民进行画像,再用人工智能识别技术和大数据分析,在这样的高科技的思维基础之上,可以运营一个更棒的无人商店,但是也许**消费者有时候真的要的只是一个人与人接触的、有温度的小店,走到那家店之后看到店员开心和微笑的表情**。无人商店创业失败的启示是什么? 就是在社区开一个店,人和人之间的连接是多么地重要。

无论市场如何变幻,社区里还是有很多夫妻老婆店,他们对居民很熟悉,几十年开在这里,居民关系特别好,很多家长里短都清楚。但在今天,这些有烟火气的夫妻老婆店受到了大资本的强烈挤压。大资本非常高效地在社区拿空间,开店,并进行连锁化、规模化、标准化运营,靠成本管控、物流链、规模化来降低运营成本,然后快速地扩张。

我们也看到,并非所有的资本助力落地社区的运营都是成功的。你完全抛弃人的因素,店就会变得冷冰冰,居民会用脚投票,哪怕网红店(很多网红店也是纷纷倒闭)、新鲜感、价格有杀伤力等,最终都换不来大的体验感、满意度和温度。

大资本进入之后,炒高租金,强化坪效,充分的竞争使社区商店走向了平均利润,而这样的平均利润和高租金对于单打独斗的夫妻老婆店来说是很难维持的,所以它们纷纷败下阵来。

> 我们看到,很多社区商业空间被这些大资本或者说连锁企业攻占,媒体看不下去了,公众也觉得审美疲劳,一些高层领导也看不下去了,责成有关部门重视社区商业的"烟火气"问题。

2014 年出了一部香港电影叫《潜龙风云》,我这两天正巧看了。电影场景里有浓浓的香港街头文化和社区文化的独特元素,一个黑社会老大金盆洗手后,喜欢上了一个开茶餐厅的小姑娘。这样一个小餐饮店,不断地遇到各种侵扰,侵扰的目的是什么? 就是逼她搬走。背后就是一个地产商,地产商在电影里就成了黑恶势力的代表。

在今天,不光是香港的尖沙咀地区的这种小店越来越少,连代表香港多元文化的重庆大厦未来也有可能会被地产商干掉。对于上海这样的城市,这样的现象也极为普遍了。怎样在社区里面保持这种"烟火气"的小店？有社区文化特色的企业和有温暖的小店要能生存，才能保持这个街区的独特风貌。

我们也非常乐见，光靠资本砸出来的商业模式在社区并没有一帆风顺，就像无人便利店这样的一些探索。任何的只靠外界的强力资本（如创业投资）或者外界强力资源（如政府强推）砸出来的项目，不一定能在社区里长出什么好果子，如ofo小黄车，还有很多国有资本投资的某某社区频繁关店，这样的新闻不时可见。所以说，社区业态的运营真不是一件容易的事。

我们再去看另一个大的领域：由政府、国企或者由政府背景的机构推动的社区公共空间的运营，像邻里中心、生活服务中心、片区中心等公共空间，如何才能更好地运营？

当然，光靠政府支持去运营这样的空间，只是养几个人，搞一点活动，购买社会组织和购买企业其实是一样的，给多少钱做多少事，也没有太多的意义。政府背上沉重的包袱，这种模式出来的公共空间也没有太大的前途，提供的仅仅是最基本的公共服务，对于居民来讲，也只不过是比较少的群体获得了低端的公共服务，对于绝大多数人来讲，这些公共服务是可有可无的。

而且，单纯政府投入的模式往往很难运营。2011年，拥有750家连锁养护院，4万多名员工，管理着47000张床位的英国最大的养老集团南十字星养老集团破产。为什么会出现这种情况？原因之一就是经济危机之后，英国政府缩减了公共开支，鼓励老人采取成本更加低廉的居家养老的方式，而南十字星集团的客户70%是由政府买单或者支持的，所以就导致了入住率的下降。入住率一下降，运营资金就出现了问题。

发达国家的英国面临的情况也开始在国内出现，社区邻里中心、综合为老服务中心等的运营，如果单纯靠政府，一旦政府财政经费吃紧就将立刻影响这些项目的服务。而老百姓的需求又越来越高，老百姓会跟你说，这里有这样好的公共空间，规划里是为我们服务的，为什么服务这么烂？未来这样的诉求只会更加强烈。

综合前面分析，无论是社区商业还是公共空间的运营，单纯走向纯商业或者纯公益都有问题。**所有的社区业态都指向了一个方向，体现出了一致的逻辑和**

要求:所有的社区业态都要去运营人,去运营社区关系,去做社区人与人的连接,彰显强烈的社区属性。哪怕是商业企业,如果没有建立起社区的信任和关系,最终还是会被居民抛弃。

进一步的结论是:**无论是社区商业从业者,还是公共空间里面的社区工作者,都要做社区的深度运营,这种深度运营的背后就是社会企业思维。**社区公共空间要有运营思维,运营思维就是企业思维,企业思维是什么?一定要能够做下去,即便政府给的钱少一些,也能够提供更好的社会资本的产出,能够把空间的坪效和社会价值运营出来,这样就可以获得政府更大的信任和百姓的更大认可,这样才有信心说我真正把这个空间运营起来了,而不再仅仅是政府购买服务了。

如果要实现持续运营,非常重要的一点是降低运营成本——要有低价的人财物的支持。为什么低价?如果按照市场价,那你没有任何优势,你只能靠深度的社区运营去吸引大家来参与,来捐赠,去做志愿服务,这样才能有更低的成本。对于公共服务业态来讲,如何降低人财物的运营成本成为干得下去或干不下去的重要因素。这也是政府政策引导的方向。

近来,民政系统开始试点推进养老服务"时间银行"模式。前两天,华师大和《探索与争鸣》杂志共同开了一个"新型互助养老模式——时间银行与区块链"的圆桌会议。北大、南大、厦门大学、复旦、上海社科院等高校和研究机构的专家出席会议。"时间银行"这件事,我在"社邻家"公众号上连续发了相关文章。"时间银行"的目标是什么?就是降低社区养老机构的人力成本,成本降下来之后,为老人服务的价钱也可以保持在合理标准,老年人才能够消费得起,为老服务才能够做下去。单纯政府购买养老服务的模式已经出现了非常大的问题,养老企业利润极低,做社区养老的机构基本上都不挣钱,老人享受到的服务都是一些低端服务。

全国各地在试点的很多事都是在降低运营成本。成都出台社会企业的政策,支持社区社会企业积极参与社区可持续总体营造,参与社区综合服务中心和社区党群服务中心这样的公共空间运营,所以成都的这些空间倾向于找社会企业来运营。社会企业有运营压力,而不仅仅躺在政府给的那点钱上面。社会企业的运营在逼着激发社区的内在动力,整合社区的内在资源,找到社区达人,提供志愿服务,总体目标也是使运营成本降下去,政府的投入不要持续增加。

当然大家会说,除了降低人财物的运营成本,还有一种运营思路是什么?我称之为**情怀产业**,就是让大家为情怀与共识,或者好东西和文化产品买单,基本是高价买单,高价买单一样可以支持起社会企业的可持续运营。比如台湾地区的主妇联盟生活消费合作社创办于1993年,那时大家对毒米、毒奶粉、农药残留蔬菜非常关注,一些家庭主妇为食品安全动员起来,通过合作社的方式把有共同理念的人联结起来建立共同信任。今天,已经有7万户家庭加入合作社,合作社就是一个典型的社会企业。希望大家为那些并不光鲜的,甚至称之为"蕾丝花边"的蔬菜买单,并且还是高价买单。只有这样才能够让农友稳定地生产安心食物。合作社就是用有机、环保、支持在地农业的这些情怀串联起了这么多人的信任和支持。所以,我称之为情怀产业。情怀产业当然也可以极大降低人财物的投入,很多的合作社的社员都成了机构志愿者。

前面提出了两难的问题:**如果单纯地走向商业,或者单纯地走向公益,其实都挺难,两个方向都不易。**而如果要找一个合适的中间业态,就是社会企业的业态。很多专家说未来企业都是社会企业。对于社区工作者来讲,无论是运营公共空间,还是做社区治理,涉及到的运营的事会越来越多,都需要具备社会企业思维。对于社会组织和公益组织来讲,你不具有社会企业的思维,就很难在社区公共服务领域里面立足。你运营的空间一定要重视坪效,讲服务收益,讲社会资本,讲投入的回报。

对于社区商业机构来讲,一定要讲服务,讲人与人的联结。这说明我们都在跨界跨向了一个中间业态,就是社会企业相关业态。社会企业当下已经成为一个热词。社区工作者要有社会企业思维,要有企业思维,要去想如何更有效地获得低价的人财物,或者通过情怀获得高价买单,从而使运营成本大大降低。

我们这些做社区相关业态的经营者,包括社区工作者,一定要去研究如下的一些业态、问题或者现象。这里面涉及人财物三个方面:

一是人,要去研究社区合伙人,研究社区达人,怎么样鼓励他们愿意分享技能,怎么样鼓励社区创业者、志愿者、以及志愿者骨干,要去研究这样的一些对象。

二是财，要去研究社区基金会，研究当下要推还没怎么推的慈善信托，去研究公益捐赠，研究众筹和微志愿。目标是什么？就是使我们的项目有更低的筹款成本，有更大的财力支持。要注重形成一个围绕财的生态体系，使愿意支持你的人越来越多。比如要在社区里做众筹，大家支持了你，我们又执行了一个好项目，这样的好项目又吸引更多的人来支持你，就可以形成一个滚雪球效应。

三是物，要去研究共享，包括剩余物资共享、捐赠、共享社区、共享教室。将更多的空间做成共享空间，甚至共享技能，这非常有意思。还要研究环保相关的业态，如二手超市，还要研究当下非常热的垃圾分类等。

我们研究关于人财物的一些现象、问题和业态，培养运营思维，能够运营这些人财物，你才有信心说我是一个合格的社区工作者，或者说我是一个合格的社区业态的运营者。

◎ 社区治理需要"模块化"思维

有个新闻热搜，一个叫王晗的前阿里员工"碰瓷"阿里，背后是一个典型的微商创业卖面膜。在网上"碰瓷"阿里，不出所料地提升了她的知名度，在很多网友人肉搜索后，扒出来王晗卖的面膜其实是一个代工厂加工的，她没有自己核心的东西。然后网上有了很多质疑，她的公司营业范围是不是可以做化妆品业务呢？

我们看到，很多的创业领域都在做这种模块化的产西，创业者主打一个品牌，然后代工厂，很多代工厂专门做这种模块化的事情。很多领域，像房地产，已经实现了模块化，比如一个社区商业项目，有专门做规划设计的公司，有专门把设计的东西画成细化的施工图的设计院，还有人专门做资本运作，有的专门做招商，有的专门做运营，有的专门做物业管理，所以我们看到，哪怕很小的社区商业项目，各个流程都充分地实现了模块化。

以前，生产手机是一个特别复杂的事情，从研发到生产到销售，都是一家做，费时费钱费力。但是现在，生产手机，甚至是生产汽车，很多人都可以纷纷进入，因为有了模块化。整个生产过程被细分成不同的模块，有的专门做显示屏，有的专门做处理器，就成了一个流水线模块化加工的过程。

很多领域发展得比较好,而**模块化思维是不是可以引入到社区治理这个领域?** 近来我一直思考,公益或者说社区这样的行业,相比于其他行业,到底处于怎样的发展阶段? 通过长期的思考,包括去研究,我总体感觉,公益创业还是社区创业,和其他创业的各个领域,互联网、制造业等相比,还处于非常 low 的层面。

这种模块化思维用在社区治理这个领域行不行? 所谓的模块化,就是把整个的过程流程化,流水线化,细分成不同的模块,然后由不同的专业机构分工协作。社区治理这个事,整个过程是有分工和流程的。有的专门做议事的,在议事这个阶段可以引入专业议事机构来做。有的针对老年人服务,可以引入养老的机构。有一些个体需要心理咨询服务,可以引入社工机构和心理咨询机构。志愿者动员,可以引入专业志愿者组织。

所以说,任何一个社区治理项目,是可以分成不同的专业机构进行模块化协作的。而**社区是一个多元的事,任何一个社区,其推进的任何一个项目,哪怕小到"社区花园"项目,都需要多方参与。**

社区治理是可以模块化的,但是为什么很难模块化? 我觉得这里面主要有两个方面原因:

第一,缺模块化的钱。 因为模块化要把一个事情分成多个机构来做,成本就会高。比如,要请专门的议事机构,从外面请来,那么交通费、专家费等都会产生,实际上提高了投入。而社区治理不是高收益的事,追求的不是挣更多的钱。但低收益不代表着做的就要低水平和低端。当下普遍的情况是,能用社区资源就用社区资源,社区有什么资源就用什么资源,所以做得就相当 low,这是习惯性思维。如果追求把社区做得更好一些,更美好一些,肯定会不满足于自有的资源,而会引入更多的资源,这就需要专业机构的介入。

第二,缺模块化的自信。 如果做得非常专业,对自己的能力特别自信,就会朝专业的方向去努力,把它越做越深,通过做深,带来更好的产品和更好的服务,也会有更高收益,更多人愿意来买单,这就是正向的循环。今天,很多做社区的机构还是不太自信。甚至一些基金会都不自信,因为他们感觉如果专业做筹款的话,觉得还不行,所以我看到,有的基金会也在参与政府购买服务的项目,和社会组织争十几万的项目，这种情况我经常碰到。所以说，**专门做筹款的还不想专门做筹款，还想做执行。专业做执行的，还想什么都做。专门做其中具体事的，还想把自己拓展成更综合性的机构。**这充分说明了他们对自己专业的不自信，当然也可能是因为生存压力。

在这样的情况之下，出现的普遍情况是什么？**第一个现象是，更多的社区机构是什么都做的机构。**为什么呢？因为他们认为社区这个事不需要太多的专业性。一些人和一些组织都认为人是万能的，议事我也可以做，心理咨询我也可以做，因为我学过社工，我也可以做，内心中不太尊重别人的专业化摸索。在这样的情况下，他们做的很多事情都在把社区当成小白鼠，因为自己也没做过，现在通过社区磨合自己的能力，操练自己的执行力，这是普遍现象。

另外一个现象，就是不肯协作的现象。很多机构都有自己的执念，重视自己当前的项目和利益。如果不是政府来让大家一起协作，很多协作是非常难以形成的，他宁肯自己去摸索，也不愿意去和更多的机构合作。这个现象我看得太多了，有些公益领域，甚至同类型的都难形成联盟，都不肯交流经验和共同提升行业。更不要提上下游的联盟，更难。大家有事还是习惯性地自己做，不肯来协作。

对于一个行业而言，要升级就必须引入模块化思维，模块化思维是一个必然，但如何更好地模块化，以及由模块化带来什么呢？

第一，谁是整合运营机构？就像房地产项目，项目的操盘者肯定要把控整个模块化的流程的。手机业中的手机品牌的拥有者，如苹果，会把整个生产线上的模块化的东西控住的。对于社区治理，谁是整合运营机构？就是政府、居委会，还有政府背景的枢纽型、支持性机构，当然，还有专门做社区营造的社会组织。谁来把社区治理流程分拆细化并进行模块化的摸索，谁就是这个项目的操盘者。我还是呼吁更多专门的社区运营机构来培育。

第二，社区整合运营机构要和众多专业机构合作。社区治理的工作内容再

low,也不是谁都能做的,还是需要和众多的机构合作。如心理咨询、议事协调、业委会建设,还有专门做加装电梯的、停车解决方案的机构等。

第三,合作的目标是打造社区生态体系。社区是一个整体,是个生态体系。要真的形成很完善的生态体系,不能所有的经费都是来自于政府。如果钱全部来自于政府,以政府对钱控制的机制将导致这个项目最终会成为一个低端的、低水平的生态,这是一个封闭的小循环,不是良性的循环。**社区生态体系一定要去碰钱,一定要碰差异性服务。**使提供服务的钱不仅仅来自于政府,而且也来自于社区、居民以及方方面面。更多的钱进来之后,就形成了"谁受益、谁买单、谁负责"这样的好的循环,有些服务可以由更加专业的机构来进行模块化的提供,这样才能够使社区服务和社区活动更加丰富,而不仅仅停在低端的社区管理的层面。

第四,**这种模块化的摸索之中很容易产生社会企业。**你专门去做一件事情,然后这个事的钱还不是来自于政府,那么这种探索会带来更多元的收入,运营也会有更多的创新模式。有的专门做空间运营,有的专门做社区花园的,有的专门做社区议事,有的专门做社区停车的,还有做心理咨询的,这些都是可以发展成为模块化的内容。模块化之后,真的会产生各种各样的社会企业,可以依托社区,做得有滋有味。

第五,**可以带来高品质的服务和高品质的社区生活。**各个产业有了模块化的分工后,就会有各类创业者在其间打拼。社区治理的升级也会产生更多的模块化组织,服务肯定比传统的什么都做的这样的社区的草根组织要好一点。这样的机构肯定能带来更加丰富的服务。因为都是在社区治理这棵树上生长出来的,收费和市场机构还是有一定的差异,不会特别高。不会特别高的这种服务会给社区居民带来更加高品质的社区生活。

◎ 社区"能人依赖症"怎么治?

上海有一个著名的公众号叫"伴公汀",2014 年出了一期文章"社区能人如何改变劳碌命",这个文章发了之后,引起了很多社区一线干部的感同身受:当

好社区干部,不仅要细心耐心,还要有电脑般的记忆力,运动员的体魄和律师的口才。

当然,我们看到,社区工作中,对于能人有了更多依赖。一个社区做得好,可能主要是因为有一个好书记,好的带头人,这样的社区能人在每个城市和每个区都会有,这些非常优秀的社区书记,有的成了十九大代表、全国人大代表、全国劳模,比如普陀区的梁慧丽、长宁区的朱国萍等。

"能人依赖症"给社区带来隐忧,这样的好的社区干部有丰富的经验,和社区的联结相当深,当他们面临退休的时候,就不得不面对这个问题:他们走了,社区怎么办? 社区治理一定要克服"能人依赖症",一个好的社区,不是社区干部有多能干,而是即使他不在这个位置,社区还能自转,工作还能继续开展下去。

所以就引申到了另外一个话题"社区治理的道与术"。这些社区能人书记们,他们讲的和做的是社区治理的道,他们掌握了这种"大道",正如梁慧丽书记讲的"基层干部就是政府的嘴,老百姓的腿"等这样的"道"。大量的优秀社区干部践行了群众工作的理念"走百家门,听百家言,知百家情,解百家难",这也是"道"。这种"道",放在哪里都没问题,这是社区治理的基础。但是在今天,**我们缺的是社区治理的"术"。**

社区治理能不能成为一项技术,能不能够摆脱"能人依赖",就是说:只要掌握了这样的技术,没有像这些优秀社区书记那么优秀的人,只要按照这个"术"的要求做,就能做好。有点像 MBA 的案例教学,一个企业怎么管理,一个产品怎么打造,市场怎么营销,更多的是"术"的问题。社区治理中,其实不缺"道",而缺"术"。我们不禁要问,社区治理的术在哪里? 如何把"道"细化成一个一个的"术"? 这就不得不谈社区治理的专业化。

中央关于社会治理提出社会化、法治化、智能化和专业化的四个方向。专业化,其实就是朝"术"的方向发展,有两个方向:一个方向就是专业化的社会组织(公益组织),政府购买服务,为社区提供专业化的服务;另外一个方向,就是社区治理的市场化。那么,社区治理的市场化,市场在哪里? 由什么样的组织形态来推进? 这里就要谈到社会企业的概念。

社会企业是一个专业的、社区的、发展性的机构。什么是社会企业? 以书店为例,公共图书馆是政府的,是政府公共服务的一部分,进去读书是免费的,最市场化的就是书店,在书店里你也可以读书,但是可能没有太多座位,这是纯市场化的。那么有没有中间业态,南京有一个"二楼南书房",环境很好,是一个雅致的书房,在里面读书是非常舒服的,当然也卖书,这个书房是一个企业,这个企业倡导的理念是**"不灭的理想,不关灯的书房"**。创始人说:"这个地方是 24 小时的,所以比普通的咖啡馆和图书馆在时间上更有弹性。第二个不同的地方在于没有强制性的消费,与图书馆不同的地方就在于这个地方的格局很好。它虽然是一个公共空间,但是给人一种自己家书房的感觉"。而这样的情怀企业仅仅能够保本,但他们坚持的是这样的事业。像"二楼南书房"这种,就是典型的社会企业。

社区里面有大量的组织,一种是社会服务组织(公益组织),一种是市场组织,现在有了一个中间形态,就是社会企业,社会企业既要社会价值优先,有公益性和公共服务属性,同时具备企业的营利性。今天,为什么社会企业变的非常必要?在国家经济发展大势并不乐观的情况下,不太可能所有的公共服务完全由政府兜底,一些差异化的服务也不应该由政府兜底。很多社区党群服务中心和邻里中心,一个大的街道可能有七八个,那么这七八个如果单纯全部都是政府支出的话,这个负担是很重的。在上海这样的财政比较好的城市还有可能,在外地将变得极其艰难。所以,能够可持续运营的、专业的、市场化的社区机构,是一个未来要大力扶持、政府有诉求、老百姓也有诉求的一大领域。

社区要打造一个好的生态体系,社会企业的发展和市场化的社区治理的参与是不可或缺的。在哪些领域最有可能产生这样的社会企业?

第一,社区公共空间运营以及相关企业。社区公共空间越来越多,有一些是政府的,像邻里中心,也有一些商业性的,像很多企业倡导的"共享客厅"、邻里中心等,当然还有一些新空间,比如酒店,以往底楼的公共空间只是对住客服务,现在大量的酒店,像华住系和锦江系的都在探索,这样的酒店空间如何更好地为周边社区居民服务。这些就成了新的公共空间。这些公共空间的运营会为周边的社区居民带来更多更丰富的服务,做这样的事是一个专业社会企业应该做的。社区公共空间打造的过程中,会有很多相关的设计、营造、建筑、装潢企业,这些企业也是可以成为很好的社会企业。在日本教授纥庭伸的《社区营造工作指南：创建街区未来的 63 个工作方式》一书中会看到，日本有很多类似企业专业为公共空间营造服务。

　　第二，社区便民服务。好多社区有便民服务小企业，但这些便民服务和社区没有太多关系，像小修小补、洗车、洗衣店。成都推进的"社区合伙人"很有意思，全城招募社区合伙人。这是什么呢？政府可以把场地低租金租给你，你成为我的社区合伙人，但是你收益的一部分要进入社区公益基金（社区基金会）。这样就打通了它的社区属性，而不仅仅就是一个商业性机构，老百姓也能从中享受到便利和便宜，社区的意识也能够通过服务塑造起来。便民服务里面各种各样的小企业会转化成为社会企业。

　　第三，家庭生活服务的专业公司。有一些专门做家政的，专门做养老顾问的等，会越来越多。社区管家是一个非常好的未来业态。社区管家服务做得好，老百姓有什么事都可以找它，你出去旅游，你的猫到底谁带，社区管家会给你提供一个好的解决方案，这样的生活才更便利。上海已经探索社区养老顾问这样的机制，当然是公益性的。日本有社区养老顾问的公司，上海也有一些高端的社区养老顾问的专业公司，它会为你推荐和策划更好的养老方案，这也是一个很好的服务的业态。

　　第四，社区关系的运营。社区关系是居委会的拿手本领，但是现在有很多专门社群也非常注重做社区关系运营。上海有一个"阿姨公社"，是一个创新的电商平台，它把阿姨们组织起来，成立一个理事会，买什么和以什么样的价格买，都由阿姨们共同决策。决策前还要搞品尝会，有的还要到生产地考察，整个过程也是自治过程，是社群自治的过程。"阿姨公社"还想注册成为一个公益组织，不想做成商业的，要把它的公信力做到极致。这样的公司也是一个很有意思的社会企业。

　　第五，社区治理的支持性企业。怎么做好社区治理，这里面是有很多很专业化的东西的，而这些专业化的支持，有的是纯公益的，是政府扶持的，当然也有一些可以做成专业公司。比如，专门做议事规则的，教给老百姓怎么议事，形成共识；也有专门做业委会的，怎么样成立业委会，怎么样更好地运营业委会，业委会遇到法律问题怎么解决,上海已经有了不少这样的专业公司。这些公司好多是由律所转型过来的。还有专门做社区干部培训的企业,都有可能成为重要的社会企业发展的点。

第六,社区问题的解决。现在的社区问题还蛮多的,比如垃圾分类现在越来越重视,这里面就会孕育许多社会企业,有的是做衣服回收的,如飞蚂蚁,有的是做垃圾分类游戏道具的,有的是做智能回收箱的,如小黄狗等。还有停车难,也有很多 app 开发出来做这个事,当然在今天,无论停车难,还是垃圾分类,最重要的并不是技术问题,而是社区怎么样才能协调共治,形成共识,这个有难度,很多专业性的跨界公司就可以做这个事了。还有,加装电梯,很多专业公司涌现,因为它的市场体量特别大,上海有百亿市场。加装电梯也不是单纯的技术问题,要做好和能做好的肯定是和社区深度互动的有社区属性的公司。

回到最初的问题:社区能人依赖症如何治?

当一个社区过多地依赖能人的话,专业性是体现不出来的;而一个社区如果有很多如上的专业机构愿意在这里做,并且能够在为社区服务过程中有一定的收益,那么它会愿意做,并且在做的过程中,专业性会越做越强,人才会越来越多,专业研发也会越来越好,对于社区的支持能力会越来越强。所以说,像这样的机构如果能够和社区与社区工作者共同合作,我觉得社区治理的水平会得到提升。

另外,我们也会看到,社区已经进入到"深度治理"阶段,那些小的事,唱唱跳跳的,你好我好大家好的事,都已经不成问题了,而一些涉及利益性、观念性、文明提升性的社区事务和社区难题,成为社区治理必须要碰的事,必须要解决的问题。这样情况下,专业化变得尤为重要,走了市场化之路的这些机构,有的成为专业性社会企业,它们会在社区治理之中发挥更加重要的作用。

> 社区治理既要有政府的必要政策和项目的支持,也要有社区居民的自治,同时要有专业机构,有了社会化与在场化的机构的参与和培育,那么一个社区对能人依赖的可能性才会越来越低。

◎ "共享社区"可行吗？

一个朋友打电话和我聊起他们小区在加装电梯。他那里是一个老小区，因为房子结构的问题，加装电梯要在楼顶上多加一层。前一套方案楼里的大多数人本来已经同意了，征求意见时大家一致通过。但是一说到要加一层，大家就开始反对。一楼的觉得又添了一些麻烦，还有可能影响房子的结构，楼上也觉得上面又加了一层电费是不是也会增加等。对于社区的一些公共事物，大家都是非常关注的。以前大家不关心的事情，到今天大家都去关心，因为社区的公共意识已经开始形成，我们朝共享社区这条路又走近了一步。

加装电梯这件事，其实有一个比较大的问题，即这个改装方案到底是外来方案，还是内生共识，这是一个非常重要的问题。如果是外来方案，是一个公司提出的，比如物业公司、居委会或政府提出的，大家就会质疑这里面是不是有利益。而如果这个方案是一个内生共识，结果可能就不一样了。

内生共识使我想起了共生社区，共生社区可谓是社区建设的一个最高理想。这在世界上已经有了很多实践，我们关注社区建设的人甚至称它为乌托邦社区。这样的社区在世界的范围内越来越多，有的叫共生社区，有的叫理想社区，有的叫合作社区，有的叫联合住房社区，有的叫另类社区。新西兰有一个"河畔社区"就是这样的一个例子。（此案例引自顾远网络发表的文章）

河畔社区成立于 1941 年，它是新西兰共生社区之中成立最早的一个，在世界范围内也是合作式生活方式的一个典范。成立之初，这里的成员都是持有和平主义理念的虔诚基督徒。他们聚集在一起，既是为了维护共同的信仰，也是希望通过自己的实践向世人证明采取一种合作式的、可持续的方式生活完全可行，并且这种生活方式也是美好的。

实际上，社区里面的居民并不多，大约只有 100 人生活在这里，包括 24 名社区成员和 19 名儿童，还有一些访客、志愿者和短期租客。到今天，这里的成员已经不再局限于共同的宗教信仰者，但是凝聚他们的这种信念却一直保持了下来。用这个社区创始人的话来说，他们都相信："如果有一群人可以集中各自的资源，相互合作,简单地生活,他们便可以创造出一种资源和收入盈余来用于让社会变得更加美好。"

在这个社区里,成员都有各自独立的住房,但是厨房和洗衣房都是公用的。社区里面也有一个活动中心,除了用来进行社区的议事,平时也是社区成员休息、娱乐和社交的公共空间。社区最早的土地来自于创始人的个人捐赠,后来又陆续收购了周边的一些地方,才形成了今天 208 英亩这样的规模。社区饲养奶牛,也种植有机的蔬菜水果,这些构成了社区的主要收入来源。另外,社区还有咖啡馆和商店以及供短期访客住宿的客房,这也提供了一定的收入。

社区的法律实体就是一个"河畔社区慈善信托",在社区内是没有私人财产的,一切土地和资产都归属信托。社区的收入也全部进入到信托,社区成员按家庭的规模每周领取津贴,社区的收入盈余用于新西兰的教育和扶贫等公益事业。代表社区成员管理信托的是社区理事会,理事会成员来自于社区,由全体大会选举产生,但他们不是社区的"领导"。事实上,社区根本没有一个享有绝对权力和权威的领导人。社区成员每周都会在社区中心召开一次全体大会,平等地讨论社区公共事务,任何决议在生效前都必须获得全体成员的一致同意。

河畔社区的这些实践都非常具有代表性,它反映出了此类社区的一些鲜明的共同特征。这些社区一般是共享产权,采用信托基金的方式管理社区财产。成员基于共同的理念聚集在一起,他们有严格的加入标准和流程,并按照民主平等的方式进行社区治理,成员之间采取相互合作共享的生活方式。在这样的社区里,成员可以享受到比一般社区更加丰富的人际交往和更强的情感纽带。以上这个案例引自 Aha 社会创新学院的创始人顾远,这是他在新西兰考察之后整理出来的案例。

我们可能会认为,像共生社区这样的事情大多只是一个理想,真正落到实处是非常难的。我们还要问,这样的社区是不是只适合于外国,而在国内不可能。我认为,随着互联网的发展,随着我们国家对共享经济和共享社会的重视,再加上 90 后及 00 后的个人意识的不断发展,这样的共享社区的概念会为越来越多人接受,这是一个不争的事实。比如,我和同学们一起聊天,会想大家以后可不可以一起去养老。可以选择一个风景优美的地方，一起在那里做一个养老机构，因为都是同学，大家有共同的理念，更容易形成共识。如果这个社区都是由我们同学一起做，那么在这样的基础上，共同的价值观和彼此间的信任也是非常容易形成的，所以在我们之间共享很多东西也变得非常有可能。

由这个例子再引申出去，如果我们有很多共同点，比如大家都学过社会工作，大家都热爱宠物，大家都喜欢户外运动，那么一旦国家的土地政策发生一些改变，比如像农村宅基地流转的试点已经做起来了，我相信不用太长时间就会有这样的共享社区的实践形成。

我在网上也看到过这样的例子，有几家家庭对现在的教育不满意，所以形成一个家庭和学校联盟，大家住在一起并加入这样一个社区，大家共享一些资源，包括资金、物资、学习资源等。这是一个父母深度参与的教育模式，要把家长的资源都深度地挖掘出来。

像这样的例子非常多，有的房地产企业也开始有了这样的想法，很有可能在一两年之内就会有企业去做这样的探索。前几年的个人集资建房运动是由一个深圳人发起的，因为当时没有法律规定，所以后来被叫停了。现在这个事件已经过去十多年了，如果在今天有一个企业先知先觉来做这件事，把拿到的100亩土地中的20亩用来自己开发，其余80亩招募社会合伙人，大家一起参与开发的细节，而后一起经历开发的整个过程，那么在开发的过程中，大家肯定会相互磨合，会形成很多的共识。在这样的过程中，房地产的建设从一个企业行为变成了一种社区行为，已经奠定了社区建设的基础。我相信，这样的项目肯定会取得成功，这种成功也在推动社区房子的建设从企业行为变成一个社会行为。

延伸到后面的一些机制和管理，随着大家公民意识的发展，我相信大家都会愿意拿出自己的一些资源和一些特长来共享，当然资金的共享还是一种非常理想化的想法，但不妨碍在这个社区里大家依靠一些机制来共同建立委员会，共同来管理社区，我相信这样的思路并不是不可行的，在近几年之内有可能就会形成。

> 所以共享社区这件事情并不是一个遥远的理想，目前各路人马正在朝这个目标奋进。而对于共享社区而言，最大的难点在于机制的设计，在于后期，而不在于前期。前期大家理想一致是非常容易的，而真正地把理想一致化成具体的行动，对于这部分的认可还是有很长的路要走的。

◎ "公共资源"的碎片化之伤

之前了解到，某街道的公众号加起来一共有 40 多个。在基层街道，我原以为资源会相对整合，因为都是为老百姓服务的，老百姓找到一个公众号就能够得到相应的服务，这是最好的，但结果一下子却做出 40 个公众号，老百姓不蒙圈？我不敢猜测，这些公众号上到底有多少人关注？这个朋友也说，有的公众号上的一篇稿子也就几个人阅读，我说，这不出我所料。

推动社会创新这件事上，遇到的最大的一个坑就是碎片化。碎片化不仅仅是我们这些专门做这项工作的人所遇到的问题，有些领导也已对此深恶痛绝，因为碎片化必然会导致成本居高不下。有一个区的条线领导曾经跟我说，每个街道都要搞自治项目，而这些项目都差不多，比如社区服务日，如果每个街道都自己做，那么成本就比较高。假如都收到一起由一个机构统一去做的话，成本肯定会降低一半以上。资源在一起的话工作就非常好推进；相反，一散，就散成了各个街道、各个居委、各个条线，推动一项工作就有了更多的推诿扯皮，这是一件让人非常痛苦的事。

当然，对于老百姓来讲，碎片化也带来了极大不便。老百姓找政府，就是希望能够简单直接，找到一个点能解决所有问题。不可否认的是，在某些方面政府已经做得挺好，像行政事务受理中心，老百姓的日常办证服务已经实现了整合。但是大量涉及到老百姓其他事务，尤其是活动，以及社区服务需求的满足等，在这些方面还是非常地碎片化。**碎片化之伤，伤在了四个方面：一是资金的碎片化；二是空间的碎片化；三是项目的碎片化；四是人才的碎片化。**

第一个就是资金的碎片化。资金的碎片化在有些方面还是可以理解的，比如直接给老百姓的资金，这些资金还是直接补给百姓最好，这样百姓的获得感会比较强，像老年餐等项目，百姓直接得到便利和实惠。但是有一些资金如果是以碎片化的方式推行下去的话，就会导致资金效能的低下。比如某些地方推进的美丽乡村建设，撒胡椒面一样，资金都给到了村里，刷墙、种绿，所有的村都覆盖到。刷完墙之后一时半会大家感觉面貌焕然一新，但这仅仅是硬件方面的更新，而衰败老旧是非常快的，再过一两年去看已经不堪一看了。这些巨量的经费发下去、散下去，却没有发挥好作用。而这些资金如果能够集约使用，形成好的机制，鼓励好的项目，推出特色工作，可能会有一些乡村能够真正地活起来，而不是像现在一样，虽然冠名为美丽乡村的点，实际上再去看其实没有多大的起色，还是暮气沉沉，没有活力，青年人还是不愿意去，旅游也还是没有做起来。

很多基层政府已经发现了这个问题，所以在推动资金使用的集约化、机制化、科学化，比如有些街道把派发给各个街道的自治金收在一起统一使用，而不是像撒胡椒面一样碎片化地交给各个居委让他们去用。现在，交给居委的钱都不多，最多也就十几万，最少几万块，如果碎片化使用是发挥不出真正更好的作用的。

第二个就是空间的碎片化。空间碎片化这个现象在这两年越来越明显，因为很多公共空间做得越来越小，越来越散。上海市颁布了《上海市 15 分钟社区生活圈规划导则》，虽然只是一个试行，且作为导则没有法律约束力，但是对于基层的倡导作用还是非常明显的。所以大量街镇纷纷建立各种邻里中心、城市驿站、城市书房等，同时还兴建了很多社区服务中心、家门口服务点等机构。这些机构会越来越多，这已成为一个趋势。这些公共空间越来越多之后，老百姓就有了困惑，哪些点的活动比较好，哪些点适合自己去，是不是距自己家门口最近的就是最好的等。这些碎片化的空间，因为由不同的机构来管理，所以管理水平参差不齐，里面的活动信息各自为政，这就导致好多活动即使有人想去参加却找不到信息，而有些活动门可罗雀，这种现象非常普遍。这就导致了这些公共空间管理效能和服务效能的低下。那么，这个碎片化其实也难以解决，因为这些空间分属于不同的条线。

第三个就是项目的碎片化。各个条线和各个单位都会推出服务百姓的项目,这些项目没有一个整合的平台能够让百姓更方便地知道信息,就像前面所讲的一个街道有 40 个公众号,你说让老百姓加哪一个为好? 对于政府相关部门而言,一个项目可能与好多条线都有关系,比如亲子项目涉及到团委、妇联、民政、宣传、文明办等。在这么一个项目上面,大家形不成合力,但是大家都要做,所以就遇到了在时间节点上大家各取一瓢饮,各自资源都砸进去,各做各的,就过去了。

> 这些项目在基层具体推动的过程之中,还存在着项目很难标准化的现象。有的推动机构和部门会刻意地做成非标化,做成只有他能做的事。有的街道推动议事会,如果我再探索这项工作,就坚决不叫议事会,取一个其他名字,比如说课堂会等。你这里叫治理协会,我偏不叫,我要改成市民议事会等。这些现象的背后体现出的是体制内社区工作者的政绩偏好和工作习惯,但这必然导致了一个项目很难复制,很难从一个地方推广到另外一个地方。即使是一个条线的内部,大家都在刻意竞争,一个机构的项目做得挺好,到另外一个机构一定要换另外一个名字,这样的例子特别多。

还有一个碎片化之伤是人才的碎片化。基层社区实践过程中,人才是最重要的,人才有了,才能做好项目,社区才有活力。所以培育社区能人、社区达人和社区志愿者就成为了基层社区工作者重要的工作内容。但是人才往往也被碎片化了,这个人是我培养起来的,那么其他的条线叫你,要跟我打招呼,其他条线推荐,也要给我打招呼,这样的现象普遍存在的。还有在社会组织方面,一个街道发掘培养的社会组织就希望它的项目都要落到我这个社区,而不鼓励它去其他的社区街道或其他的区去接项目。人才碎片化的情况即使在一个单位内也很难打通,比如我要找社区服务的专家资源,这个专家资源是这个条线的,另外的条线要请人还要重新去联系、去说服,这其实就耗费了大量的成本。

◎ 大数据如何影响社区治理?

前些年,经常有上门抄表的人员,在周六或周日的早晨,正在睡觉的时候敲门抄表,有时候声音还特别大。这两年,你是不是发现这样的现象已经没有了?这背后是技术的发展,一些电网公司已经实现了电脑大数据采集,不再需要人工上门抄表。而且,很多地方也已经实现了"三表集抄"——电表、水表、天然气表等集抄,很多数据都可以更精准、更快速地采集到。随着技术的发展,数据在网上都会有监控,在这个时间段某一个家庭的用电量大约是这个数值,如果突然间增加,就会警报,物业会及时上门,好多灾情就遏制在了萌芽状态。这就是大数据对社区生活的影响。

大数据在 2008 年就被提出来,这两年已经从一个学术术语发展成为一个口头词。这期间,技术发展突飞猛进。那么,大数据对社区治理有什么样的影响呢?在社区治理领域,大数据并没有产生多大的影响,还处于初级阶段。我看了一些社区层面应用大数据的案例,总体上讲还是差强人意的,主要表现在以下几个方面:

第一个方面就是有大数据之名,没有大数据之实。有了大数据这个筐,传统工作都往这里面装。像开发一个 APP,推一个公众号,这其实就是"互联网＋社区服务"和"互联网＋社区管理"这样的工作的延续。所谓的大数据,就是传统的台账收集之后上传到网上,有了数据,就以为是大数据。以前手工操作,现在在网上操作,这种管理以及服务的层次还是比较 low 的。

第二个方面是只有数据,没有大数据。社区搜集的数据特别杂,我们称之为原生态数据,个性化特别强,对比分析的可能性不大,即使分析也分析不出什么东西。汶川大地震之后,灾区群众发了大量的微博,这些共 24 万条的微博信息后来被相关公司共享出来,支持灾后应急救援。24 万条的大数据特别大,但是只是一些杂乱无章的信息,最终对救灾的分析并没有太大的作用。再引申出去,一个部门和一个单位共享自己的数据容易,但是将这些数据共享打通并搓成一个巨量数据就困难了。南方有的城市已经实现突破,他们工作报告中提到数据的"碰",例如,将在出租屋里发生刑事案件的数据和没有在大数据中注册的数据进行"碰",碰完之后进行对比分析,这就是社会创新。但在很多城市,这些数据是不能共享的,比如,报告中提到的犯罪记录的数据是公安数据,而这些数据是保密的,所以想要真正打通这个数据,在很多城市目前还是做不到的。

第三个方面是只有大数据,而没有大应用。这么多的数据砸在那里,堆在那里,可以称得上是巨量数据了,但这些数据之间很难对比分析,并没有对比分析的价值,尤其到了社区基层,有很多个性化需求和政府个性化的管理手段,再加上老百姓的自治,社区是很复杂的,这导致在社区治理之中产生的很多数据是很难进行大数据分析以及大数据应用的。

我看南方城市的这些资料的时候,觉得很好笑。这篇由政府部门撰写的调研报告中,为了将"大数据促进社区治理"这个课题写得清楚一点,将"社区微实事"这个事情也列在了里面。但在内容上,只有老百姓怎么参与、怎样议事、怎样形成流程再造。实事工程以前由政府来审批,现在老百姓参与推动,把这个作为工作创新而将这个"社区微实事"也放到了这篇报告里面。但是,我只看到了社区微实事的做法,没看到它和大数据有什么更深层次的联系。大数据说起来很容易,但是真正得到应用其实还很难。

那么,怎样才算把大数据真正地应用到了社区治理之中,我对此提出如下三个标准。

第一个标准是管理的源点是来自于对大数据的分析,还是来自于政府文件。比如说要推动垃圾分类工作,怎么推动垃圾分类工作,是来自于政府的要求、政府的文件、政府的标准,还是来自于这个社区居民怎么扔垃圾以及扔什么样的垃圾这些数据,未来垃圾分类工作在这个地区怎么管理?源点是来自于大数据,还是来自于政府统一的要求和统一的垃圾箱,反映出来就是不是大数据思维。

第二个标准是社区治理的过程凭的是经验还是数据。当前大力推进精细化管理,很多地方就开始探索分类治理,对出租屋、老公房、高档住宅区等社区进行分类治理;也出现了社会组织分类管理等创新。这些创新的结果会催生很多工作法,甚至很多政府部门(街道)将培育多少工作法列入到了工作指标。可以想象的是,这里面会出来一堆各种各样的工作法。这些工作法对我们来讲是经验,那么到底是这一地的经验,还是一个普遍的、广泛的经验?这个经验是不是可以标准化和数据化,就是我们讲的大数据化?如果能够大数据化,能够通过数据化的流程来改造整个社区精细化管理的流程,那么这样的制度设计是成功的;如果不是,还是靠传统的经验,仅一时一地能够有效的经验,那么还称不上是很好的靠大数据的治理。

第三个是社区治理的成效到底是看什么?是通过数据说话,还是看报告。这些数据来自于老百姓的体验感以及满意度,而不是来自于向上汇报的一些连珠和排比的巧语。**任何一个社区治理的成效都应该呈现数据变化,以及对居民需求数据的呼应度和解决度,这才是一个真正的大数据思维。**当然,不可否认的是,这两年社区治理发展的创新超出了我们的想象,而大数据技术的发展也超出了我们的想象。

大数据对社区治理必然会产生很大的影响,这也是毋庸置疑的。

第一,大数据将推动社区治理数据从碎片化走向网格化。以往政府资源的碎片化是非常严重的,这些碎片化导致了这些服务信息和居民信息也是碎片化的,很难统合到一起。大数据的发展和政府治理能力的现代化推动着这些数据不断地细分、梳理、标准化的分析,使其成为一个个网格化节点上的组成部分。多地政府在推动网格化建设,比如深圳市福田区到 2015 年的时候已经划分出了社区基础网格近两万个。这些基础网格的各类数据像区块链一样相互印证、相互比对,成为一个个有序的数据库。对于社区治理而言,居民从原子化和碎片化,走向组织化和自组织化,居民的组织化程度政府也是有要求的。大数据的这种发展会和社区治理的发展相互印证、相互促进,从而使这种碎片化的情况得到进一步地解决。

第二,进一步推动居民需求精准化的满足。以往一个 90 岁以上的贫困户老人,社区对他的服务是独特的,大数据时代将对此类老人形成比对,需求形成汇聚,对他们的服务将会更加精准。一个个有限的个案和个性化的需求会进入到大数据库,从而成为一个个普遍需求。每个社区都有失独家庭,对于他们的服务,针对性可能是不足的,但是如果分析更多的数据,引入更多的服务资源,对他们需求的满意将变得更加精准。这就是大数据共享带来的改变。

第三,促进政府治理理念的转变。随着大数据发展,政府的决策会变得更加科学,政府服务和管理的数据会变得日益透明,从而方便接受老百姓的监督。政府治理的能力和水平也会在监督自律之中不断地得到长足进步。

第四,促进社区治理的精细化管理。以往数据是静态的,我看过很多基层社区,墙上贴的资料都是七八年前的。这样的人口数据和群体数据真实反映了静态治理的思维。在大数据时代,所有的改变都会及时反馈给社区工作者,社区工作者就有机会实行动态化管理。针对某些敏感的数据和敏感的人群,会有及时的反应,社区治理水平将得到极大的提升。

第五,促进社区自治的发展。有了大数据的帮助,以往的个性化需求会更好地被记录下来。即使再个性化的需求,比如某人是《星球大战》的粉丝,也能够在附近大数据中找到同好,很多社区活动会变得更加精准,一些自组织也会很方便地找到志同道合者,社区中会产生更多细分的各类组织。

这些组织以往靠一个中心化组织和居委会与街道对接,而现在就靠大数据技术实现了更好的对接,这可以更好地促进社区的组织化和自治能力的提升。

◎ 如何提升社区治理中的软件运营水平?

有一个城市要推进网格化中心建设,领导对此特别重视,相关部门马上立项,投资了好几千万,网格化中心大楼建造特别漂亮,里面的一个大屏幕就一千多万,这是最重要的门面,通过这个屏幕可以集中展示这个城市的实时状况。这些硬件都安装好了以后,突然发现,好多内容没有对接起来,包括一些基层数据、视频探头、人口信息等,一些社区物业的探头等信息都没对接上来,这个大屏幕就成为了摆设。有人问项目负责人为什么会出现这样的情况。他说硬件很容易立项,都能计算得出来,是标准化的,比如这个房子需要多少面积,几个设备,大屏需要多大,这都很容易计算。而让软件运行起来,怎样才能运行得更好,就需要一个系统工程,要做一个规划,要对干部和使用者进行培训,要开发一个信息化管理平台,这些事情是极费时间的,一年内可能需要推进很多细化项目,一个项目则用好几年时间才能做成,但是他的领导等不及,所以他只好先把硬件能做的事赶紧做完。

从这个案例可以看出，硬件实际上是最容易的，它有标准，有现成的模式和模板，也好立项，审计部门好审计，整个流程也好监督，政绩也容易看得出，所以，硬件的事是好做的。但是，软件恰恰是最难的，一个系统何为好用，到底是领导说好用，操作的人说好用，使用的人说好用，还是老百姓觉得好用，这个标准是不一样的。一个软件的报价可以报成上千万，但几百万好像也能看得过去，几十万好像也能做，这件事就非常麻烦。

软件的评估也是一件非常难的事情。接着前文讲，遇到问题要去解决，接下来的事就是要做一个系统性规划和系统性推动，因此推出个系统性项目去招投标，结果一个国际知名的外企招投标成功，标的有一千多万，而这家外企拿了首期款后就做不下去了，因为它发现后面的事情极其麻烦，以外企的水平，专业度绝对没问题，但是需要与当地干部和使用这个系统的工作人员进行大量的沟通和协调等，该企业做出一个框架来以后，发现自己实在是做不下去了，就撤了。撤了之后又请了一个国内的上市企业来承担后续工作，一下子千万项目变成了百万项目，但后来也没有做下去，最终这个项目就交给了一个创业企业。这个创业企业拿到这个项目时，标的已经很少了，但为了生存，或者为了事业的责任感吧，投入了大量的精力去与基层的干部以及使用者等沟通，终于算把事应付过去了。

因此，软件是一个非常麻烦的事情。任何一个软件，既要有系统性，还要有适合当地的个性化，这都需要由各方花很长时间来共同打磨。这样的信息化平台，要让大家体验都好且方便每一个使用的人，这是最难的。因为往往这些软件的使用者就是一些四五十岁的人，基本素质不强，如果软件的可用性不强，不易操作，体验性很差的话，就会经常出错，系统就是不稳定的、有风险的。

任何软件的服务评估也很难，不像硬件那样有评估标准。软件事关体验，而体验这个事很难讲。我们总说，很多政府推出的平台软件不好用，因为有一个天然对照物，就是微信。是不是和微信一样好用，七八十岁的老太太都能用微信，但这个要求太高了，要达到这样的体验效果，并不是所有的软件公司都能够做到的。这就是为什么很多政府的平台推出去，即使是免费的，并且都是强需求，但是好多人都不想用,或者用一次,需求解决了,就把这个平台给删掉了。我们每个人可能都碰到过这样的政府提供的平台性软件,体验差,还容易被投诉,所以这就成了软件中的软肋。

推动社会治理,正如十九大报告中所说的,要进一步提升社会化、法治化、智能化、专业化水平。智能化在社会治理的各个方面会有更高的标准和更高的要求,这是我们不可能绕过去的一个难点问题。在推进社会治理的过程之中,考验政府的管理水平和相关机构运营能力的时代已经来临。正如前面的案例所揭示的,硬件已经不成问题,现在已经进入到复杂的系统治理时代。我们要花费更多的精力去对付软件问题,而不再是硬件问题。

当然,这个软件不仅仅是提升智能化水平的软件,还包括和硬件相对的软件的管理与服务。如何应对这样的系统治理难题,就是我们所说的改革开放的深水区,就需要提升基层社会治理的专业化水平了。显而易见地,信息化是非常需要专业化的人才的。我和一个朋友交流,他是专门做信息化项目的,他说如果这个区管理信息化的和做信息化项目的领导懂计算机的话,那这事就特别好谈,理念相通嘛。而如果是一个没有相关经验的人,谈起来就特别麻烦,没有共同的专业共识,今天他这样谈,过两天他又想起其他的事,又提其他要求,经常不停地换,搞得疲惫不堪。

再回到社区治理,**社区治理也是一个专业化很强的事情,也需要专业化的人才**。今天社区治理所遇到的问题和前面所讲的信息化遇到的问题一样,硬件已经越来越不成为问题。很多公共机构建造得越来越漂亮,越来越多,但是一个好的空间交出来之后到底怎么管,这就到了拼软件的时代了。

为什么这么说呢?小到一个社区问题,如垃圾分类问题,什么最容易?做硬件最容易,垃圾箱怎么设计,垃圾运转怎么做,只要领导重视都能解决。但是垃圾分类如何倡导,垃圾分类的积极分子和志愿者怎么培育,这就是最难的软件问题了。

社区治理在上海这样的发达地区已经发展到了这样的阶段:各项工作中,所有能够标准化的,其实做得挺好了,像社区卫生、社区安全等工作,像党建服务中心、文化中心、邻里中心等建设,自上而下进行推动,有资金,有专门的工作人员,有标准,推进起来只是一个工作量问题,还是比较容易的。只要下定决心,通过补短板等行政化和法治化手段都可以解决,那些不能标准化的,一时没有标准化的,不是通过自上而下管理的事情,都一个个摆在我们面前等着我们去触碰。

> 体现在软件方面的体验感、获得感、归属感等目标,恰恰是我党非常关注的,是十九大提出的"美好生活"直接相关的内容。实现这些目标恰恰是社区治理的终极目标,是一个长期的过程,是一个细致化过程,需要耐心,同时这也是一件很难形成成效的系统工程。

"不断提升社会化、法治化、智能化、专业化水平",对于参与社区治理的任何一方,无论是党、政府、社会组织还是群众团队,都要把这件事当成系统工程去推动。整合资源,运营社区治理平台,打造有品牌的活动,这些都需要系统化的能力和专业化的运营。如何在社区治理的过程之中发现达人、志愿者、骨干,并且在他们中培育出社区治理组织,增进社区活力,提高他们参与积极性等,这也是系统工程。

今天社区治理的水平还处于个性化、典型化、花瓶式的阶段,工作也处于初级阶段,离专业化还有一定的距离。我曾在香港青年协会实习过,香港青年协会最重要的资产是它的专业化的标准,无论是做个案工作、小组工作,还是社区工作,只要依据这一套专业化标准,就能确保一定的专业化的社区工作水准。今天推进社区治理的现代化,必然要向这个方向迈进,即提升软件运营水平,使各项工作不再是能人推动、典型化存在和花瓶式宣传。

> 未来5年,基层社区治理要达到十九大要求的目标,就必须到软件运营这一深水区去跋涉,其中肯定会遇到很多很多具体问题,包括政绩观问题、如何评估的问题、人才短缺问题,以及组织赋能和空间赋能的问题,这些都是一个个在软件运营过程之中必须克服的问题,需要我们这些社区工作者的大胆探索,同时需要政府的领导,需要社会和大家的耐心。

第三节　社会治理的创新之道

◎ 社会创新的选择困境和社会创新者的抉择窘境

今天，一些老旧社区没有电梯，楼层高的老人生活不方便，极端情况是有的老人3年没下楼。上海有20万部的加装量，涉及到很多家庭的生活便利与幸福，这是一个多方关注的民生工程。

加装电梯这件事就是一个社会创新的事，需要政府、市场、社会、专业组织和居民共同参与，复杂程度是比较高的。

社会创新的事都挺复杂的，牵涉方方面面要素，极易产生选择困境，在重视这个要素还是那个要素中摇摆，有时候不是对和错的问题，而是价值观的问题。

第一个就是政治因素。政治因素，为什么要推这件事，要站在党执政的高度看。党有很多政策，像垃圾分类的倡导、传统国学的提倡等，从群众的呼声化成党的意志，再成为党的倡导，再推出来一个整体方案，既有党的路线方针政策，又有法律法规、社会倡导和教育宣传。所以，一个社会创新的事往往要考虑政治要素。政治要素，不仅是指党的重大决定，也指这个事情的民心所向，因为党是为人民服务的。20万部电梯涉及到100多万户家庭，加装电梯涉及到这么多人的诉求，这就成为一个党要尊重的声音。党要赢得民心，要为老百姓服务，就要去碰这些难题。

第二个是法律因素。像上海市出台的《上海市生活垃圾管理条例》等涉及千家万户、各行各业的法律，肯定会涉及到一些既有法律法规。像加装电梯，就涉及到《物权法》。出台这样的政策，如果不够严谨，违反了上位法，那就易引起行政诉讼。如果相关部门败诉了，就会成为一个风险点，成为一个事件。所以任何政策的出台都会涉及到方方面面的这种法律审核和法律风险的防控。加装电梯的相关法规为什么难出台?因为在法律界和政法系统中都是有争议的,有的主张严守上位法规定,不要有法律瑕疵;有的就主张创设政策,服务民生发展。此外,法律风险还有,如果你出台了相关的法律法规,但出现了法不责众的现象,法规在现实中自动失效了,这就成了一个风险点。如后排乘客戴安全带这个法规,法不责众之后你再怎么办?大家都不遵守,规定就尴尬了。

第三个是社会因素。任何一个社会创新的事肯定会有一些人受益,但同时也会影响到一部分人的生活。就像加装电梯这个事,高楼层的愿意,低楼层就不高兴。因为当时买房时你选择了高楼层,你已经享受了那么多的好处,今天又因为你享受这些好处来影响我们低楼层的采光,这其实也是不公平。如果少部分人利益受损,不满意,会引起上访等不安定因素,甚至一些极端事件。社会风险还包括媒体风险,人咬狗才是新闻,媒体喜欢报道极端事件。一个再好的事情,可能一个小的极端事件的报道就会使它夭折。

2013 年,我的一个朋友叫杨磊,是个海归,创办了一家"伙伴聚家"专业的机构。她看到很多独居老人没有人照料,就推出了一个创新项目叫"守夜天使"计划。这是一个看似挺好的计划:独居老人和年轻的外来养老服务人员签约接对,由老人提供免费住宿,年轻人则承担夜间守护老人的义务。这个计划是一个双赢的好事情,但后来就引起了诸多质疑。有的人质疑杨磊的出发点,有的人极端地解读为"这一个方案存在侵占老人房产的可能性",有的说"好多老人子女强烈反对"等。项目被媒体报道后,引起了极大争议,杨磊被"人肉搜索",手机号很快就在网上公布了,甚至有人打电话威胁她。**这件社会创新的好事因为引发了社会风险和媒体风险,所以事情做不下去了,最后不了了之了。**

最后一点是道德因素。社会创新的事最终促进了公序良俗,还是相反,这就是"德治"要考虑的。因此,不只要讲政治,讲法治,还得讲德治。发达国家很多政策出台前都要做道德风险评估,要考虑民族精神和国家价值观,如新加坡的组屋政策就充分考虑了"共同价值观":尊重家庭、孝敬老人,你买房子的位置与你父母的距离会影响到你买这个房子的价钱,这是典型的倡导孝行的政策。

很多政策出台后,逼着人假离婚买房,这样的政策就有明显的道德瑕疵,对社会诚信是起反作用的。很多社会创新也会遇到这样的问题,如何有效管理都是小事情,但弄不好,逼着大家作假就有问题了。一些政府的实事项目,如绿色账户、老伙伴计划等,事是好事情,但推行下去,客观上出现了大量的造假现象,有了大量的假数据,影响了老百姓对这些项目的评价。一个行动或一个政策推出来,如果影响了整个社会的信任度,产生了道德方面的不良现象,那这就是风险点。

任何一个社会创新的项目和政策,必然会遇到这么四个方面的要素:政治因素、法律因素、社会因素和道德因素,而如何选择呢,并不存在哪个对哪个错的问题,而是存在价值观的选择困境。心理不够强大就会有选择恐惧症的,所以,为什么创新那么难,因为保守最好,没有风险,也不用抉择。

像加装电梯,重点考虑政治因素,就做成实事工程,今年装 1 万,明年 3 万,下指标,加大考核;重点考虑法律因素,取消"一票否决",一二楼的化成信访户,把一堆后续矛盾扔给了街道和社区,南京的法规就是这样干的;重点考虑社会因素,考虑到方方面面的共识,容易拉长项目周期,拖延再拖延,也容易给官员和社区工作者更多不作为的借口。那么怎样最好呢,总是要做出抉择来的。

> 社会创新者就是去推动这个事的人(不仅仅是社会领域的从业者和社会组织专业人员,也包括政府内部推动政策创新的相关官员、企业社会责任的相关职员等),在推动一件事情的时候,会遇到抉择窘境。就像前面讲的杨磊的例子,她推出的"守夜天使"项目,更多地强调老人需求,法律风险她觉得应该没什么问题,考虑得挺周到,但她忽视了社会风险和媒体风险,包括道德风险,只是借住权怎么会影响到老人的产权,她没想到,独居老人这么一个弱势群体的任何的和侵犯他们利益相关的一点点事,都可能会被放大,这是忽视了道德风险的后果。

推进任何一个社会创新项目,我们都要思考:什么是我们的重点,我们要去影响谁,要去重点影响政府和政策,是真正的从服务社会入手让更多人受益,还是影响社会和动员媒体,从公众宣传入手。每一个选择的方向所带来的结果是完全不一样的。但大家由于价值观的不同,往往会有不同的选择,这就是宿命一样的现实。

深圳有一家著名的社会企业叫"喜憨儿洗车中心"，让一些智商比较低的孩子干洗车这种单调的事，但他们干得挺欢挺好，还有一定的收入，关键是解放了父母。它是一个典型的社会企业。它的模式很成功，那么朝后面走，是追求把企业做大，让更多资金进入，开更多的店，服务更多的喜憨儿，还是选择引起更多社会媒体的关注，发布行业报告，影响人大、政协、政府，最终影响政策。我这次去深圳，就听说了喜憨儿的这一出乎我意料的选择，但这恰恰就是他们的选择。作为社会创新者，虽有抉择窘境，但是前行最重要。只要努力前行，一步一步地做，一切都会因你而变。

◎ 社会创新缺什么？从公益金融说起

之前拜访了清华大学五道口高级金融学院的一个负责人，在他老家的书房里聊了半个下午，这是一个公寓楼改成的书房，房间的设计和摆设都很普通，最显眼的是一排排的书架，书架上有一多半是外文书，显示了主人的国际视野。这位负责人说，一个房间的书代表了他过去所做的工作，即国际时尚产业；另外一个房间的书代表他现在所做的一些事；还有一个房间的书都是和他家族有关的书。

拜访之前，我是抱着学习的态度去的，因为五道口高级金融学院是国内金融顶尖人才培训机构，门槛高，支行行长都还没有资格去参加，学生都是银行、互联网金融和相关企业的大佬。

在金融这个领域，我是一个门外汉。后来一聊，竟聊到了社会创新这件事，他说，这是他未来要做的一件非常重要的事情，为此他已经做了很多准备，他很兴奋地带我看相关书籍。我看到，一个书架上有一半都是社会创新的书籍，有一些是国内出版的，这些我比较了解，更多的是外文书，占了八九个书架位。内容非常丰富，有影响力投资、社会投资、社会企业等国际前沿领域的书籍。他对公益金融非常感兴趣，所以认真地看了很多书，也做了这些知识的积累和储备。

我问他做着这么高大上的金融教育培训，怎么会对公益金融、社会企业和社会创新感兴趣了呢？他说有两方面原因：一方面这是大趋势，今天，党和国家对金融行业提出了更高更严格的要求。金融行业一味赚钱营利不顾社会利益的话，会遇到更大的政策壁垒和障碍，所以大部分金融家，尤其是一些高级人才，现在特别重视社会责任。而一些金融人士也在不断地反思自己，单纯的挣钱不应该是唯一的目标，所以想在与自己领域相关的公益行业中去做更多的探索。因为学员在改变，所以作为教育机构也必须随之而改进。

另外一个是个人因素，他对公益金融项目非常感兴趣。"人生是丰富的，不应该只是个人金钱的积累，而且金钱积累到一定程度就不会再引起我的兴趣了，所以就我而言，特别想去参与推动这样的一个崭新的领域，即社会创新、社会企业和公益金融这一领域。"

他的观点触动了我，在他看来，**社会创新是一个崭新领域，是一个需要金融行业顶尖人才去参与、去推动的新领域。**他认为，这样的时代已经到了，空间特别大，值得用后半生的努力去做这件事。这样的跨界者会不断进入社会创新领域，他们的资源和他们的专业优势将会对公益领域产生巨大冲击。当然，公益金融在今天仍是一个新话题，是一个初始行业，没有太多的经验值得总结，没有成功案例值得去讨论，而仅有的一些摸索还停留在培训、研讨和沙龙阶段，所引进的一些案例，绝大多数都是国际案例。但这样的高级人才不断杀入社会领域，是值得关注的现象。

接下来我们再分析一下，社会创新的前沿领域都来自于哪里呢？

第一个当然来自于政府推动。党和政府会针对国家发展的实际情况，推出社会问题的解决机制和政策，例如扶贫，尤其是近年来提的精准扶贫。而针对这样的一些社会问题和社会事业，政府希望社会力量去参与。所以，社会创新最前沿的一些事，很多都是党和政府在大力倡导，社会在积极呼应推动。这样的领域都比较大，像精准扶贫，大气污染防治等环保问题，养老、残疾人等特殊群体问题解决等，这些领域有国家财力的保障，属于基础性的社会创新领域。

第二个来自于内心驱动。即来自于某些对公益执着者的内心，来自于他们的情怀，来自于他们个人独特的经历。很多人都有佛缘，看到了一段佛经，听到了一句话，甚至看到一个菩提叶，可能就会顿悟，从而开启他人生的另外一个航道。公益领域也是如此,有很多公益最前沿的探索者都是一个个内心不断寻找方向的人。比如,一个自闭症机构的创始人的孩子并不是自闭症患儿,并没有切身感受,但他同事的孩子是自闭症,或者看了一部国外关于自闭症的电影,往往这样的一个镜头或自闭症孩子的一个呆滞的眼神就触碰到了他内心最柔软的地方,就使他的人生从此而变,辞职并创办推动关爱自闭症的项目,再成立机构,然后一生就和自闭症关爱这件事分不开了。

公益金融的摸索也是如此,孟加拉国的经济学家尤努斯创办的为穷人而开的银行——孟加拉的乡村银行,最早的初心来自于上个世纪70年代,尤努斯走访乡村中最贫困的家庭,那些年轻的农妇带着几个孩子,为了获得连一美元都不到的贷款而苦苦相求的表情打动了他,使他平生第一次为"自己竟是这样一个社会的一分子"而感到羞愧。这样的一个感觉和这样的羞愧促使他行动起来,创办了孟加拉的乡村银行,开创了普惠金融的新模式。

第三个是来自于海外,有一些有国际视野的人,他们会关注国际社会创新最前沿的事情,然后借助自己的专长和兴趣,不断地把这些前沿引进来。比如,当前对于社会企业的摸索、英国等国家的实践、影响力投资、公益金融等,这些项目在国外都有比较成熟的经验,有一线眼光的一些社会创新者会将国外模式引进来,在国内扎根。

今天,社会创新日益成为波澜壮阔的领域,不再是"门前冷落车马稀",而是熙熙攘攘,政府、市场、社会都在参与,各类社会主体也都在其中推动,从顶尖人才到一些从业者,形成了人才体系,所以社会领域不再是初始领域。但是,在社会创新的最前沿,我们仍然会看到创新不足、活力不够、人才稀缺等问题。**不容忽视的是,其他领域的人,尤其是一些顶尖人才会纷纷杀入这个领域,传统的路径会受到更大的挑战,资源的整合会以一种新的方式产生。**一些具有国际视野的人会将国外的一些新东西源源不断地引进国内,从而使这个领域不断地成为一个巨大的开放的空间,从而成就很多人的梦想,并使我们的社会不断地发生改变。

如果再深究当下的社会创新最前沿到底缺什么?

我觉得第一个方面是不缺理念,缺方法。在清华大学老师的书屋里看到了洋洋洒洒的社会创新的书籍，国内很多专家教授也在研究这个领域，出的书也超出了社会创新的实践，有些总结也超出了当前的发展阶段。事实是，不缺理念，而是缺方法，缺将这些理念转化成落地实践的方法。就像跨界，大家都知道跨界很重要，但是能有几个成功的跨界者？这两年成立了很多公益学院、公益人才大学和社会企业研究中心，数量不少，在理念方面应该说已经研究得非常细分专业，有的可以说已经和国际的一流研究对标。但是作为实践领域的公益教育，还跳不出传统高校教育的路径依赖，资源过多依赖于政府的支持，培训方式也比较呆板。有一些公益金融的班级，里面更多的是公益圈的人，而不是跨界的金融圈的人，这就导致今天的公益金融仍先天缺少其他领域的资源支持，不能形成更好的跨界交流的氛围。

第二个方面是不缺理论，缺案例。现在理论已经很丰富、很厚重，但是没有特别好的实践案例，我翻看了这个老师书架上关于社会创新的一些书，发现这些案例绝大多数都来自于国外，国内的案例甚少。当然，有人可能会说，我们还处于初始阶段，所以案例不够多，但是我感觉在地的国内本土的社会创新的实践其实走得已经相当远，我们并不缺乏案例，而是缺乏对案例的分析。一些专家学者总是觉得国外的月亮比较圆，国内的摸索比较 low，有些对于党领导下的社会创新会有不同的看法，所以内心并不认同这样的模式，进而也不愿意去做这一方面案例的深挖、深究和总结。

事实上，**国内基于中国本土实践而推动的社会创新的案例是比较丰富的，但是很少有专家学者愿意去做整理研究。**因为做案例是一个基础性的事情，而基础性的事情往往是费力不讨好，发表不了论文，也拿不到项目的支持，所以很多人根本就不愿意去做这样的事情。但是案例恰恰又是最重要的。对于一线的实践者，比如社工、社会组织和社区工作者来讲，其实他们需要的不是理论，而是更多的案例，就像 MBA 教学会有很多企业案例。而我们社会创新的教学几乎全都是满堂灌的理论，或者是一些原生态的经验交流，而真正中观层面的案例是奇缺的，当然也是他们迫切需要的。一个理论，辅之于若干个案例，就可以将这个事讲得非常清晰。

第三个方面是不缺机制，缺活力。社会创新事业牵动政府、市场、社会几大领域，党和政府高度重视和支持。十九大为未来几年的社会创新和社区治理发展提出了一个方向性要求，制度安排上，如财力等方面都有了好的开端，一些省市的社会创新机制也是非常有创造力和灵活的，非常完善，甚至出台了各种好的政策。例如，前一阶段深圳市提高了社工的薪酬，一下子提到了 10600 多元，这是一个巨大的进步，这将进一步改善社工行业的整体形象。党和政府有极大的诚意要去推动这一事业的发展，但是细化到每一个具体的领域，都存在活力不足的现象。比如，基层社区治理的社会参与普遍不足，活力普遍不够；社会组织的发展政策很多，但是绝大多数都是行政推动的社会组织的发展，自生型的社会组织少之又少……

第四个方面是不缺人，缺的是专业者和跨界者。今天，社会创新领域已经发展成为一个大领域。从业者越来越多，但是却缺专业者，这种专业者不仅仅是指受过专业训练的人，社工等，而是缺跨界理论和实践的专业者，将理论放之于实践，然后再从实践中总结提升成为理论。通过这样的上上下下的过程，训练他成为一个真正的专业者。我们还缺的就是跨界者，即从金融、教育、证券等其他领域，甚至是一些八竿子打不着的领域转过来的跨界者。我们现在多的是一些本位思维的人，我是政府官员，我只考虑政府视角，但跨界者就可以很好地跳出他的本位思维，以更高层面的视野来看待社会创新事业。

第五个方面是不缺钱，而缺模式。现在想进入社会领域的钱越来越多，很多大的民营企业都在纷纷成立自己的基金会，金融界和互联网创业界的一些大佬也纷纷关注公益领域，社会企业成为这两年的热词。这两年，大的公益事件层出不穷，支持到社会创新领域的钱也越来越多，但现在最缺的是将这些钱与好的项目和好的机构连接起来的模式，也缺如何将个人的钱用得更好、用得更透明的平台。尽管这样的平台已经有了，但是由于社会创新领域的复杂性，使得这样的一些摸索极易受到各方的质疑。如何整合钱、用好钱，评估用钱的效益，客观评价项目的影响力成为社会创新的重要内容。

> 故而，结论是：需要把所有的关注放在一个个微观的实践上面，放在一个个社会问题的解决上面，我们缺的是方法、案例、活力、专业、模式，这些

> *都是需要我们这些社会创新的从业者，尤其是前沿的探索者要重视的事情。未来让我们从小处着眼，小步快跑，用一个一个小的项目不断推动社会创新这条大船破浪前行。*

◎ 空间设计与社区治理深度跨界的情形与创新

2018 年 5 月 12 日，清华大学举办"跨界·共赢"首届清华"社区规划与社区治理"高端论坛，国内外参与社区规划与社区治理相关理论研究与实践的一些代表性人物参与经验交流和深入讨论。

从这些研讨会可以看出：以往，公共空间的营造和改造基本上都是建设规划部门的事情，今天，其已经从单一部门的推动变成了多方驱动；以前，针对的公共空间是比较单一的，比如一个活动室改造，而现在变成了复杂空间，对一个社区、一个大广场的改造；公共空间的规划和更新使设计师终于放下那些大型的建筑作品，而愿意带着情怀去做这些小的公共空间的设计，尽管这些设计也不怎么赚钱。而探索的深度和广度也得到了非常大的拓展。今天，社会组织也纷纷参与其中，社区规划更新更是成为社会创新的重要内容之一。政府也从多个方面多个角度支持公共空间的设计更新。现在的这种跨界日益频繁、程度越来越深的状况是非常可喜的。

首先，分析一下推动公共空间和社区治理跨界的主体的情况，产生了以下现象：

第一个现象，实现了从跨界到程度更深的跨界。以往公共空间的更新，参与者更多的是规划设计和政府相关部门，现在大量的设计企业、社区、社会组织、骨干志愿者和一些专家纷纷参与其中。不仅仅是规划界的专家，而我们社工专家、社区治理的专家等也都参与其中。

第二个现象，参与的主体更加丰富。这种丰富是一个空间实现功能更加人性化的必要条件。因为对一个事情有了更多的角度的看法，有了更多主体的参与，有了不同观点与不同利益方的博弈，所以使这个空间变得更加整合、更加有活力。

第三个现象，**主体更加专业**。以往没有专门的社区规划师这一岗位，到今天，社区规划师已经成为一个重要岗位。社区规划师来自于中国台湾地区，最早引入到了广东、四川等地，后来很多地方都聘用了社区规划师，2017 年上海杨浦区就聘请了 13 名社区规划师，浦东新区聘请了十几位缤纷社区的指导师。社区规划已经成为一个更加专业的细分领域。推动社区规划的过程中出现了很多专业机构，这些专业机构中，有一些肯定是将更多精力投身到社区规划之中的规划企业，做得多，积累的经验丰富，做得更有成效。还有专业的做社区更新、社区空间和社区治理跨界的社会组织在不断建立。比如，同济大学刘悦来老师创办的上海四叶草堂青少年自然体验服务中心，就是专门做都市农园等项目的。其在社区里面开展参与式的自然景观的微更新改造，让孩子在都市里边也能够享受到家门口的自然教育项目、体验和课程。如何使公共空间在更新过程之中所形成的不同利益方能够形成共识，也形成了相应的专业的社会企业，像萝卜（北京）咨询有限公司就是专门做议事规则指导的，他们对深圳的"小美赛"进行指导，指导推进的社区形成社区共识。

第四个现象，**主导的相关政府部门从规划部门扩大到了更多的部门**。以往都是规划部门在推进，而现在，不仅仅是由规划部门在推动做主办单位或者指导单位，像民政部门、社会建设部门、团委等都在参与主导指导这些研讨会。更多部门的参与推动了一个重要改变，就是从以往注重硬件规划转向了以社区治理为主。规划部门推动的角度肯定是偏向于规划的，偏向于硬件。这两年以来，无论是公共空间设计，还是社区更新都已经把社区治理作为了重要的内容。也就是说，社区治理的重要性比硬件更加重要，比如在社区规划方面，社区参与要比社区规划更重要，大家一起参与形成社区共同体变得比把这个空间改造得高大上更重要。

接下来分析一下社区治理和公共空间规划的对象发生的改变：

第一个改变是由社区内的更新设计，变成了更广泛的社区更新设计。两年前，上海社区微更新主要针对的是社区内空间进行，2016 年和 2017 年做了很多社区微更新比赛,很多街道参与其中,主要更新的是小草坪、小巷子、小景,主要是围墙内的一些空间。近期拜访了市规划局下面一个专门推动公共空间营造的机构,他们说,现在社区内的这种更新,街道已经非常重视了,所以他们当前的工作重心放到了社区外,就是更广泛的社区,一个社区大的广场、大的街区的更新,像长宁区推动了愚园路的更新,目前更在进行武夷路的更新,这是一个明显趋势。

第二个转变是政府的公共空间在向社区便民服务空间拓展。以往讲到社区规划和社区更新,都是指政府自己能够影响到的公共空间,而钱也主要是由政府来投。这两年来,大量的商业空间、社区商业和商业街的更新则变成了重点中的重点。尤其是去年,北京、上海等城市进行了社区违章整治,就空出了大量的应该做公共服务的空间。这些空间还不是单纯的政府的免费空间,而是一些半商业的空间,这些空间如何更新,如何打造成为一个便民服务点、网格化中心、收费的护理站,或者社区茶馆等,成了这两年更新的重点。在这样的新空间里,商业运营变得尤为重要。

第三个转变是社区商业正在从商业逻辑向社区治理逻辑转变。以往的社区商业大多是二房东模式,把地方租出去就不管了。而现在在社区商业领域出现了很多新现象。在研讨会上,很多这样的社区商业创新进行了交流。比如上海黄浦区的田子坊,如今充满了文艺范,它也是由以前的脏乱差马路集市演变而来,田子坊仍然有居民住,这是一个充满生活气息的创意产业园。居民和商业从矛盾到共存共融,社区商业在社区治理中的作用不断地在显现。

再比如浦东陆家嘴的"万有集市"颠覆了市民对菜市场的传统观念,它是一个菜市场概念之上的社区小型商业体,这个菜市场非常地干净,像超市一样,所有的菜品都能够追溯源头,在线上可以订购。最有意思的是二楼已经成为了一个社区共享的公共空间,有体验式厨房、咖啡馆、早教中心、理发店、健身房、舞蹈室等。一个家庭在这里可以有爸爸的健身计划,妈妈的烘焙教育,宝宝的早教,全都可以在这个集市上完成,所以这里就取名为"万有集市"。我看了万有集市的PPT介绍,觉得非常有意思,他们主要讲了一个内容——公益与商业的融合创新,让商业运营和社区治理做了更深度的结合,专门成立了"两微服务中心",

即微自治和微创业服务中心，在这里面既有商业销售，也有按照固定比例进行的社区捐赠，还有一些营造社区自治氛围的社群运营。最后，他们谈到"汇聚各方资源，参与社区建设，形成社区共治"，里面讲的是政府主导、社区参与、企业献力的"两微服务中心建设"，写的比政府社区治理的一些东西都要深刻。

其次，分析一下公共空间设计和社区治理跨界所形成的创新前沿：

第一个创新是社区更新大赛这样的项目纷纷举行。比如深圳的"小美赛"——小而美的社区空间更新大赛；上海的社区微更新大赛，很多街道也在进行微更新大赛，像徐汇区天平街道推动的"天平美好空间社计赛"。

第二个创新是参与式的社区规划。以往的规划是由专家和政府部门合作做的，立意非常高，高屋建瓴，是国家大政方针政策落实到基层的反映。很多年前就已经在谈参与型规划，但是真正这么做得不多，因为参与型社区规划到底怎么做，做到什么程度，政府愿不愿意推动，都是非常具体的问题。上海于 2016 年颁布了《上海市 15 分钟社区生活圈规划》，各个区分别就家门口的服务体系、邻里中心建设等提出了非常具体的要求，很多街道也颁布了自己街道的社区规划。但是这样的规划还只是自上而下的设想，有一些肯定是必须要做到的，但是大多数都只是倡导性的，这些规划要落实需要企业和老百姓的配合，离真正的落实还有一定的距离。如果没有老百姓支持和参与其中，没有广泛的社会组织最后参与，有些规划是很难只靠政府推动就可以落地的。所以，参与式的社区规划是这些社区规划的细化、再细化，老百姓必须参与到某些点上的规划再细化的过程之中，这样的规划才能称得上是参与式社区规划。当前，有些街道为了贯彻"最后一公里"、15 分钟生活圈等，正在制订参与式社区规划，通过大量的座谈会和工作坊，使这些规划能够更好地落地和更加接地气。

第三个方面的创新是工具方面的创新，即参与式设计工作坊。早稻田大学佐藤滋教授的团队写的《社区规划的设计模型》一书中提出了很多参与式设计的创新应用：通过游戏式的工作坊，使老百姓更乐意参与到社区规划的全过程。这个团队在日本已经试过了十多年，可见这种参与式设计工作坊于本世纪初已经开始在日本的社区铺开。我们在潍坊社区竹园中心开展的参与式设计工作坊邀请到日本早稻田大学的一个教授来做指导，他非常惊讶，没想到中国已经开始了这样的工作坊设计,并且老百姓的参与还是非常积极的。在工作坊里,社区漫步与微缩地图、目标愿景游戏、社区布局设计游戏等,能够吸引居民参与整个规划过程,能够吸引大家把观点尽情表达,从而使这个参与式设计的项目更加完善,更加符合当地的需求。这种参与式工作坊通过在国内的社区实践将会不断地调整。像日本的团队也是经过了十多年不停地试错,才找到了适合日本的参与式工作坊的经验,我们通过摸索也会找到适合国内社区开展的一些工作坊技巧,这必然会有专业机构来推动。

第四个方面的创新是社区规划设计的标准化项目、标准化产品和产品化的工具。我国已经普遍进入存量更新阶段,所以社区更新的量是特别大的,有没有这样专业的机构和专业的企业去开发这种标准化的项目、标准化的产品和产品化的工具就显得非常重要。正如在加拿大,政府会推出一些别墅的设计稿,比如说 10 个,这些设计稿都是免费由政府提供,大家愿意在里面挑,挑完就可以建了。这是一个好的思路,中国比较大,社区也比较复杂,但是有很多同类的东西是可以相互借鉴的。比如在一个社区要美化一个绿地做一个"都市农园",就可以做成一个标准化的产品;再比如一个墙壁该怎么样美化,一个社区的小型广场该怎么做,都可以有一些标准化项目来推动的。而有一些产品,就像广场晾衣架,一些机构已经做出了设计,设计后的晾衣架既能够晾衣服,又能做阅报栏,还能够让人休息,同时还可以设计出适合不同社区的不同色系和不同风格,大家只要挑就可以了。而挑的过程也可以有老百姓来参与,这样就可以节约很多时间。

第五个方面不得不提的是社区商业的创新。社区商业创新的一个大方向是越来越关注社区商业的公共属性,注重社区商业公共空间的打造,以及和社区的连接。广州的万科商业推出了一个 2.0 版本的叫"万科里"的项目,在基盛万科中央公园这个商业体的空间设计上,打造了一个半开放式街区的空间形态,让这个万科中央公园更加自然地连接社区,淡化了城市和社区商业之间的界线,悄然无缝地融入到了城市社区之中。从功能上来讲,项目侧重布局与"慢享美好日常"相关的体验式业态,形成了社区乐活场、亲子成长坊、社区能量馆、艺文栖息地四大主题。这四大主题建立了与居民社区和城市的深层次连接,所以他们推出的全新理念叫"与邻共成长"，他们还展现了这一理念的实现方式——居民共创造，这种共享共治的理念与社区治理的理念是完全相符的。

> 正如这个项目所宣传的，近千年前，清明上河图讲述了一个在充满活力的公共活动空间周围的非常质朴的商业智慧和商业布置。像这样的社区商业创新项目，当人们自发地把这样一个商业空间当做公共活动空间来进行优先规划的时候，商业将会在活跃的社区氛围之中自然地发生。这种融合商业和社区治理的创新模式将来也会在城市的各个商业体之中上演。

◎ 上海的社区治理到底在什么水平？

2017 年 12 月 11 日，上海市静安区举办了第一届社区治理十大创新项目比赛，18 个项目进入到了决赛。静安区非常典型，社区治理基础特别好，社会组织的发展、社区自治、社会创新等各项工作都走在全市前面。静安区是由原静安和原闸北合并之后的新区，工作多样性更强，既有原静安区的工作风格，比较高端、规范、国际化、国际范儿，当然也有原闸北的风格，果断、推进力度大等风格。同时，静安区相关部门对于社区治理是非常执着，相关领导有激情，有思路，推动力度很大，好多举措我非常佩服。

我认为静安区代表了上海社区治理的最高水平，对于静安区的分析在一定程度上代表了对上海社区治理水平的分析。我参加过不少评审会，这些申报材料我看了，觉得非常有意思。有一些一眼就可以看出是街道写的，写材料的政府层级越高，行政化套路就越深，有的街道写的材料中排比、对仗、套话比较多，一些词分析得面面俱到，像"'心'公约"就分了三个心：心有所想、同心协力、心有所得。而到了居委会层面，写得就挺生动的，比如一个居委会的材料中，垃圾箱更新和垃圾分类处理之后，题目是"垃圾厢房的'咸鱼翻身记'"、从"前世"的社区卫生死角到"今生"悠和家园"环保生态示范中心"、"垃圾厢房华丽转身"等，听起来挺舒服、生动，给这个项目也加分不少。另外，有些申报材料是社会组织写的，材料写得比较好,当然并不意味着干得多好,但能够看出他们对社区的认识还是比较深入的,方案写得还是比较不错的,有些词用得特别创新,这就是我对材料的一些认识。

通过对 18 个社区治理项目的分析,有如下几个特点:**第一个特点就是社区治理正在从前台创新走向后台创新。**前台创新大家能感受得到,社区面貌焕然一新,社区活动很丰富,这是前台的创新。后台创新是什么?社区治理背后有很多制度化的东西,而这些制度化的东西是比较枯燥的,也比较复杂。如果一个政府部门或一个居委会不是非常认真负责,那它一般不愿意去做后台创新,因为领导和大家感受不到嘛。比如临汾路街道社区事务受理服务中心创新的点就是"事务受理中心工作绩效考核方案",该方案体现了公平公正性,促进了工作效率和工作水平的提升,"计件制"等方式引入其中,实现了流程的标准化和可追溯等,充分体现了绩效考核和薪酬激励的科学性。

但是像这样的创新,去办事儿的人可以体会到,但不去办事儿真的意识不到它的创新在何处。文汇报记者钱蓓和我聊起这个感受,就这个大赛,她在《文汇报》上写了篇新闻,讲到静安区民政局推出的一套社区分析工具,专门用于社区工作者的职场训练和能力提升。她在文章里谈到,很多社区居委会的一线老书记和一线工作者提出的一些困惑,说"我们这一行只有经验,没有工具",所以只能老书记手把手地传、帮、带,传授这种经验性的技能,但效率不高。针对这一现象,静安区民政局推出了一套工具秘籍,社区分析工具,包括了社区了解、资料统计、结果梳理、社区回应、社区评价等 5 个阶段,层层递进,好比练级。对于一线的社区工作者来说,虽然工作量增加了不少,但是通过使用这样的工具,社区工作的标准化、工作能力和水平以及对于社区工作的理解和认识都得到了提升,这样的工具受到了一线社区工作者的好评。这样的工具是后台创新的重要方面。充分说明上海社区治理的工作水平已经达到了一定的高度,大家已经开始做里子的工作,而不仅仅是面子的工作。

第二个方面体现在智能化水平的提升上。其中有三个相关项目提升了社区治理的信息化、专业化、智能化的水平。2015 年,上海市委将"加强基层基础,推进社会治理"作为 1 号课题之后,社会格局的确不一样了,不管有没有 1 号课题的影响,社区治理的力量都在换血。社区工作者年轻化、专业化,社区中专业社工越来越多。人和技术其实都在换血,这对社区治理的技术水平肯定造成了很大的提升。

天目西路街道在很多居委会设立微信公众号的基础上,又加强了顶层设计,丰富了公众号的功能,同时建立了一些制度,实现了居委会微信公众号的百分百覆盖。他们还开通了 24 小时居委会信箱,建立了线上线下服务老百姓的制度,把微信公众号打造成了集社区展示、信息发布、活动报名、居民办事等功能于一体的全方位社区工作平台。为居委会和居民、居委会和居委会、居委会和街道之间搭建了一个无缝连接的平台,同时一些议事、义卖、社区福利、社区调研等功能也在不断地丰富进来,成为社区治理工作的一个加油站。

江宁街道推出了"乐龄一卡通"的助老服务项目,他们把针对老年人的服务商户进行了整合,老年人可以通过"一卡通"很方便地预约理发、洗衣、助餐、沐浴、扦脚、家政等服务项目,而且这些电子交易的数据定期结算,资金使用全程是可以追溯与跟踪的,这个项目方便了老年人,也体现了技术的创新。

第三个现象是社区治理的个性化得到了尊重。社区治理是扎根于社区的,而社区是有不同特点的,这个街道和那个街道是不同的,居民需求也是不一样的。所以,社区治理更多地要体现社会性,而不是行政化。行政化就是自上而下、大一统、完全一致。而现在我们要更多地体现自下而上的个性化的东西。在这 18 个项目中,几乎所有的项目都充分尊重了社区的个性化,一些项目中,居民的个性化需求也得到了尊重。比如说南京西路街道推动的居民公约,他们称之为"福民'心'公约"。这样的"'心'公约"按以往普遍的操作方法是街道找几个专家拟好,然后直接贴到居委活动室和楼道里,这样的公约贴在墙上,老百姓也未必记得住。南京西路街道在推动社区治理项目的过程中,充分尊重居民需求,居民可以根据楼组内需要解决的问题或者自治的项目,通过这些情况,自己提出我们这个楼的公约是什么,自己提、自己议、自己定、自己做。居民公约不再是从天而降,而是居民心里要做的事儿,这样的公约能够落地生根,为民所用。

第四个特点是居民的参与成为共识。在社区治理的过程之中,以往政府大操大办的现象比较多,尤其在一些硬件改造、社区规划等方面。而现在的一些创新项目中,居民参与成为普遍共识,很多社区事务中都有了居民的深度参与。

比如,静安寺街道解决居民如厕难的问题,好多老的弄堂中,居民家里没有卫生间,还要手拎马桶到公厕去,所以要解决这个问题。而这样的项目以往都是由政府推动的。目前解决问题的过程中,静安寺街道充分尊重了居民的参与,通过"三会"制度,充分听取居民的意见,尊重和了解居民的意愿,汇聚群众的一些智慧,也发动居民成立了合用卫生间自管小组,为后续的自治自管做好了准备。

而像垃圾厢房的改造项目,芷江西路也高度重视居民参与,使"悠和绿站"这样的社区自治项目不仅仅是一个硬件改造项目,更促进了社区关系的融合,重新打造了社区的人文环境,像润滑剂一样促进了社区各个人群间的沟通意识与共识的形成,帮助减少了摩擦,缓解了社区矛盾,让社区更加温暖。

宝山路街道在社区营造基金项目中,也是大力促进多方参与和居民共识的达成,他们设计推出了一系列实用的工作模板,像民意的征集、居民代表大会审议等都成为了必须过的流程。居民代表也积极参与到了项目的实施和项目的监督过程之中,参与到了每月一次的监测表回顾、每月两次的监测分享会以及每年两次的项目评估等这些事务之中。

通过对 18 个社区治理项目的分析,我们可以看出静安区社区治理的创新已经从前台创新深入到了后台创新,智能化的水平也得到了提升,而社区的个性化和居民的个性化需求得到了尊重,居民的参与成为了共识。这四个方面恰恰是社区治理的关键要素,充分说明静安区社区治理的相关工作已经非常深入和扎实。

> 静安区社区治理工作是上海社区治理的一个缩影。这两年,我们经常和广东、深圳、成都等对比,南方城市政府购买服务的政策力度很大,成都市社区治理的创新举措多,成立了社区治理委员会,推出了社服基金,培养社区治理关键人物,推动社区营造等。这些举措的确非常创新,政策也非常到位。我认为上海的社区治理水平仍然可以自豪地说是走在全国前列的,因为我们走得更远,有些工作已经制度化、流程化和专业化了。

第四节　城市精细化管理与社区治理

◎ 城市精细化管理如何影响社区治理？

2018 年 1 月 31 日，上海市委、市政府召开了加强城市管理精细化工作推进大会，将提高城市管理精细化水平作为推动高质量发展的重要举措，以及创造高品质生活的必然要求，同时提出要以绣花般的细心、耐心和卓越心使上海这座城市更有温度、更富魅力、更具吸引力。

大会到现在已经快四个月了，现今这个会议的贯彻落实到底推进到了什么程度？我总体上有个感觉，贯彻这次会议精神各方面都是比较务实的。以往，贯彻某个会议，重视一项工作，或者出一项什么政策，接下来惯常的操作是所有工作都朝里面装，都是这个套路。所以即便什么都不做，再过几个月开总结会，还是能够总结出洋洋洒洒几千字的汇报稿的。这一次城市精细化管理就不太好再朝里装了，推动这项工作的作风上有了很大的改进。因为所提的是精细化，出来的工作举措如果和这个相背离的话，是自己打自己的脸。所以，这一次我看到，贯彻精细化管理出台的很多举措，不再是像以往一样很多号称"百万市民×××"、"万人×××大行动"那样的项目，以及"百千万"行动、八大计划、十大品牌等内容。因为这些内容，**任何一项都不可能以精细化来评估，到底是不是百万市民，是不是万名志愿者，是经不起深入推敲的。**

这一次贯彻精细化管理的会议是问题导向的，全市推出大调研，一切要靠数据说话，需求都是有数据支持的，不能随便说，要大力推动科学规划。背后充分说明了城市管理的成熟，这是好迹象。

深究社区治理这个领域在精细化工作会议之后的推动，有四个方面的进展：

第一个进展是，社区治理对象上更加精细化。很多区、街道都提出了细分社区治理对象的举措。比如长宁区提出对社区进行分类治理,将社区分成五大类:动迁社区、高档社区、老公房社区等。针对不同的社区,设施配套的要求不同,工作标准不同。有些工作,比如养老,在不同的社区里要求就是不一样的。又比如有的区推出了楼组分类治理,针对不同的楼道有不同的治理手段。有一个比较好的例子就是"楼组公约"的个性化。以往"楼组公约"都是一样的,但是通过分类治理,不同楼组就会有不同的公约,体现了在地化的特点,居民可以参与公约制定,公约对居民的约束就有了一点点的进步。民政系统也推出了社会组织的分类治理,针对不同类型的社会组织提出分类治理要求。

社工的价值观里面都有一个原则,就是尊重多样和多元,因为每个社区都是不一样的,有很多在地资源,以每个社区工作肯定是不一样的,因此,精细化治理这个话题是非常符合社工价值观和社工精神的。

我发现了这样的进程:最早,社区的管理和治理就是一种模式,一个地区一种模式;但是通过分类治理,会更加细化细分,针对不同社区有了指标上的不同,也就有了考核上的不同。对于推进这项工作的人来讲,就增添了很多工作压力,对于工作人员的能力也提出了更多挑战。当然,我们会问:这样的工作会不会再回到以前的"一居一品"和"一街一特"?以往的"一居一品"和"一街一特"其实是没有标准的。居委会做了什么什么事,事后总结出来就是了。今天和以往不一样的是:从分类治理开始,其实就有了新标准,对工作的挑战会很大,也正因此不能沦为形式,沦为形式就回到了以往"一街一特"那样的工作模式。

第二个进展是治理手段的精细化。以往,社区治理更多的是经验主义,体现出的是"一线工作法",是"某某居委书记工作法",是非常有个人特点的经验主义。而精细化管理对于制度化的要求是非常高的。上海的社区治理已经从前台创新走向了后台创新。前台创新是指那些大家都能看到的轰轰烈烈的活动和项目,经常可在媒体上曝光。后台创新是制度创新,比如社区服务中心的后台管理系统、科学的绩效评估机制等。对老百姓来讲,他们能感受到这个地方的服务好,但是他们不知道是为什么好。而后台的这些制度决定了我们让老百姓体验到的是什么样的一种服务。后台创新还表现在很多智能化手段的应用,比如所谓的大数据,不敢说社区治理方面已经形成了大数据,但是数据正在指导我们的工作，这已经成为了惯例。

　　这次大家也非常注重问题要从数据来。宝山区推出了社区通，徐汇区的田林街道也推出了社区服务信息平台，很多居委会都有微信工具，而类似的信息化手段被广泛用到了治理过程中。还有一些区，像静安区已经推出了社区调研工具，这就使社区工作者方便为社区画精细化画像。另外一些像楼组自治手册、社区基金会管理手册等这样的创新工具，很多区、街镇也在纷纷推出。

　　第三个变化是治理过程的精细化。通过一系列制度创新来保障治理过程的科学化水平。比如，很多区推出了首问制，对老百姓的服务首先的接待者有义务负责推进这个解决的全过程。浦东新区、虹口区等推出了"全岗通"，虹口区已经把全岗通提升到了 2.0，提出了"不见面办事""零距离服务"以及楼组的分类治理，探索了社区治理的智慧化、科学化、精细化、精准化。虹口区每年都会根据实际情况、统计数据和居民的需求不断地调整"不见面办事"和"零距离服务"这两种清单，这就做到了服务更加精准。另外，很多区、县、街道都把居民参与作为一项制度列到很多工作流程中。社区更新就成了居民全程参与的一个项目，居民对社区的一些小的更新有了更大的发言权。很多社区的事务都必须经过社区议事会，居民对社区的参与就是由制度来调节的。

　　第四个变化是，治理体系向一线延伸，服务居民变得更加精准。上海市2016 年颁布了《15 分钟社区生活圈规划导则》，这是一个倡导性的文件，很多街道日益重视这一块工作，开始做社区规划或者社区 15 分钟生活圈规划。除了以上规划，有的街道如浦东潍坊街道已经开始深入地做社区微更新调研，计划在未来的三年里面，对社区里面需要更新的点，配合社区 15 分钟生活圈，进行更科学的规划。这已经做到了非常细的程度，社区微更新不再是这里改一个那里改一个，而是更加成体系、有规划。

　　社区里面很多网格化中心、邻里中心、睦邻中心等的建设，功能排布也变得越来越科学，不再是统一的、整齐划一的，也不是由领导决定的，而是通过社区调研，让老百姓参与其中决定的，这样出来的一些功能、需求以及开放时间、运营策略，都更加符合地方老百姓的需求，也更加精准。

上面说了这样的改变,是社区治理发展大势所导致的,当然,很大一部分原因是由于城市精细化管理工作会议的影响。

我前面举的这些例子只是做得好的一些例子,并不能说明这在上海已经实现了精细化管理。但总体上来说,精细化工作会议四个月以来已经在理念上对很多社区工作者形成了冲击,也促进了很多惯性工作的改变,所以效果还是挺不错的。那么在未来,进一步推进社区治理的精细化水平,我觉得还有几个方面的事是值得着力的。

第一个是要出一些样板。通过精细化的管理,在某些区、某些街道、某些居委肯定会出来精细化管理的好样板。这些好的样板,会有一系列的标准、数据、案例,在这样的基础之上形成了工作举措,对于其他类似的社区、街道是有借鉴意义的。所以我们期待有更多各种各样的样板能够出现。

第二个方面要出更多的案例。在推进精细化治理的过程之中,出现了很多精彩的案例。这些案例不是经验主义,前面我讲到了,更多的是要靠制度,要靠这个地方的创新,像"全岗通"、国际化社区垃圾分类、参与式设计等。这样的案例对于一线的社区工作者是非常有借鉴意义的。

第三个要鼓励出更多的工具。精细化管理代表了标准化,在一套流程之后,大家对于其成果是可以期许的,成效是可以评估的。依靠数据串起来的这一切,需要更多专业化工具的介入。所以像社区更新,可以研发出很多工作坊之类的工具,这些工具具有可复制性,这种便捷的工具能够降低对精细化管理的财力投入。

第四个就是要创新出很多的机制。社区治理是需要各方参与的,更加有赖于科学机制,好的机制能吸引大家的共同参与。如果只是行政的路径依赖,会提高社区治理的成本。比如像社区基金会怎样筹款、怎样形成一个好的公益生态圈来支持社区治理;怎样更好地激励,怎样使社区单位更好地参与,怎样使钱的使用透明化,怎样让老百姓更多地参与到社区基金会的管理中,这些都是好的机制创新。这一方面的积累意义特别大。只有机制顺了,才能够使精细化管理所产生的大量工作问题不全都押在政府身上,而是使更多专业的社会组织、居民和各方力量都能够参与其中,这才是社区治理的本质之所在。

◎ 社区治理是标准化还是精细化? 考验治理能力的时候到了!

社区治理需要百花齐放,需要探索不同的思路和方法,如果只有一套模式,只有一个标准,往往会使基层的手脚受到束缚,从而影响社区治理的成效。

举一个例子,推动垃圾分类这件事有不同的模式,有的是社会组织在推动、在实践,靠社区志愿服务发动居民,制定标准,然后不停地在社区里做宣传倡导活动,影响大家形成了垃圾分类的习惯;还有的是通过街道、居委会推动,通过发动社区党员、周边学校、社区单位配合,在学校里对孩子进行教育,让他们回家带动家长形成习惯,举办一系列"小手拉大手"活动;还有的是通过物业去推动,形成一些标准,设立垃圾箱,设立一些兼职岗位,如垃圾分类指导员这样的岗位,来指导协助居民进行分类,慢慢形成习惯了,老百姓就接受了垃圾分类这件事。推进垃圾分类有很多模式,可以说充分体现了百花齐放。再回头看这个问题,关键是这项工作到底处于怎样的阶段?

一项工作处于试点期,还是总结期或推广期,其推动策略也是非常不同的。垃圾分类这项工作,目前的情况是仍处于试点期,所以鼓励基层大胆地试,鼓励采取不同手段和途径,只要能够达到垃圾分类目标就可以了。

按照政府通常的解决路径,试点过后,接下来就是总结经验,召开现场交流会,推出垃圾分类工作手册,形成标准化工作及流程,我称之为标准化阶段。当然,标准化是非常必要的。即使垃圾分类这项工作有一千种模式,但是哪一种最有效,或者说哪些标准必须被接受,这是值得总结并且推广的,否则垃圾分类工作的层面始终会停留在较低水平。接下来就进入到了推广阶段。通过公众、政府共同讨论,形成垃圾分类的标准,并且借助法制化的手段、社会工作的手段、传统的党建团建、群众工作的手段等,全力地把这件事情做好。**这就是第二个阶段要完成的事,就是标准化阶段。**

继续朝前就进入到了**精细化管理和治理的阶段**。垃圾分类工作有了标准化,可以推出《垃圾分类工作指引》,或者叫《垃圾分类工作导则》。日本和中国台湾地区都是这么做的,什么时候来收垃圾,收什么样的垃圾,怎么分类,怎么方便地处理,这是一个城市管理及其精细化的事情,通过一些法律、规则、政策体现出来,久而久之成为居民的生活习惯。

标准化的目标是希望这个事情推广得特别广、特别快,能够影响到更大的城市社区的面。接下来再进一步推动,就会遇到一些非常具体的问题。比如,社区的不同。有的是老公房,居住的居民特别多,每天生产的垃圾量也特别大,另一个社区是别墅区。别墅区的垃圾分类和老公房的垃圾分类是不一样的,对于垃圾桶的要求和处理的流程,以及对于老百姓配合的方式可能都会不一样。在这个时候,政府倡导的那些工作手册或者工作指引,在这里要有不同的标准了。而这样的一些不同的标准,则成为社区分类治理的必然需要。

上海召开城市精细化管理工作会议,说明上海这座大城市已经到了进行城市精细化管理和社区精细化治理的阶段了。目前遇到的很多问题,仅仅靠一套标准化的流程是很难提高老百姓的获得感与满意度的。在这个方面教训还是有不少的。

再举一个例子,"老伙伴计划"是市政府的实事工程,最早是由社会组织在社区试点,社区试点的过程也是社区培育的过程,培育老百姓志愿服务习惯,搭建起一个好机制,让小老人服务于老老人,这就形成了睦邻友好的氛围,同时解决了一些老老人社区非正式照顾的问题。这是一个非常好的项目,去推动这样的项目,一个社会组织在一个社区要深耕好长时间,一两年才会有些成效。

但是成为市政府实事工程项目后,就一下子进入标准化推动阶段。一个小老人要服务几个老人,每周要去做什么,做完之后怎么记录,工作怎么评估,如何考核,这就到了标准化推动的阶段。在今天获得的数据是——4万老人服务20万老老人,这就是标准化推动的一个结果,没有标准化的推动不可能有这样大的规模的。

反过来审视,如果一个社区以这样的数字为唯一追求,只因为这是标准化的指标考核,那么这个项目就会变得非常刻板、非常行政化,原有的睦邻互助与社区共同体意识的色彩就轻了。

如果考数字、考指标、考进度成了主流,就容易导致一些地方将这项工作变成形式主义的工作来推动,那么这项工作就从社区治理项目沦为了行政管理项

目,成为数字报表上体现出来的工作而已。

当然,这种情况并不是说有多大比例,只是说很多地方已经把它当作一个单纯的行政工作在完成了,社区治理、社区参与、睦邻合作的初心没有了。现今城市已经普遍进入到了居民需求日益多元和社区问题日益复杂的发展阶段,在这样的发展阶段,需要的不仅仅是标准化的管理,更需要的是精细化的治理。

另外,标准化和精细化也存在以下几点差异。

首先,在目标上,城市管理精细化注重的是过程和流程的精细化;而社区治理注重的是成效的精细化。以城市网格化管理为例,其分为部件管理和事件管理两部分。对于有些事件,像处理毁绿种绿这件事,注重的是整个过程的标准与规范,发现这个情况谁可以上报,老百姓举报多长时间反应,谁去处理,然后结果怎么反馈,是通过网络还是通过其他途径,其规定的是一系列的对毁绿种绿这件事情精细化的处理过程。当然,有的毁绿种绿事件特别复杂,一时解决不了,回馈到上面就成了"待解决",从而沉淀在政府流程中,就成为了一个硬邦邦的事件。社区治理的精细化就不一样,同样对待毁绿种绿这件事情,注重的是治理成效的精细化。毁绿种绿发生在动迁小区,还是发生在别墅区,处理的方法手段各不相同,有的要通过法治手段强行制止,有的要通过老百姓共同参与、靠邻居和熟人社会的压力才能阻止毁绿种绿。所以在很多动迁房小区里,毁绿种绿很普遍的话,靠强制是解决不了问题的。

第二,从范围上讲,标准化强调的是大,就是大范围,追求的目标也大,希望影响也越大。而精细化追求的是小,主张的是分层治理与分类治理,针对不同的情况,地方要有不同的治理手段。

第三,从源动力上讲,标准化背后肯定有政策在推动,推动网格化管理的后面是上海市于 2013 年颁布的《上海市城市网格化管理办法》;精细化治理的源动力是居民需求,是社区问题,所以是问题导向的。

第四,从理念上来讲,标准化体现出的是行政管理,反映出来的是行政效率。精细化治理体现的理念是社区治理,是自下而上的多方参与,是社区共同体意识的培育。

第五,从路径上来讲,标准化经历了三个阶段:先是基层试点,而后是自下而上的总结,然后再是自上而下的制定政策推广。精细化治理要经历的不是一个闭环,而是多个闭环:首先也是自下而上地进行试点,而后总结,再自上而下地提出标准化工作要求;在工作落地的过程中,仍然鼓励基层在大的统一标准下形成分类治理的不同探索,形成不同的试点,然后再在这样的试点上进行分类治理的总结,提出不同的标准目标。

第六,从推动主体上来讲,标准化基本上可以由单方推动,由政府单一推动就可以了。而城市的精细化必须多元参与。

最后,从对社区工作者能力的挑战上来说,标准化挑战的是官员的行政能力,而精细化挑战的是治理能力。行政能力就是把一项工作细化成为不同阶段和不同分工,怎么拆分、怎么推动、怎么评估、怎么监管,这里的精细化更多考验的是官员的行政管理能力。而社区治理的精细化考验的是社区工作者的综合能力,包括怎么协调、怎么协商、怎么法治化、怎样形成共识和形成社区的共同体。精细化管理对社区工作者提出更高要求,除了需要具备行政能力之外,还需要具备法治意识,熟悉信息化手段,重视议事协商等"非权力型影响力"等能力的培养。

> 现在,上海这种特大城市已经进入到了精细化管理的阶段,特征是城市管理的标准化。如果标准化为第二个发展阶段,那么精细化就成为第三个发展阶段,这是我们目前工作的追求。精细化阶段会对社区治理能力提出更大的挑战。所以我说,考验治理能力的时候到了,和行政能力相比,治理能力是一种软能力,而这种软能力考验的是社区工作者的开放度,对于社会公众参与和社会组织参与的开放度;考验的是多元思维,不再是一件事情和一元思维,即政府的行政思维,而更要有社会思维、居民视角和市场思维等。

◎ 把城市经营得有温度和有获得感是件难而有意义的事

我听到一个案例:政府购买为老服务的项目,就是找到一个社会组织,让这个社会组织去探望孤老。这样的项目在很多区也都比较普遍，做了一段时间以后，中期或者项目结束时候需要专业评估机构去评估，评估机构找到老人问服务情况，看看社会组织有没有去。老人说，他们来了。他们是不是始终按照一周一次，亲自上门探望？老人说，是。问老人家感觉满意吗？**老人却说，他们只不过来看看我，看我有没有死。**这个项目的初衷特别好，政府关心独居老人的生活，但为什么最后在老人这边获得感这么差呢？

在这背后，首先就是服务者出了问题，这个社会组织并没有把为老人的服务当成一种事业，而是把它当成了职业。社会组织经营这个项目，其中一些细节，比如数量是多少，上去探望老人要待多长时间，他们很看重，因为要评估。这些表面的形式主义的东西，他们都完成了，但是有没有进入老人的心，有没有真正地把这个项目做出它应有的质量，这是有待商榷的。而质量要求是必需的，因为**这个项目是一个人文项目，而不是一个市场项目，不是专门只针对物质需求的，而是解决精神需求的，所以看这些服务者，他们出了问题。**

再深究下去，评估者也是有问题的。如果只是去评估数量，评估服务者在那边待的时间，评估人次，我想还是远远不够的，要评估的重点是老百姓的获得感，即老人的满意度。这体现出的是政府的管理能力。

对于这一点，我们倒也不应该去苛责政府，政府现在管的事情越来越多，老百姓的需求也越来越多，大家对政府会有更高的期待，而政府的发展方向不是无限政府，也不是全能政府，而是有限政府，像李克强总理所讲的"社会的交给社会，市场的交给市场"，这是政府的一个大的方向，所以在涉及到这些公共服务产品的时候，考验的是政府对公共服务产品的管理能力，这就是运营城市的水平问题了。

在十几年之前，大家会经常听到说某个市长有经营思路，他把自己当成总经理来经营这个城市。而这两年不太提了。经营城市就把城市的公共服务产品化、流水线化、数量化，并成为评价各级领导和各级政府部门的标准，所以产生了非常严重的"数字出干部"这样的现象。

这两年提经营城市的领导越来越少了，这是因为通过追求数量和追求政绩的方式能不能经营出群众的满意度和获得感是打问号的。在没有老百姓参与的情况下，片面地追求高大上、追求数量、追求速度，已经产生了很多恶果，比如有的市政府的广场做得特别大,但是人很少;马路特别宽,但老百姓很不方便;有些空间特别高大上,但是交通很不方便,布局很不合理,老百姓都去不了,这样老百姓就没有获得感。

今天,我们发现有一个趋势是越来越明显的,即政府的公共事务越来越需要更多老百姓的参与。

有一个词叫参与式预算,是指政府的预算,老百姓是参与其中的。这个词我们觉得挺高大上的,因为在一些论文里面会看到像巴西和美国的政府部门一直都在探索,这里要建一个水坝,该怎么建,要花多少钱,建成什么样子,老百姓都参与其中,并对预算的整个过程进行监管。你可能会说,其实中国也有这种参与式的预算,就是由人大代表去决定政府的年度预算,但是国外所指的这种参与式预算实际上并不是针对这种大的预算,而是针对一个项目,是涉及老百姓公共利益的一些项目,并且这个项目不一定特别大,可能是一个小的项目。类似这种参与式预算这样的事情,在国内也开始有了探索,比如哈尔滨的道里区等已经开始了这样的试点。

党的十八大明确提出要"健全社会主义协商民主制度",这个制度在这两年提得多,特别鼓励基层推进协商民主。既然是基层协商民主,那协商的就不能是一些虚的东西,而是很实在的东西,直接指向的都是那些公共服务的内容,比如一起来协商这个车棚怎么建,这个门头怎么改,而这些事老百姓的参与度是非常高的。在上海、深圳等很多城市,社区基层民主协商这一块的推动是特别快的,大家的方法也特别多,像议事会、评议会、社区委员会、社区议事会等,发展得都特别快。我们看到这是一个趋势,**即政府在退后,把市场的交给市场,社会的交给社会,并且不会再提经营城市的概念,而是在提更好地管理与服务好城市这样的概念。**

另一方面,老百姓要参与。而老百姓参与,大家都知道,他们不可能是全职参与,只是一种志愿行为。那么就要问了,今后在政府不能经营城市的前提下,该由谁来运营城市和经营城市?而经营和运营的主要目标也不是仅仅把硬件做好,主要的是软件,就是经营之后要让老百姓满意,要让大家感觉到这个城市有文化、有温度,而对这样的经营,政府其实也不擅长,反而老百姓的诉求会越来越高。

上海这座大城市特别大,每年有七八百万的游客会来到上海,针对这样的一些旅客,领导会提出这样的要求,就是让这些游客爱上上海,能够体验上海的文化,能够觉得上海是一个有温度的城市,那么能够运营这种获得感的专业机构是稀缺的。

如果经营城市这个话题比较大,我们可以把它缩小到城市运营商,如果这个还大的话,我们可以理解为优质的提升型的公共服务应该由谁来提供。一方面应该由第三方部门即社会组织来提供,就像一开始讲的那个老人项目的例子,就是社会组织来提供服务的,今天,我们看到社会组织因为能力的问题,能够做好一时一地一个点,但投入和产出不能规模化,没有更好的效率,所以成本会居高不下。先不说社会组织的问题,社会组织需要在服务的过程之中不断地提升能力。怎么样才能为更加面广量大的居民提供更好的服务,相信这样的事情只能由企业才能够完成,因为企业是规模化、产品化、流程化的。

> 我们也看到,公共服务涉及到感受度,涉及到温暖,涉及到温度,这样的事不应该是由逐利的企业去做。所以经营城市的运营商更多的会由两类企业去完成:一类企业是国有企业,比如提供公共服务的一些公司,水、电、煤、电信这样的,这样的企业是以社会责任为先的,以国家对公共服务的提供为最高的目标的,而另外一类企业必须把视野放到近两年来兴起的社会企业上面。

第五节　当为行动者,莫做清谈客

◎ 让空谈主义者闭嘴:"谁主张、谁负责、谁受益"原则

民生银行"ME 创新计划"网络投票的事情引起了极大争议。在"中国社区

营造生活圈"这个社群中,大家的争议也特别大:一方非常支持发起声讨的一方,认为得票的多少和项目是不是创新和是不是优秀没什么关系;另外一方倒也不是反对,而是觉得钱是企业给的,他们就有权利去做这样的安排。后来大家就讨论到网络投票怎样可以更好地改进,以变得更加科学。当前,网上出现了很多拉票、刷票等不正常现象,大家各执一词,争论不休。这时候,群主南京的阿甘说了一句话:"**我们这些社区营造的一些人,经常发完牢骚就走人,这时我都会多问一句,你对目前这种情况有什么建议?你想要采取什么样的行动,可以使接下来会出现很好的结果?'谁主张、谁负责、谁受益',这样大多数人才会变成可以改变现状的人。**"

"谁主张、谁负责、谁受益",这九个字对我的触动特别大。大家都知道,阿拉善协会是由一些知名企业家发起的知名环保组织,自 2004 年成立到现在,已经有数百位会员。阿拉善协会的影响力很大,很多企业家出于种种目的而加入其中,很多人是为了接近这些知名企业家而加入其中。

阿拉善协会里大家都是平等的,有机会和那些以往都是需仰视或者只能在论坛上看到的大佬企业家平等地交流,所以大家都希望加入进来。阿拉善协会的会费是 10 万,一些新加入的会员在参加了一两次会议,对阿拉善协会有了一定了解之后,之前的一些想法就发生了改变。很多新会员就开始要刷存在感,要表达权利了,所以每年都会有新会员去挑战原有的规划和协会章程,认为这里不合理,那里要改法条,或者想鼓动协会启动哪些项目。

这些会员都是企业家,行动力、思维能力和参与能力都是比较强的,他们揪住个别章程规定不放,在各种会议上发声,这样的情况很普遍。有一次,听阿拉善协会的秘书长分享,她说这样的事情经常发生,有些新会员看不惯哪一条,就在大的群里提出来,而后就有不断的争议。秘书处回复后,会员也会回应,有时候会吵起来,这种争议有时候好几天也停不下来。有一些新会员看中某些环保项目,或者这个领域擅长,就会提出来,建议协会也去拓展这些环保项目。秘书处成为众矢之的,支持这些动议或者不支持都会有人不满意,所以,阿拉善的秘书长很少有干够两年的,因为太烦,太没成就感了!

自 2004 年成立的这十几年之中,这样的争议一直都在不断地发生,当然协会也在这样的碰撞中得到了管理能力的提升。后来有一条原则就成为了协会对待这些新会员提议的一个原则，即是阿甘在群讲到的"谁主张、谁负责、谁受益"。**这一个原则的执行使阿拉善协会有效地制止了一些无意义的争论，也使它的章程在某种程度上保持了稳定，业务范围也保持了稳定。**

这是一个国内知名公益组织不断成熟的过程。

> 这样的事在公益圈之中也普遍存在，且不断上演。有的公益人做得非常极端，像被迫害狂和祥林嫂似的，不停地反对、反对、反对，不停地抗议、抗议、抗议，总是觉得这样不公平，那样也不公平，说政府怎能这样对待我们！官员怎么能素质这么低！他们反映的问题不是不对，只是很少看到他们表达之后的后续行动。

我是一名社工，是一名非常好的倾听者，所以很多公益组织会找我来聊，希望我能给他们一些指点。因此我经常会遇到如下的这种对话模式：一些人会抱怨说："为什么会这样？为什么社会环境这么差，不支持我的公益事业？"，一讲就是一两个小时。我说，这个事情我们可以想办法，比如可以向媒体呼吁，也可以通过人大代表提出议案或者提案，多提几次，总有改变。

我说，你们可以把所讲的这些内容写出来嘛，我到时候递给人大代表，让人大代表在人代会上呼吁一下。这样说完，就看到他为难的样子。我说，你所讲的事很专业，我不太懂，所以由你们来写是最好的。然后我就劝他们把这些东西理出来，他们当时就答应下来，但是往往的情况是就没有然后了。

我们在社会领域的方方面面都会遇到这样的情况。比如在网络中，我们会遇到很多这样的"道德婊"，他们什么都看不惯。比如他们会质疑说某某企业家为什么给国外的大学捐款？但是如果你要给国内的大学捐款了，他还会骂你，说为什么不关心贵州的贫困山区？你关心了贵州的贫困山区，他还会骂你，说为什么不去帮助城市里的失独家庭等。对于"道德婊"来讲，可指责的东西特别多，如果让他捐一分钱去支持这样的事情，他最大可能就是两手一摊，然后也没有然后了。这些人的表达句式常常是"为什么不"，他们站着说话不腰疼，却从来不去想怎样才能更好地行动以改变现状。

所以"谁主张、谁负责、谁受益"就是一个非常好的原则,非常适合在社会领域解决观点不一致的争论,开展协商,讨论议事。它肯定非常适合各类社群的管理,在社群中大家都是自由地讨论,而在讨论过程之中,有了这样的原则,就会督促大家提出更有建设性的意见。

对于我党非常重视的基层协商这件事,这个原则也是非常有用的。基层协商往往会流于议而不决、决而无效等状况。如果有这样的原则贯穿其中的话,可以更好地使"虚的"协商走向"实的"行动,这就会真正体现出协商效果,而不仅仅是协商而已。这样的原则也可以用在社会组织的内部管理、项目的创新管理和项目的执行过程之中。通过前面的例子我们可以看出,"谁主张、谁负责、谁受益"原则并没有打压大家讨论的积极性,也没有产生多数人的意见压制少数人表达权利的情况,它只是使表达更有效果,使组织更有效率。所以这个原则应该引入到更多创新项目,尤其是创新组织之中。

理解"谁主张、谁负责、谁受益"原则,有三个方面的要点:一是可以让人负责任地提意见,并且鼓励大家负责任地提意见,而不是仅仅图口舌之欢,一讲了之,却没有任何的行动。二是鼓励人成为行动者,去创造很多机会,即使是谁主张、谁负责,也不是让他一个人负责,而是组织层面要给予更多的支持,让主张的人在创新的路上走得更快一点。三是行动者得益,因为项目是他提出来的,他是执行者,要给他更大的舞台和平台,同时也要给予相应的名和利,这样才能鼓励他继续践行这个原则。

这个原则不仅仅是让空谈主义者闭嘴,更大的作用则是鼓励行动者更有效率,让组织更有能力。

◎ 社区治理创新,最缺的到底是什么? 其实是行动

2018年9月15日,我在沈阳参加了东北的青年公益论坛,和哈尔滨及沈阳的同仁进行了深入的交流。这几个公务员改变了我对东北公务员的固有看法,他们有情怀、有理想,对社区特别有向往,特别想去推动社会创新的事。还有一

线社区工作者,有的还在居委会工作,有的已从居委会出来,考了社工证,成立了社工机构,做失独家庭等社工服务工作,他们也特别想在社区这一领域有所成就。他们都觉得体制内有所限制,所以想出来推动社区这一领域的事。

之前遇到某保险公司老总,他听说我在做社区工作,也兴致盎然地谈起了参与社区的经历,他是业委会的成员,积极参与社区和楼组活动,他对社区的理解让我吃惊。他小区里有很多群:麻将群、出游群、美容群、团购群等,这些群之间的相互交流特别多。他们楼道里的几户人家已经关系融洽到每天轮流到各家吃饭的地步,今天是三楼,大家都去三楼吃,接下来是五楼,一周轮下来,大家基本上只要做一天饭就可以了,这样,既能保证每天吃得挺丰富,味道也新鲜,邻居之间还能够聊聊天。这真是我很憧憬的社区场景,是我们理想的"共享社区",这是只有在国外的"共识社区"或者在传统的单位大院才有的场景。今天,在高档住宅社区,有这样一些中产阶级和青年人在推动这样的事,让我深切地感受到了社区精神的复苏。

现今,社区已经成为一面大旗,旗子招展,烈烈生风,有强大的吸引力,吸引了很多人"叛变"投身其中。像南京雨花台区翠竹园互助会的创办者阿甘,还有同济大学的刘悦来老师,都号称"叛变"了规划师这样高大上的行业,转而投身到了"社区大妈"行业。各种跨界人才不顾社区坑之深,不顾社区事务之烦琐,投身到社区这个领域,充分体现了社区之精神引领意义。除了这些跨界的专业人士外,各类行动者、达人、能人,来自于不同的领域,对社区有十分朴素的情怀,对像面对面、门对门却老死不相往来这种状况已经极大反感,而愿意为社区而变。

再加上互联网技术的发展,大家可以很方便地就找到志同道合的邻居。因为地缘相近,线下交流变得更加方便。比如说要打羽毛球,呼朋引伴,大家打个车赶到一起还要一个多小时,就很难打起球来,而在社区里就可以方便地凑出一个局。所以,既出于生活的便利,或者对美好生活的向往,社区也是很吸引人的。在这样的大形势下,社区治理创新在全国各地蓬勃开展,八仙过海各显神通。走的地方多了之后,我发现,各地社区治理创新的力度有很大不同,创新的深度也有很大差异。

所以,我想问一个问题:在推动社区治理创新过程之中,大家认为最缺的是什么？和天南海北的社区同仁交流发现，大家的观点还是不一样的，所以答案各有不同。

首先，是不是缺政策？很多地方，尤其像沈阳等东北这些地方，一线社工服务机构和社区治理专业机构比较缺。在这次东北青年公益论坛上，下面有两百多人，我问专门从事社区的机构有多少，结果只有五分之一左右。和东北的同仁交流，他们普遍认为东北这方面还是比较落后，最缺的是对社区治理的政策支持。由于经济社会发展等原因，专项资金、政府购买服务等政策都缺失，一线社区服务机构很难有更大的发展空间，数量相比其他地区少得很。

反观很多社区工作做得好的地方，像上海、广州、深圳、南京等地，政府购买服务数以亿计，专门支持社会组织发展的"公益创投和招投标"项目，市、区各级加起来也会过亿。而且，各项创新政策频出，成都今年就推出了社会企业、社区总体营造的政策，社区企业的政策重点是扶持社区社会企业。从全国总体上感觉，政策不缺，因为中央在支持社区治理创新，大力推动基层城市党建。即使是落后地区，这两年也在纷纷出台关于购买社工服务、社会组织培育等政策。总体上来说，如果想去做社区这些事，不能单纯怪政策。

其次，是不是缺理念？政府部门的理念是很多地方的社区同仁吐槽的对象。好多工作因为当地政府官员的理念而聊不到一起去，他们对一个事情经常持有怀疑态度，甚至对社会组织除了提防还是提防。从总体上看，这两年的转变特别大。随着城市管理日益的精细化和创建等各项工作的深入，很多政府部门都意识到各类管理服务工作最终都要落到社区，各类创新也要落到社区，最容易出政绩的也是社区。就像党建创新，以往都是单位党建，再近一点是楼宇党建，而当下推动的是基层城市党建，这是一种统筹性和集成式的创新。而这样的创新，必然是以社区治理的理念去推动的。所以，党建创新的这些典型都是和社区治理深度绑定在一起的，只有这样，才容易出成绩。当前，党建是第一要务和第一指针，党建引领下的社区治理创新全国各地都在纷纷探索，并且特别重视。

> 我们不能一味指责政府官员的理念问题，即使某一方面的理念存在着欠缺，对社会组织的认识不够，相关知识需要迭代；但是整体上对于社区发

展、社区治理、社区创新而言，他们的认识是可以的；即使对于社区没有感觉，但是对于党建，他们是不敢不提高认识的。对于专业的社区工作者而言，重点在于发现政府官员理念的痒点，知道他们哪一点痒，而不能去触及他们的痛点。即使他们对社会组织认识还不够，但还可以通过其他的痒点获得他们的支持。

第三，是不是缺钱？做社区工作是需要资金的，有钱才能办事，没有钱，养不了团队，做不了项目，创新就出不来。在社区治理工作相对落后的地区，资金非常重要。在全国各地参观学习下来，我发现，其实资金谈不上短缺，关键是有一双雪亮的发现的眼睛，关键看项目是不是够专业。中央财政购买社会组织服务的资金有两亿多，如果你的项目足够专业，即使地方上的资金没有，也可以申请中央的资金；全国各地基金会资金也有不少，大家愿意把钱投到社区，我有一期"社会创新者说"专门讲过一个专题——"纷纷杀入社区的企业基金会"，大量新成立的大的企业的基金会都在关注社区领域，对社区项目的支持力度也特别大。所以，资金还称不上严重不足，而各方更加关注的是资金的使用效益。**社区治理发展到今天，已经进入成熟期，大家都在问，这个项目这样的投入值不值。**

我之前参加了上海某街道书记组织的社区营造内部研讨会，对于一些很热的项目提出了质疑，比如"都市农园"项目。有人认为，像这样的项目，投入的钱不多，但也不少，十万之内，发动居民种菜园。但是，第一，一批高校的专业人士去推动这样的一个具体的小项目值不值？是不是智力资源的浪费？而且，很难复制，项目负责人就那几个人，不可能在更多社区进行指导。第二，项目的周期很长，要用半年到一年的时间去培育一个这样的项目，还不一定成功；执行团队一走，这个项目可能就会陷入瘫痪。第三，也是最重要的，投下去的钱和应有的产出还是有距离的。

对于资金认识，各方是很不一致的。对于刚成立的社会组织，需要资金支持团队成长发展；对于政府，已经比较理性。我的认识是，其实各方面资金并不缺，关键是资金模式落后。如果是只靠政府资金支持模式，那么资金永远会短缺。而放开视野，全国的视野，或者社会视野，向企业或者公众募款，利用"99公益日"进行网上募款,这是未来的趋势,资金来源越多样,资金越不会匮乏。

第四,还有一个集中的焦点,就是缺能人达人,即社区里面资源太少,动员不出能人达人。动员能人达人的过程是一个长期的过程,不是一蹴而就的。所以大家纷纷抱怨,这个社区里面找不到人,找不到能人达人。而这个事干得好不好,就要看我们的专业能力了。我一开头讲的那个保险公司高管,就是小区业委会的骨干,是社区各种群的达人。而这样的人,还在自娱自乐,没有和社区工作者建立多么深度的联系。所以,对于达人和能人来讲,其实是缺少发现,或者,缺少和这些社区中坚力量及社区有影响力的人打交道的能力,是不是有能力吸引他们参与到社区中来,这成为我们最重要的挑战。

> 最后,我的观点是,现今社区治理创新,最缺的是行动者。为什么这么说?如果单纯就大家各自领域或者各自面对的具体社区来讲,有的缺政策,有的缺理念,有的缺资金,有的缺达人。就像东北地区,更缺的可能是政策;在当地政府官员眼中,最缺的是好的社工机构;对于一线社工来讲,最缺的是社区能人达人。**我认为,只要行动起来,成为一个坚定的行动者,就可以弥补这些不足。所有的短缺与不足会成为痛点,有了痛点,有了行动,就会产生代偿效应。**正如运动员,每天运动过量,就会产生小损伤,而小损伤就会有肌肉来代偿,所以这个部位肌肉就越来越强壮。

对社区工作者来说也是这样,如果这一部分特别短缺,那么只要行动起来,像运动员一样不停地操练和行动,这一部分就会变得比别的部分更加强大。而这样的坚持,运动员会出好成绩,我们会出好的创新。只有行动,才能更好地创变社区。南京的阿甘和上海的刘悦来"叛变"了自己高大上的领域,投身到社区之中,通过实际行动创变了社区,他们都是我们的榜样。

◎ 不做独行的思想家,要做坚韧的行动者

高晓松所说的"这里,有大历史碾过的痕迹。这里,有温良恭俭让的人民。

这里,保留着我们的过去。这里,预示着我们的未来",这里是哪里? 答案就是我国台湾地区。

2015 年开始,上海出现了到中国台湾地区考察社区营造和乡村营造的热潮,朋友圈中经常看到有朋友在晒在参访彰化县桃米青蛙村、宜兰民宿、台湾古早味的照片。在社区建设、社区营造、民宿、传统文化弘扬、文化产业等方面,台湾经验成为上海学习的重点。

我在 5 年前开始关注台湾经验是源于这样一本书,书名叫《小革命》,在大陆地区被收录到了《读库》2011 年的第 4 期中。5 年前,我曾买了几十本送人。2009 年,台湾报人每周六固定推出"我的小革命"专栏,专门报道以具体的行动改造台湾社会的案例,这些案例的创造者不是权威、权势、大 V,而是各个领域的小人物;这些案例的关注点都不大,但都新颖有活力。

这是一本实务的小手册,并不深奥,就是一本新闻记者出的案例集。大家会问,这样的小手册有什么好推荐的? 是的,这本书一点也不深奥,没有任何的系统性,更没有任何难懂的大道理,但讲的都是实打实的案例。让我们一起看一下《小革命》中的案例名单:国际志工,边缘发声(关注原住民音乐),脱贫行动,援外医疗,有品棒球(杜绝假球),关怀目睹儿(目睹家庭暴力的儿童),行人路权,灾区媒体,移住人权,终身学习,居住权益,在地食材,老屋再生,绿色生活地图,手作产业(手工制造业),地方学,生态教养,自力造屋,部落音乐,农民市集,民歌采集。这些案例,都发生于新世纪的中国台湾地区。背后的大背景是社会的发展,以及与之相伴的社会问题的发生。正如《我们台湾这些年》的作者廖信忠所说,**在我的记忆里,大陆社会现在的毛病,台湾都曾经有过,比如过去台湾人也曾经买票不排队,也曾经爱乱丢垃圾爱随地吐痰,不守公德心,出国也曾经是一幅暴发户形象。棒球场上涉赌,打假球弥漫成风。**

面对这些社会问题,很多有责任心的平凡人物站出来做社会的主人翁。一群教授、医师、建筑师、工程师与家庭主妇们有感于城市没有人行道,或人行道被机动车占据,人车争道、险象环生。行人无路可走是每天生活的写照,他们说"我们还要默默忍受吗?"于是,2004 年 11 月他们成立了行人优先协会。他们决心通过社区的集体力量来宣传行路文明,争取行人路权。他们举办街头艺术活动,让更多人关注到"行人路权";他们倡导走路是世界上最完美的运动,从而将走路和健康生活联系到了一起,吸引了更多市民加入其中。还有一个例子,2003年,王福裕还是成功大学的博士生。但他放弃学位,开起"大王菜铺子",串联花莲四五十户有机小农销售蔬果,他的导师一度气得骂他"玩物丧志,乐不思蜀"。他力挺小农,强调在地食材,改善了200多户家庭的餐食,被认为是中国台湾在地食材的成功案例。而这样的案例在台湾地区发生了重大的影响,渐渐也扩散到上海。

仅过了数年,在各个领域中,上海公益同仁们行动起来,开始做起相同的事。理念、项目和方案都受到台湾地区的先趋者的影响,甚至名字都全盘接受台湾经验。今天,我们回看那个案例名单,我想绝大多数项目都能在上海找到对应,在某些方面,我们的经验可能比台湾同行还要丰富。这就是台湾经验的影响,高晓松的判断对了,这里,保留了我们的过去;这里,预示着我们的未来。

大学里,我的专业是社会工作,学了满脑子的社会工作价值观"平等、尊重、包容、助人自助"等,社会责任感和使命感爆棚,真想一下子用到工作中。而工作后,却觉得三个字最重要,那就是"本土化",就是国外的社工经验要实现和中国特色与中国文化的对接,要实现本土化,才能更好地发挥作用。

> 初读此书时,有一句话一下子就抓住了我们心:"跟许多口口声声大革命、大论述,却严重缺乏行动能力与实践决心者相较之下,这些小革命无疑更能拉近理想与现实的距离"。对的,我们从不缺理论,不缺情怀,我们也从不缺批评者,但我们更缺的是行动者。

在上海,研究公益、社会组织、社会创新的教授少说有几百位,研究的领域可以覆盖到很细很细,有个学者专门写了志愿者动机的专著,不分析我也知道,就那几种动机。

我也认识不少"特立独行的思想家"。有一个朋友告诉我,他将闭关三个月。后来见到时,他面色苍白,深沉地说,我想通了。然后呢?然后就没有然后了,他继续在小领域中做着小项目,好像也没有改变什么。我还有一个朋友,说自己是"六无志愿者",没有房,没有车,没有老婆,没有孩子,没有存款,没有工作。但他最崇尚王阳明,相信"知行合一"的力量,认为这种信念可以感天动地,成就伟业。

我也认识很多公益圈的"愤青",在他们嘴中,**政府必是难打交道的**,官员必**是欺上瞒下的**,数据必是注水的,社会必是不公的,**法律必是有漏洞的**,公益必是**悲情的**。所以,他们都不愿低下专业的头颅,去和政府合作;宁愿划地为牢,安全地待在一个公益圈子中。而回看**台湾地区的同行**,更多的不是所谓的"傻帽悲观派",而是"理性乐观派"。理想很丰满,现实很骨感。想做与做成之间,有一条天然的鸿沟。情怀能够凝聚的,只可能是有情怀的一批人。

如何成就梦想,书中的案例告诉了我们,**要有激情,要有行动,更要有理性的算计**,追求多赢而不是单赢,如此才能影响更多的人支持你的事业。以书中的"老屋活化"为例。当一个老房子拆迁的利益大到一定程度的时候,我们真的不能苛求那些舍弃老屋而签字的居民。但是,如果有一些示范能够告诉他们,留下的利益大于拆迁的收益时,每一个人都会想留下童年的记忆。留下能够让每一个人更快乐时,他就会支持老屋更新,正如台南谢家的老屋改造后成为民宿圣地,谢家妈妈在这里生活一辈子,从不知道许多人想听她的故事。而今天,每当她带着房客导览,逐一楼层讲述往事,她的生命出现别样的光彩。

台湾地区的同行还告诉我们,案例很重要。正如企业经营管理,我们非常认可专业的哈佛 MBA 案例。社会领域也日益走向专业化,案例的专业积累也非常关键。他的一个至关重要的目标是,社会创新可以摆脱一个两个领袖人物的影响,而成为可以示范与传播的范式。

所以《小革命》这本书给我们提供了绝佳的实践模板,每一个案例都包括六个内容:

一、行动故事及其背后的意义:讲故事与讲意义可以吸引人;

二、本地台湾,还有哪些人在做这件事;

三、全球化,全世界有哪些人在做这件事;

四、新闻辞典,网络各类新闻,并挖掘其背后的社会趋势可以给人以启发;

五、"你也可以这样做"的行动策略,教给你怎样做;

六、政府与各界应该怎样做?给政府与社会各界以建议,该如何支持,如何配合。

这些丰富的案例,都很具体,比如"老屋再生"的教战守则提出九条:

一、行动资格—有栋老房子最好,你可以亲身参与投入;否则,也可以从"关心身边的老房子"做起。

二、具备能力—相信"旧爱还是最美",能为老建筑找到新生命,寻找新时代的对话可能。

三、行动时机—从关心一棵老树和一栋老屋开始,为你认为有价值的老房子请命,不只"妖言惑众",更能亲身投入。

四、确立目标—老屋再生活化改成餐厅?咖啡馆?办公室?民宿?哪一个最适合?是否作过市场评估及营运规划?

五、资金与团队—钱从哪里来?会不会半途无以为继?是否找对规划及施工团队?后续谁来营运?是否有足够经验及把握上手?

六、施工与营运已经启动了——施工目标及时间流程是否符合预期?是否有备案及解决问题的能力?完工后,如何营销并开张?

七、资源需求——间老房子,一个好概念,一个能确实执行概念的团队,还有与白蚁、预算、施工难题奋战不懈的意志力。

八、心理建设—你的钱可能不够、你的施工师傅可能跑路、你可能打掉墙壁才发现新问题,更重要的,你可能根本还没想清楚。

其实最后一条很有意思,那就是最坏的准备,"活化改造失败,老房子变成蚊子馆,就是没人光顾只有蚊子光顾,那就砍掉重练吧"。

还有一点很重要的是这本书很亲切,不讲大道理,它给我们讲故事,描述一些使人印象深刻的细节。当你开新闻发布会,一下子只来两个记者;当你的父母抱怨,说你这博士白读了;当你给客户打了三个月的电话,人家就是不接。这是任何一个艰苦创业中的人都可能遇到的问题,台湾地区的同仁们会告诉我们他们是如何度过这一切的。

> 所以,我觉得这本书真实在很适应给新入行的社会创业者们看,你做的和人家一样,情怀一样,理念一样,甚至项目名称都一样,台湾地区的这些先驱探索者就是最好的榜样。

第二章

美好生活：打造社区公共空间

第一节　社区公共空间之反思

◎ 为什么这么多的公共空间成了消极空间？

社邻家是专业空间运营商，所以经常到公共空间调研，也就有机会看到公共空间之中的诸多乱象。

一天下午我去看一个中心，一楼是事务受理中心，时间是下午 3 点半，没有人来办事了，所以窗口大多都关了。赫然看到大厅的一角一桌人围在一起打牌，到了楼上，发现楼梯间也有一个牌桌，而后到了排练厅，两个角落同样也支起了两个牌桌。最后走到一楼的展览厅，发现展览厅里还有一个牌桌。当然，群众喜欢打牌，公共空间提供这样的服务也无可厚非。但我所不能忍受的是打牌无处不在，管理跟不上，老百姓想在哪里拉一个牌桌，就可以在哪里拉一个，然后就招呼几个人开始打牌了。我又去了中心图书馆，上面写着 4 点半关门，我到的时候 3 点半还不到，门却已经锁了。图书服务这一块，管理也是跟不上的。

我还去了另外一个中心，是为老百姓提供服务的邻里中心。三楼有一个是妇女之家，一个是青年之家，再过去是侨联之家等，走进了其中一个某某之家，结果发现有一个员工正在里边睡觉，这个员工看到我们进来也觉得非常不好意思，时间是下午 2:00，这样的空间虽然号称公共空间，但本身就是封闭的，外面看不到里面的情况,工作人员偷懒睡个午觉是很难监管的。当然,这样的某某之家也没有多少事,员工不睡觉也的确没有其他事可做。

我经常能看到这样的情况,所以对公共空间的低效和低能有了更加深刻的认识。这些本来是为公共、为居民服务的空间,怎么就变成了消极的空间,并且消极得非常彻底?这么消极的空间是离各级领导的要求,离成立这些公共空间的初衷,离老百姓的需求有遥远距离的。这些消极空间的成因主要有以下几点:

第一个原因是空间功能定位的单一性。以前,一个空间的功能往往是非常专业和单一的。比如,日间照料中心就是专门为老年人服务的。但"日间照料"这个定位比较尴尬,太老的老人走不过来,而年纪轻轻的也不愿意到这边来,一来这里就变成了需要被人照料的老人,如果一个人但凡不服老,就不愿意过来。这种定位就导致了某些日间照料中心一年就只服务十几个老人,分摊在每个人身上的财政投入就有 6 万到 10 万之多。这样,公共资源就被严重地不均衡使用,公共空间的效能也没有得到很好的发挥。

在今天,任何专业性的公共空间都要具备更强的公共属性,这已成为了一个趋势。比如,美术馆不再是专门为一些曲高和寡者的艺术家小圈子而建造的,不再是他们自我欣赏和自娱自乐的狭窄空间,而应该具有更强的公共属性,比如这里要有书店、文创、咖啡馆等。这个发展方向是文化部相关部门大力倡导的。所以我的观点就是,**任何单一性的空间都应该具有公共客厅和社交中心这样的公共空间**。有了开放的、人性化的公共服务,一个空间才能更有活力,才不至于一下子滑到消极空间中去。

第二个原因是功能确定的封闭式运作。以前很多公共空间功能的确定都是由领导说了算,在确定功能的过程中,很少有征求老百姓意见的,更少有去深入做社区调研的。导致很多空间从一开始设计出来,留给公众能够参与的项目功能就不多,所以大家就不愿意到这边来。有些公共空间的设计偏行政化、偏办公化,会议室都是很庄严肃穆的正规会议室的样子,老百姓是不愿意到这样的空间来的。公共空间功能的确定应该是一个非常开放的过程,不仅需要一些专业的人员,像设计师、社工、社会组织以及居民代表的参与,还要加上深入的社区调研,这样在综合各方需求的基础之上所形成的基于需求的功能,才有可能吸引更多的人到空间里来。

第三个原因是办公功能被放大。我看过的绝大多数的空间都存在办公功能被放大的现象，越到不发达地区这种现象越严重。我在某省看到这样一个中心，名字为社区服务中心，但中心却被一个个办公室分割，如综治服务站、警务服务站、双拥服务办、集体资产管理办等，一共有15个各类办公室。对于他们来讲，服务就是办公，就是坐在办公室里等着居民上门办事，这就是他们所理解的公共服务的全部。上海很多公共空间也存在办公面积过大的问题。任何一个办公的空间，门一锁就成了消极空间，老百姓没事是不会到这样的空间来的。大量的妇女之家里面没有几个妇女，青年中心也没有几个青年，而由于上级的要求，这些部门都纷纷到公共空间里要场地，而场地要到之后就成为消极空间的开始。

第四个原因是消极的人群。对于公共事务，一些人是被动参与，很少有主观能动性。这样的人越多，公共空间的消极性就越体现出来。一到夏天，宜家就会爆出这样的新闻，好多市民纷纷到宜家去蹭空调，甚至在宜家的家具床上睡觉，一待就是一整天。这就使宜家从商业空间变成了公共空间。很多公共空间同样也存在这样的情况。有一些空间，功能完善，进来的是一批蹭空调和免费打开水的人。当然，公共空间不是宜家这样的商业机构，服务于这样的人也是无可厚非。但是如果一个公共空间之中只有这样的一批消极人群的话，是很难有活力的。

有的乒乓房就始终被一批50岁左右的人占据，别人想打也插不进来，这个乒乓房的公共空间就被这些消极人群给影响了。所以我一直主张公共空间要有一定的收费，收费不用高，还是要体现运营成本和公益属性的。这么做的目的只是为划一条线，希望能发现更多积极的参与者，并且肯为这个项目付钱，从而屏蔽更多的消极参与者。今天在公共空间进行低偿收费经营的做法已经被越来越多的空间所接受，也为政府和老百姓所接受。

第五个原因是消极的颜值，公共空间现已成了丑颜建筑的代名词。在外面看不清标识系统，不美观，加上有停车难等各种设计造成的不便。到里面一看，土气、装修混乱，让人当下就感觉不愿意进去。反之，有一些商业空间里的服务越来越好，一些创新型的空间颜值也特别高。比如，有些咖啡馆、书吧和健身房实实在在地提供了公共服务内容,所以老百姓更愿意到这些颜值高的空间去。

> 一个公共空间变得消极,并不一定都有以上五个方面的原因,但是肯定会由五个原因之中的一个或几个所致。一旦变得消极,就会使这个空间没有生机。因为空间没有生机,居民就更加不愿意来这里。因为居民不愿意来,所以工作人员和服务人员做得也没有意思,服务的积极性就会下降,服务的时间就会缩短,从而使这个空间变得更加消极,这就成了一个恶性循环。

◎ 社区公共空间这只容器,到底能酿出什么?

2018 年 8 月底,我参加了"上海设计周"的一个跨界论坛,主题是"空间在左,内容在右",很多知名设计师、房地产开发商、空间运营专业机构,还有一些公益组织和专界大咖参加了论坛。在论坛讨论环节,主持人的屡次三番的逼问引起了大家热烈的讨论。主持人一直在问:你的公共空间能赚钱吗?坪效是多少?能赢利吗?一天服务多少人次?客群是什么?这个空间的模式能够可持续吗?这些问题引起了大家的激烈讨论,两个社会学者从社会学角度格外强调公共空间的社会效益,认为有了好的公共空间,不仅能够和谐社区生活,提升居民的生活品质,并且整体上能提升房产价值。而另外一方坚持说,这样的公共空间一定要能运营,一定要能挣钱,否则这个公共空间也是不可能长久的。

我也表达了我的观点:**公共空间姓"公",所以其最重要的目标是公共利益和公共服务效能**。公共空间类似于西方的咖啡馆,是公共活动场所,是培育公共精神和公民意识的空间,所以理应是非常开放的,是大家可以平等、自由地讨论的空间。在西方国家,像"咖啡馆"这样的公共空间本身就是可以运营,当然很多项目和活动是社区居民捐赠支持的。

而在中国,大量的公共空间是由政府建造的,其是政府公共服务的一部分,里面所提供的基本都是免费服务。而免费意味着所提供的东西比较低端,服务也都是非常基本的服务。就像大部分基层图书馆提供免费的读书服务,但是除此之外,像喝茶,在里面开沙龙,参加读书会活动等功能,就实现不了。低端和基本的服务就导致来的人群特别单一,基本都是时间上比较富裕的老年人,他们有条件,也不挑环境,所以喜欢到这边来。而对环境要求高的年轻人就不愿意到这边来,所以公共性没有完全体现出来。

所以,对公共空间价值的衡量,应该从一个更高的层面来看。作为一个社区,不仅要有居住空间,还要有活动空间,而且这些活动空间作为配套是必需的。对于这样的公共设施,是不应该以坪效评价的,不应该完全纳入商业体系。因为很多公共空间是很难挣钱的,即使是那些高档社区的会所,也是很难运营、很难赚钱的,因为它服务的群体是社区内人群。

> 从整体意义上讲,这样的空间是为了提升整个社区的品质而存在的。很多小城市为什么非要建大剧院,尽管这些大剧院的利用率很低,而且运营成本很高,每年都是巨亏。但为什么很多城市还是愿意建造这样的大剧院,并且每年补贴几千万的运营经费? **最重要的原因在于这样的大剧院是城市整体文化形象的体现——大剧院方面的亏,带来了整个城市的赢。** 所以,对于公共空间的经营,不应该过分提出商业要求。公共空间不同于那些单纯的像住宅一样的私人空间,而与那些纯正的商业空间相比,其产权定位和功能都是比较复杂的。

不同人眼中,公共空间各有不同。

第一,政府眼中的公共空间是实现公共服务的地方。很多政府部门会把各种各样的功能下沉到最基层。随着国家经济社会的发展,各类公共服务空间日益增多,但同时也带来了资源的碎片化,在养老空间里面,其他服务功能是进不去的。在体育空间里面,也都是些体育活动。

第二,商人眼中的公共空间是必须要赚钱的。并且在挣钱方面,他们无所不用其极,把一些不能卖的公共产权空间,像社区配套用房也卖了,不能租的也租了,这就导致了很多社区矛盾。近年来很多房地产商,包括一些文创企业,推出了公共空间运营品牌，像这一次"上海设计周"的活动主办方东原集团就推出了"原聚场"这样一个公共空间品牌，万科也推出了"万友邻社区"这样的品牌。需要注意的是，如何客观评价这些公共空间运营品牌的效益，如果单纯以营利为目标的话，这些空间最终会被资本绑架，从而走向了公共精神的反面。

第三，设计师眼中的空间是空间功能的实现。设计师关注的是空间是否可以有效利用和高效分割，需求服务的功能能否可以实现，动线是不是合理，所以，设计师会站在个体审美的角度去审视空间。当下，设计公共空间的设计费特别低，所以，公共空间的目标是比较多元的，既要体现政府功能，又要服务老百姓需求，所以设计出一个好的公共空间是非常难的。再加上政府这方面的强势立场，以及政府官员审美能力的走弱，导致好的公共空间的设计作品是很少的。

第四，社会学者眼中的公共空间是理想之地，是公民精神培育之所，是社区关系汇聚之地，也是社区治理的活力之源。所以，他们希望公共空间能够以社会效益为主要目标，不断积累社会资本，建立社区共同体，他们把公共空间作为社区发展的重要策源地。

第五，居民眼中的公共空间不是必要的，是家门口的一个活动场地，你好我就去，你不好我就不去。尽管政府造出来的公共空间特别多，有的设施也特别好，但是如果空间友好性不够，空间活动很 low，也是不能吸引居民的。当下，公共空间浪费现象极其严重，这一方面远远不能和商业空间相比，商业拼坪效，如果没有效益，马上换业态，直到最终换出一个好的、有人气的、可以持续运营的业态，所以，商业在挖空间赚钱的能力这方面是无所不用其极的，长租公寓的爆仓与爆雷也是和这种商业模式的过分算计和折腾分不开的。**而公共空间走向了它的反面，过分不注重赚钱，不注重服务效能，不关心资源浪费，所以带来了服务能效低下、服务人群单一、空间利用率超低等现象。**

因为公共空间的多元，所以**公共空间的设计和呈现方式是多方妥协的结果，并不是设计师艺术情怀的承载，也不全是政府官员奇葩审美的实现之地，也不完全是以居民的需求为导向的，当然更加不是社工和社会组织的情怀之地，还轮不上他们在这里实现理想和情怀。**即使这样的空间委托给社会组织来运营，也是在完善了再移交，在这个时候再去改变它的功能已经不可能了。

所以，设计和呈现是各方妥协的结果，服务和功能也是各方妥协的结果；同时，公共空间的运营也是各方妥协的结果，追求的是综合的效益，不可能完全以挣钱为目标。对于设计师而言，空间就是一个容器，里面到底放什么功能，应该怎么分割，这些是设计师施展拳脚的方面。公共空间也是一个容器，里面要放的东西更多，原材料也更杂，不同元素才有可能在这里面碰撞与发酵，才能酿出好酒。现在，很多公共空间酿出的是苦酒，没有人愿意来尝。如果想酿出一瓶好酒，我有三个方面的观点：

第一个观点，空间拥有者的视野要更加开放。公共空间有的属于政府，有的属于开发商，有的属于业主共有。无论是谁，都应该放下业主思维，不能说这就是我的，我一定要做成一个为老服务中心，一定要做成一个图书室，在这方面政府部门一定要放下姿态。如果是提供专业公共服务的空间，层面越高，越有可能实现。毕竟，一个城市需要一个好的图书室。越到社区基层，公共空间综合服务的作用就越放大。所以在基层，不一定需要一个单独功能的服务之所，即使是以这样的名字立项，政府部门应该有这样的开放视野，比如说，在为老服务中心里面，为什么不可以有亲子服务功能？在图书馆里，为什么不可以引入轻餐饮、咖啡、茶这样的服务？

对于开发商而言，也要客观看待自己所属的公共空间，这些公共空间是为整个社区带来增值服务的，好的公共空间会提升整个社区价值。这里面最复杂的是那些业主共有的公共空间。我住的社区就有一个会所，产权是业主共有，但是到底引入什么服务业态，业主们的观点不一致，导致这个空间闲置了十几年。曾经有个教育机构在这里面办教育，后来业主联名抗议把他们撵走了。宁可空着，也不让用，这成了我们社区的一个遗憾。背后的原因是业委会和几个居民代表，我们称之为"意见分子"，提出什么，他们总要反对，这就体现了专业社会组织和社工机构的重要性。如果有社工机构参与其中，能够和业主形成议事协商机制，我相信这种状态会改变的。

第二个观点，公共空间要有专业运营机构。以往，这些公共空间大多是由政府或者政府下属事业单位以及居委会的社工来运营的。但是随着公共空间数量的增多，政府部门不太可能专门聘用一批人去做空间服务，大量出现的邻里中心、片区中心等是不太可能完全由政府来运营的。并且,政府运营所带来的弊端极其明显,开放时间短,到了 6 点就关门,没有服务积极性,都是政府发工资,工作人员没有动力做好服务。因此,将这些公共资源移交给专业运营机构来运营是一个趋势。我上一次在香港特区考察时发现,香港政府把中环文娱广场、柴湾青年广场等公共空间交给像新世界设施运营有限公司这样的专业机构来运营。

内地这样的专业机构还不是很多,现有的这些专业机构规模都比较小,很多机构的成立就是专门为了运营一个空间而建立,资源整合能力不强,服务也谈不上专业。地产开发商开发的那些公共空间,品牌营销方面做得特别好,呈现出的是文创范儿。他们特别擅长市场营销,打造出来的文案都非常抓眼球,组织的活动也是高大上的和小众的,什么样的活动时尚新颖,就在这里做什么样的活动,这样的公共空间都在向网红级的设计和网红级的活动靠。**但来到这里的人不是在地的人,都是外面的人,来这里就像看了场演唱会,看了场秀,来了就走了,这些人和这个社区不能形成深度连接,所以朝网红空间方向打造也是有问题的。**

第三个观点,一定要整体运营。在一个全国基层社区治理论坛上,有个清华大学教授认为,今天的社区进入到了集成创新时代。对于公共空间而言也是如此,公共空间的多元导致了今天推出的设计、功能、运营都是集成的,既有政府的要求,也有民众的需求,还有社会组织和公共利益的追求,以及商业运作和可持续发展的诉求。所以公共空间承载的东西是比较多的,如果不是整体运营,那就很难有好效果。整体运营还在于多个空间的规模化运营。只有规模大了之后,才有可能降低单个活动的成本,才能够培育更专业的人才,才能够打造出活动品牌和空间品牌。

> 对于单一的公共空间而言,也应是整体运营,不仅要运营空间服务,还要提供活动服务,治理服务也是其中应有之意,就是要把空间作为基地,和周边的社区形成关系,形成联动,在这里面培育社群,培育社会组织,让更多的志愿者能够参与到空间运营之中。

公共空间是一个容器,是一个非常独特的容器。在这样的容器里,到底能酿出什么？是美酒还是苦酒？背后的道道还真不少！

◎ 小的挑战：小空间如何实现大服务？

近来有个感悟，感觉世界正在变小，这是一个挑战。

现在新的空间越来越多，而这些新空间已不再是高大上的庙堂，而是一些小空间，我们在生活的周边会发现很多这样的小空间。现在互联网在变小，互联网技术的发展导致很多方面越来越大，大数据、大平台、大存储等使很多用户不堪其扰，所以现在它的反面出现了，就是小程序。这种小程序小而好用，用时把它调出来就可以了，不用的时候它就不会出现。

有一种互联网技术趋势就在大力推动这样的软件，这种软件只应用于小区域，甚至不需要接入互联网的主网，所以反应会更快。比如，有一个软件，是通过蓝牙传输的，叫 Firechat。这个软件是在一个小空间里用的，比如在一个演唱会上，大家都有这个软件，就可以直接用它对话，而不需要接入到互联网，这就变得小而实用。

另外一个信息化的趋势是区块链，区块链会在小范围内进行数据交互认证，小范围的信息在里面相互交叉与认证之后，可以提高信息的精确性。区块链相较于大的互联网，它也是变得小了。

再看商业领域，以往的商业都是大型的商业综合体，动辄五万平方以上，这样的大型综合体的运营是非常困难的，其中包括招商等各个方面。这样的大型商业综合体早已经过了黄金发展期，其离开房地产开发就很难赢利，已不复十几年、二十年之前那样的光景。一些像八佰伴这样的大型商厦，以往生意特别好，而现在的一些商业综合体越大，越难以为继。

当然，对于上海这样的大城市而言，建设大型商业综合体的空间已经没有了。这座城市已经到了城市更新的时代，所以产生了大量的小的社区商业。去年以来，上海"五违四必"整治之后，大量的社区商业空间被释放出来。那么这些商业它们就要进行产业更新与产业升级，大量的老鸭粉丝汤店、麻将馆、保健品店、小杂货店等都会被更新、被升级。所以在当下，好多小规模的，如一万平方包括一万平方以下的社区商业的更新就成为了市场的一个热点，所以我们看到这些商业综合体在变小。

再回到公共空间这个领域，小型化分布也成为了一个方向。现在大型的图书馆不再受宠，而小的城市书房则受到更多市民的欢迎，因为小小的市民书房设计得都非常漂亮，24小时无人值守，里面的环境好、颜值高，最关键的是离家近，所以这两年以来，城市书房在温州、宁波、上海都发展得特别快，有的街镇在未来几年将会布局十几个这样的城市书房。我们发现，大的图书馆不再受宠，小的城市书房则不断涌现，这是一个趋势。

另外有一些为老百姓服务的城市管理类场所，如网格化中心、邻里中心等，都在变得小型化，正变成一个一个小型的城市驿站，一条街上就会有这样的一个城市驿站。在这里，有很多为老百姓的生活服务的内容，像快递员、清洁工等也可以在这里面歇歇脚、充充电、上上Wifi、刷刷手机，这样小的公共空间特别亲民。

综合以上结论，**小变成了一种现象，变成了一种趋势**。当然政府的政策也在推动这种小的发展，比如上海市颁布的《15分钟生活圈的规划》鼓励基层建设小的图书馆、邻里中心、睦邻点等，以搭建起一个15分钟的生活圈。

对于商店来讲，无论是商业综合体还是便利商店，它们都在争取在更社区、更基层的层面实现更大的覆盖；对于企业而言，这是被市场竞争逼出来的；而对于政府而言，这是主动作为，是适应人民群众日益增长的物质文化生活的需要。但是不可避免的是，小的另外一面就是多。因此这样的空间会更加碎片化，我们推动建设这么多的小空间，肯定不是希望这样的小空间就是功能被缩小了的、功能被消减了的，而是希望这样的小空间能够实现大服务。

而这样的小空间怎样能够实现大服务呢？这是一个新挑战。因为这种小的空间必然会带来成本的挑战，在这样的空间里面，你再把人布进去，这么多的点怎么管？人力成本会极高。这就有必要向商店和综合体学习，可能会开更多的无人值守的店。当然有些小的空间已经学会了，比如像城市书房，它就是可以做到无人值守。而要让成本降低，今后还是要靠技术来解决，就像好多城市书房，都要刷身份证来识别，那么再超前发展一步，就是人脸识别，它会变得更加便利。

在无人值守的情况之下，这些图书怎么管？我相信人工智能和机器人的发展会使这样的管理变得更加容易。

作为一名社区创新的实践者，我们永远都不要忘了，这样的小空间必须要靠社区共治，要靠周边社区居民的参与，要靠我们共同来打造一个社区共同体，让大家都来关心它、爱护它。当然，我们目前拥有的这些小空间，它们又小、离家又近、又方便，肯定受到了很多居民的欢迎。所以大家参与多了，也愿意成为志愿者来参与其中，而这种无偿的服务也会降低小空间的管理成本。但同时这样的细碎化可能会对管理方式提出更大的挑战，而如何有效地实现对这些小空间的管理呢？

必须要走复合运营的路线。以往这样的空间往往都是由一家人来管，大家被动来用这个空间就可以了，而今后的管理肯定是需要各方的共同参与，甚至应该向一些企业、志愿者服务队、社会组织等开放。这样的空间如果要真正成为一个完全开放的空间，那么完全开放的后一步就是我们要能够做到共治式的参与，即让大家都参与其中，这种管理才更有效率。

> 沿着这个说下去，这么多的小空间，要真正地产生效益，必须要有一些专业化的机构来运营，否则成本永远都是不可控的。而一些市场化的手段也应该引入其中，就像连锁超市、供应系统、物流系统、网络、平台等，这些都要引入其中。所以小空间要实现大服务，规模化、市场化、连锁化、专业化就成为了必然的方向。

◎ 商业空间如何布局公共空间？从宝马 MINI 的探索说起

公共空间是现代文明的标志之一，在公共的空间里，有公共的秩序，有社会公德的观念。公共空间在近代欧洲体现出来的是咖啡馆文化，这是一种平等文化，不管是国王还是平民，进入咖啡馆都不需要刻意地来迎送，不用刻意地尊重哪一个人，咖啡馆成为了一个平等和公共的精神之所在。

对于社会创新者来说,公共空间是我们的工作基础,也是我们需要着力推动的领域。投资人毛大庆曾经参访过英国的一家共创空间,是一个叫"Mini Living"的创新空间,看完之后他感慨地说:"**比联合办公走在更前面的空间利用概念,正在被一家汽车公司付诸实施,这实在是有点难以置信。**"

这个走在前沿的公共空间位于伦敦东区的 Shoreditch,可以译成肖迪奇。肖迪奇囊括了大隐隐于市的 NIKE LAB,全世界膜拜的广告公司 WK 伦敦的分舵,以及一堆一堆的联合办公的场所。这里的破旧工厂、老工业大厦、地铁站边上随便堆砌的两三排集装箱公园都变成了伦敦年轻人扎堆的地方。这里更是一个公共空间,让各种所谓鱼龙混杂的人都能够在这里找到他/她的同好。

在肖迪奇的主要路口,Mini 摆放了三个实验性的概念空间,它们是用玻璃纤维围成的三个长方形的公共空间,小小的十个多平方米,分别摆放在街角、路边和社区花园里。在这样的休闲空间里,布满了大量的绿植,仿佛使人置身于森林中,让大家可以从繁忙的生活中抽出身来享受片刻的闲暇。街角上有被撑起半米高的半透明空间,可以爬进去坐在里面,让路人只能看见你腾空的双脚,而你仍可以像孩童时代那样偷偷趴在树上,看街上人来人往。这样的场景体现出了一种人与空间意外的和谐:我从你中穿过,你我却互不打扰。这种因空间设置而产生的人与人之间久违的交融是 Mini Living 所带来的惊喜。

不要以为 Mini Living 的创新设计只存在在英国,他们近来公布了一个第一共享建筑的规划方案。这个规划方案将放在上海的一个老油漆厂,老油漆厂将被改造,它所拥有的六幢厂房将改造成为具有综合用途的城市热点空间,成为一个宜居生活、适合工作以及进行社交活动的共享的生活空间,包括了公寓、可以出租的办公空间和共享的服务区域即公共空间,实现了最大的个人灵活性和最佳的空间使用率。这里的公共空间将会变得特别大,也特别灵活。公共空间是社区的新中心,其中大部分的建筑不仅可以让居民居住,还能够通往周边的静安社区。社区里的公共休息区、展览区、花园游乐区、商店、餐厅和食品、市场等服务设施向所有人开放,鼓励居民和游客能够和睦相处。这个设计就是通过对公共空间的最大利用,促进社区间的交融与互动。

现在最前沿的设计师已经对公共空间进行了创新乃至前沿的设计,他们在推动的是公共空间的两大特征：**第一是开放，第二是灵活**。这两个特征将在更多的公共空间里显现，其只能不断地增大，而不可能再回到传统空间的单一用途和封闭。事实上，更多的传统商业空间拥有更多的公共空间，这也正成为一种趋势。在很多的大型商场中，除了传统的商品销售、服务商店等之外，还有了更多的公共空间可以让人们休息、做活动以及社交。

有的商业综合体还主动开展一系列的活动，以便和周边居民建立起更好的互动。广州百信广场就提出了"智慧生活外挂区"这样的概念，这个概念的核心就是既能帮助一些消费者和一些居民"省时间"，又能够给他们提供更好的方式"耗时间"，希望消费者和居民能够在商场里面多待一些时间。所以"智慧生活外挂区"既是百信广场品牌属性的综合标签——"生活自有格调"，也将是新百信的一个核心概念，它可以为广大市民提供一个优质时尚体验式的生活，也可以为一些年轻的梦想家打造一个潮文化交流的平台。同时他们还举办像全民运动会这样的活动，他们在户外的广场设置了 880 平方米的运动场，配备跑道、篮球场等，每年都会举办各类不同主题的运动会。

以往商场天然就是卖东西的，而今天，更多的商业空间运营者将公共空间、公共活动、公共精神的倡导纳入企业文化。我们再去看另外一个运营空间的领域，即产业园和文创园。前面我们提到了毛大庆，他所从事的即是共创空间与共享办公的园区，这样的共享办公区都有大量的公共空间，公共空间成为标配，一个比一个设计得好，里面的空间更加人性化。所以在共享办公的园区里面，公共空间已经成为一个标配和符号。

再大一点就是所谓的文创园，文创园很多由老厂房改造而成。以德必为例，德必对公共空间营造这一块是不遗余力的，特色极其鲜明。德必的很多办公区都设计成了玻璃盒子，既通透，又成为了一个像魔方一样的空间，有阳光、新鲜空气、鲜花，且自然通风，24 小时都能和周边的空间打通，等于将办公搬进了花园中。

这对很多文创企业是很有吸引力的。在德必的文创园区里面，有很多面积很大的公共休闲书吧和咖啡吧，在这里经常会举办一些社群活动。德必的品牌叫"wehome"，是一个开放式的社群中心。在这里会有展会、论坛、艺术展、培训等活动,这些活动搭建起了园区、周边社区、外界以及各行各业之间的跨界交流,成为很多入驻企业的一个成长平台。

比文创园区更大的是产业园区(工业园区),这样的产业园区的占地动辄就是几百亩以上,这样大体量的产业园普遍没有跟上像共享办公园区和文创园区的步伐。因为它们的体量庞大,投资巨大,完成规划、开发、建设,并且实现硬件的布局可能不成问题,但是一些细节的设计和公共空间的打造还处于比较低的水平。所以很多科学园区和产业园区都很高冷,只有科技,没有人文;只有产业,没有城市;只有人才公寓,没有让人才有归属感与情感连接的公共空间。

我和一个教授交流,他说目前大量的人才公寓下面都有咖啡馆或者书吧这样的公共空间,但是里面的公共活动和公共精神都没有彰显出来。白领还是一下班就跑到自己的房间上网,而不是跑到公共空间去活动。这背后的原因可能有很多:这样的公共空间设计得是不是大家喜欢去;这个公共空间有没有好的运营者,是不是只是提供了简单的物业服务;这个公共空间到底应该由谁来营造;公共空间的社群应该由谁来塑造、建立和培育,这些都可能是产生这种现象的原因。

> 总结起来,公共空间前沿性的打造是由设计师推动的,他们会使公共空间更开放、更灵活;而一些传统的商业空间也有了大量的公共空间,比如商场。在园区这一方面,共享办公空间和文创空间都有很好的公共空间的设计,并且有丰富的活动,而大型的产业园区目前在这一方面还是比较落后的。

◎ 如何确保公共空间的公共性?

随着城市发展,公共空间会越来越多,传统的像居委会的活动室和文化中心,还有一些新的也在不断地建造,像文化广场、城市书房、邻里中心、白领中心。

这些公共空间是为了服务人们日益增长的社区与生活需求。有一个重要的现象是,这些公共空间建造起来是特别容易的,但是真正提供好的公共服务的是比较少的。**所以说公共空间真不少,但是好的公共空间太少。背后的原因就是这些公共空间并不具有公共性,因为伪公共空间太多了。**

第一方面的伪公共空间是某些商业空间,它们也把自己称为公共空间。比如有一些大型商场的中庭广场,还有它们的户外广场。它们在空间的属性上是对外的和开放的,但是有一个问题,就是它们是商业化运作的,它们服务于企业的活动特别多,所有公益性的活动实际上是见缝插针的。所以从严格意义上来讲,这些商业的空间只能称为伪公共空间。

某些政府的公共空间,最终也变成了伪公共空间。比如有一些广场和活动室到最后变成了一小部分人活动的地方,每天来的就只是这些人。

有一次,我听到了一个这样的例子,文化中心有一个活动室,每天打乒乓的都是这几个人,别人也进不去,为什么? 因为他们几个占着,说我们早就订好了。有一天,这群人向上面的领导抗议,说要装空调,领导想想说你们不是锻炼身体吗? 出出汗最好。他们说太热,再不装我们就去上访了。后来领导想了一些办法,就帮他们装上了。我们现在反省这件事,觉得特别可气和可乐,因为这个公共空间最终就成了这几个人霸占着的空间了。

类似这样的例子特别多,我们经常会说广场舞大妈特别威猛,她们已经把很多公共空间变成了广场舞的空间,将活动中心变成了老年人活动中心,将广场变成了老年人活动广场。前阶段还出现了广场舞大妈攻占篮球场的例子,小青年不满意,还要去围殴他们。这样的公共空间,其实已经变味了,它从公共的空间变成了针对某一个群体的空间,这样的空间,严格上来讲并不是一个真正的公共空间,所以我称它为伪公共空间。从以上的这些例子,我们可以看出,现在好的公共空间特别少。而如何确保一个公共空间的公共性呢? 我们首先来看一下公共空间应该是什么。

第一个方面就是一定要向公众开放。去年以来,政府大力打击公园里面的会所和公园里面的餐馆,其实这背后隐藏的含义是公共空间不能产生只向特定人群服务的会所。所以公共空间首先就是要向公众开放,而不是为特定的人所用。

第二个方面是公益性运作，不是为了商业目的，而是公益性地运作。公益性地运作是公共空间的应有之意。

第三个方面是公众的参与，公共空间的公共性是因为它要有很多人、很多居民、很多周边的企业，大家都可以参与其中。以往我们可能习惯了被安排，比如跳广场舞，政府可能会说，这个地是个空地，你们是不是可以在这里练。很多空地并不天然就是公共空间，而有一天它变成了跳广场舞的空间，大家愿意自己到这边来跳舞，开始有了这种自主的参与以后，才能说这块空地是一个公共的空间。

第四个方面肯定是公共利益至上，公共空间不能只为某一部分人的利益。这些利益甚至不包括政府的利益，政府管理人员的权力，他管理这一块的一种感觉，这其实也是一种不好的私人利益。所以公共空间不能成为私人空间，也不能成为行政管理空间，而要以公共利益至上为追求目标。

因此，要确保一个空间是好的公共空间，我觉得要做到以下三个方面。

第一个方面就是要有一个超脱的业主。即这个公共空间不管是谁的，即使是企业的，如果企业非常超脱，在中间不求利，不求管理的权力，而是真正地让这个空间为公众所用，那么这个空间也可以成为公共空间。比如，政府就是很多公共空间的业主，即使是政府，也不应该在这里面追逐利益，甚至不能把管理权力意识放在首位。这个中心是我的，你要用，要来求我才能用，这和公共空间的宗旨是相背离的。

在空间的规划和建设之初，业主也不应该过多地只求自己方便，而不去征求老百姓的意见。大家都说广场舞扰民，其实扰民和公共空间的设计不合理也是有关系的。有很多地方的广场设计得特别不合理，因为广场往往是最后才想到的，比如这里什么也放不下了，树也种不下了，房子也造不好了，最后留出来，算了，算了，那就变成一块空地，建成一个市民广场，却不考虑这个市民广场和居民住宅楼间的距离，所以就导致了扰民。

第二个方面就是要有好的机制。这种好的机制即是要形成一个让周边的老百姓和周边单位都能够参与其中的机制，因为公共空间姓公，所以大家都应该可以参与其中,大家一起来制定这个公共空间的使用规则。比如,要形成一个活动室的公约,形成文化广场的公约,这样能够对大家都形成约束,从而让众多的主体都参与其中。例如,一个文化广场可以让老年人代表、青年人代表、小朋友代表、人大代表、企业代表等都参与,然后大家一起博弈,最终形成广场使用规则。有的公共空间并不是完全不可以收费,有时候收费是一种手段,而不是目的。就像前面那个乒乓球房被占用的例子,如果收几块钱一小时,那么长期盘踞乒乓球房的这些人有了成本意识的话,我相信他们不会再天天待在这个地方了。所以收费是一个手段,是为了促进公共空间更有序的管理,最终的目标并不是营利。

第三个方面就是要有一个好的社群文化。公共空间的业主可能是政府,也可能是企业,但是最终在这里面活动和管理的,应该是一个社群。因为如果没有这样的社群,管理者的责任就会越来越大,这会导致他们对这个公共空间产生厌恶,因为这里只有投入,没有收获。所以公共空间的管理最终要移到这样的社群之中,那么这种社群可以是个社会组织,发展好了可以成为社会组织,可以成为一个自组织,哪怕是一个群众文化的团队,这都没有问题。这样的社群能够在里面承担一些日常的事务,这就减轻了业主方的压力。

比如,很多居委会的活动室和活动中心一些场地的钥匙是交给这些文化团队来管理的,他们也有积极性,所以就取得了一种双赢的局面。而社群的本质其实是一个开放的社会性组织,是一个群众性的团队。对于业主来讲,只要对满意率,或者开放性,以及是不是社会化的运作进行一个评价就可以了,而不是具体地在里面管。那么这里就会成为一个开放的、有社群文化的地方,这个地方就成为了一个积极的空间。

> 总结一下,现在出现了越来越多的公共空间,但是好的公共空间太少。业主要有超脱的心态,公共空间要有一个开放和合作的参与机制,并且要有一个好的社群文化,这样的空间必然会成为积极的公共空间,公共空间的公共性也能得到确保。

◎ 社区公共产品的设计：向直男审美 Say no!

有一天和两个 85 后同事聊天，聊到了广告公司的趣事，说到广告公司里面有直女审美、直男审美和 gay 审美。大家都觉得直女审美很好，直女对艺术的追求比较细腻与感性，感情能充分展现出来。gay 的审美大家认为是最好的，觉得这样的人有艺术范儿的，极致追求，可以用"雅痞"这个词来形容。

在这三种审美中，大家感觉直男审美是最差的，出来的东西简单粗暴。

比直男审美更差的是甲方审美。前一阶段有一组甲方与乙方对话的表情图刷爆了朋友圈，相信大家对此表情图都印象深刻，亢奋的小黄人对话：

——我们是谁？

——我们是甲方。

——我们要什么？

——不知道。

——什么时候要？

——现在就要。

这一组漫画将甲方的嘴脸与甲方的百般苛求描述得淋漓尽致。

其实甲方百般的苛求倒也没什么，只是如果他在审美上和乙方较起劲来，后果将不堪设想。有一些网上让大家爆笑的广告文案，很多都是甲方审美太奇葩造成的。比起甲方审美，领导审美更加让人难以接受，这也是甲方审美的一个极致。有一次，一个朋友给我看了一个"社区公益节"的背板设计和邀请函设计，设计图这里我就不好意思上传了，怕上传后被打一顿，那个色彩、布局、字体，拿出来一看就知道是领导指挥设计的。如果你去参加政府的活动，肯定会看到这样的一些设计。

某种程度上看，甲方审美和领导审美都是直男审美的一种。不知美而审定，简单而粗暴，这就是直男审美的特征。我是领导，我说了算；我出了钱，我说了算；我觉得就是这个好，就是这样的一种态度。如果是朋友，这样可以称为真爽性格，但在审美上却成了毒药，因为出来的东西真是没有办法看。直男审美体现出的是个体审美，体现出的是一个人并不专业的审美情趣，并由此决定一个事物的外在是有风险的。

有一个变化是可喜的——当前领导审美也在发生变化。原因是个体审美越来越多地变成了群体审美，在针对一些大项目、大建筑、大公共空间等的设计时，以往"一言堂"的现象越来越少，集体决策越来越多。在对任何一个大项目做出最终决策之前，这肯定会开很多的论证会。上会的过程，一个设计师是有很多机会讲透自己的思路的，肯定会打动一批人的，如果设计师连这个能力都没有，那领导肯定会把这个项目砍掉的。

在当下，好多项目的设计与产品的设计不再是由一个领导决定，而是由更多人决定，这样就避免了太过于奇葩的设计或太过于 low 的东西出现。这些论证会与讨论会也是领导审美能力不断锻炼及提升的过程。领导参与决策的事情越来越多，他的综合审美能力就会越来越强。这两年，一些奇葩建筑我们很难看到了，这就是个体审美变成群体审美的好处。

我们认为一个公共建筑或一个公共产品的设计，应该向直男审美 say no，我们要倡导的是多边审美。在体制内的话语体系之中，就是"社会协同，公众参与"，就是社区治理。社区的一些事和公共的一些事不只是由领导说了算，也不只是由设计师说了算，而是老百姓要参与其中，社会要参与其中，这样才是一个非常好的社区治理的过程。

参与过社区营造的人或者到台湾地区参访过的人都知道，台湾地区有社区规划师这样的角色，而社区规划师已经被台湾地区的一些政府部门列为正式岗位，很多对社区有情怀，并且喜欢参与社区事务的建筑师和志愿者都参加了社区规划师的培训。社区规划师在台湾社区总体营造的过程之中发挥了重要的作用。社区规划师是打通审美艺术和社区治理及社区参与的关键岗位和关键角色。

在上海规划部门的一些政策文件里面看到，社区规划师这样的一些角色和岗位将会作为试点推进，引入到上海社区城市更新项目之中来。

我还以为上海不会这么快落地，但上周我到徐汇区天平街道拜访的时候，欣喜地看到了社区规划师这样的岗位已经在街道有了试点。天平街道的历史保护建筑比较多,所以天平街道有一个专门的社区总规划师来帮助保护社区的这些历史建筑、历史保护街区、历史风貌区等,保持它的现状,弘扬它的文化。这个社区规划师也在帮助社区进行微更新,已经更新了几个卖水果和卖菜的小店,更新过的小店面貌焕然一新,成为了非常积极的有特色的空间。

当下,像上海这样的大城市已经过了快速发展期,城市建设已经基本定型,但是很多存量的房产与空间正处于调整更新的过程中。这样的调整更新,严格意义上不能是艺术导向,不能由设计师说了算,而应该是社区导向。

更多的公共空间更新后,应该是让大家都满意的产品,在这个过程之中,更多的是要引导社区的参与,形成社区的共识。一个社区的微更新应该让居民都参与其中,在参与的基础上形成社区的意识。**社区微更新的过程是一个多元参与和各方博弈的过程,由此出来的东西不一定是多么曲高和寡的非主流审美,而是让大家都舒服的大众审美。**

> 而这是艺术家愿意看到的吗?总结来说,从个体审美到群体审美再到多边审美,这是一个趋势,我们一起告别直男审美的时候到了!

◎ 社区公共空间运营的困境

某一公共空间引入了第三方——专门做公共阅读推广的机构。之前该机构负责人跟我吐槽,说现在这个街道一直在找他们麻烦!有的事,比如让这个机构在这个街道新注册一个社会组织。他想了想,配合一下政绩,做就做了,没问题。但有些事他受不了,一到5点,这个地儿就关门,晚上不能开展活动,且开展的活动被要求只能是这个区域之内的人才能参加等。他觉得冤!活动是在公众号上发布的,肯定会有外区报名;这个空间的投入,包括书、设计装修等的钱也是来自于社会,并不只是街道投的;一些活动经费也都是公益日筹款,用的不是政府费用,他们在服务当地居民的基础之上服务于全社会,好像也没有什么大的问题,但是街道还是比较坚持。

还有一件事也触动了我。上海为老部门的一个处长在网上跟我交流，他认为很多街道的综合为老服务中心并没有达到原来设想的目标，社会上对综合为老服务中心还有一定的误解。本来做综合为老服务中心的意图是以前社区里的很多养老资源，如日间照料中心，护理站，老年活动室等，特别碎片化，希望通过一个平台枢纽能够整合。建设综合为老服务中心就是希望能够把它建设成为社区养老服务体系的枢纽，可以支持其他养老机构，也可以为老人提供更加多元的服务。但实践下来，他感觉只有个别发挥了整合作用。更多的情况是，综合性体现不出来，空间利用率不高，定位没有定好，来的都是那些日间照顾有需求的老人，健康老人不愿意到这边来，其他群体更加不愿意来。

这两个事情都关乎一个话题，就是公共空间的运营总有困境，总不如意，而如何运营才能更好呢？

首先要问的是，谁画了这些圈，给了这么多限制？社区公共空间不能对服务范围之外的人服务，综合为老服务中心必须是为有照顾需求的老人服务，是谁画了这些圈？

政策层面上，国家鼓励综合性的公共空间发展。去年底实行的《城市居住区规划设计的标准》（建设部），无论是居住区、小区，还是组团，都要有综合服务的中心，而这些中心就是公共空间，其提供综合性的服务。很多城市发布政策，天津鼓励社区综合服务中心和农村综合服务中心建设，深圳建设社区服务中心等。根据国家规划标准，城市居住区的各类中心只会越来越多。

社区公共空间的"公共"两字决定了它的开放性。开放意味着并没有划定什么圈，这也不行，那也不行。尤其是公共服务，打破区域限制是一个趋势，只有越来越开放。越来越平等，比如图书馆的服务，没有一个图书馆进去需要出示身份证。我以前去参观郊区的文化中心，有的书场做得很好，远近知名，外区的人坐公交车过来听，提前几个小时就到了来占座。我和这些中心主任聊，他们都是把这事当成政绩来炫耀的。想想看，一些传统的文化中心，还是郊区的，都没有这种限制。**政策上看，并没有严格的限制，这个区域的邻里中心是不能为另外一个区域服务，这在目前的政策框架之中是不被支持的。**

到底是谁划了这些圈？我有一个判断，其实是某些具体的干部划了这样的圈。这里并没有以偏盖全，并非所有干部都如此。很多领导干部，越到上面，如市区层面和街道领导，对此的认识越开通，站位也高；而越到基层，越到执行层面，出于种种考虑，存在一定的思维误区，从而框出了很多限制。为什么他们要划这样的圈？这是和这些干部的思维误区分不开的：

一是路径依赖的思维。一些干部习惯了行政思维方式，路径依赖，因此他管的公共空间运营也是行政管理方式，政府部门几点开公共空间就几点开，政府部门几点关门公共空间就几点关门。服务也是自上而下的管理，上面有什么要求，就完成什么要求，上面要举办什么活动，就举办什么样的活动。服务就是完成任务，至于完成之后的其他事儿，他觉得没必要。

二是风险至上的思维。做完事，不出事就好。活动有风险，就少开展。空间的人其实不要太多，也不要求有活力，人多了就有风险啊。今天的邻里中心是很亲民、很开放的地方，不应该只是考虑安全不出事。绝对的安全是不存在的。

三是权力意识在作怪。即便是公共空间，也会涉及一定的利益，有利益就有权力空间，即使没有依此谋利的意图，也有借机用权的惯性。总有对人的好恶吧，看得上这个社会组织，看不上那个机构；总有项目上的好恶吧，奇奇怪怪的项目不能有……一些社会组织如果沟通能力稍差的话，就易引起某些人的不适与运营中的刁难，这种例子就不举了吧。

> 所以，今天社区公共空间运营的诸多困境并非全部归因于体制机制，更多的是个别人的思维误区所致。我们也不能过多地说要松绑，要给空间，其实对运营来说，更多地就是去解决一时一地的问题，或者具体的一个人的问题。

社区公共空间的运营，一是要有社会化的目标。公共空间的目标不应是行政化的，而应是社会化的。不能把某个公共空间当成一个条线的事，比如，邻里中心就是民政的事儿，党群服务中心就是党建部门的事儿，要跳出条线的框框去考虑公共空间的运营。公共空间有公共性，它的活力、市民的参与度与满意度，运营机制的灵活，以及空间的自治参与，能否营造社区共同体等都是公共空间的应有之义，而不仅仅只是完成本条线的任务。本条线的事情只是基础性工作。要跳出区域与条线的视野去看公共空间。我是杨浦区的，但我的定位不仅仅是杨浦，而是力争对全市有辐射力和影响力，这才是高度。正如党建服务中心，党建是目标，而不是手段。党建服务中心先要把党员的服务和群众的服务做起来，最终才能实现党对群众、对党员的凝聚力和引领力。公共空间的运营也是这样，不是为了空间而空间，对居民的服务、凝聚、引领、自治才是核心中的核心。

二是要有社会化的视野。社会化的运营说起来容易，形式意义上的社会化容易，比如，找到了第三方社会组织和第三方企业来做，那么就是社会化的了，天然地能够实现社会化了吗？当然不是这样简单，形式上的社会化并不必然导致运营上的社会化。社会化的视野要求我们开放，不是封闭地只为一个群体服务的，而是应该和更多的机构合作，包容、吸引和培育更多的机构。资源整合上要社会化，资源不应仅仅来自于政府，不能所有都是政府出。空间是我（政府）的，设施是我的，装修是我的，最后，里面的活动和项目也是我付钱买的，这样的空间最终是没有活力的。当然，今天绝大多数的公共空间都是这样运营的。社会化的运营是"多中心的空间治理模式"，设计、议题、服务、项目、活动等都需要大家一起出力，这样才是社会化的视野。

三是运营方式的社会化。其中，一部分能够市场化的东西要交给市场。在市场主体的选择上倾向于近年兴起的社会企业，像成都正在进行一些探索，希望市场主体把这个空间的服务潜力真正挖出来。如果全是公益的，或者全是政府的钱，则空间服务的可持续性和资源汇聚力都是要打折扣的。一些比较偏市场的服务应该交给市场来做。把该社会做的交给社会，交给社区的多中心治理主体，比如社区基金会等。社区基金会本具社区属性，筹款、用钱、管理、评估，包括审核流程，用不用这笔钱，如何用得更好，都可以交给基金会，决策也应该交给社会。

四是把体验交给专业。纵观社区公共空间，**绝大多数空间尚处在"低美感社会"，近来，"低美感社会"猛烈刷屏，恶俗粗鄙低劣不堪的空间设计在公共空间中比比皆是，后果引用一句话是"没有审美力是绝症，知识也解救不了"。** 有的好一点,进入到了功能堆砌阶段,选这个功能还是那个功能,功能好不好,标准在哪里? 效果有没有还顾不上。更少的,进入到运营体验阶段。目前的公共空间都是原生态运营,并没有多么成熟的经验,和一些成熟的商业空间的专业化差距不是一点半点。比如宜家,它摸透了顾客心理,在展陈设计上给顾客最好的体验,什么地方放什么家具,隔多远有一个 9 元马克杯类的超值产品,购物线路的最后有宜家餐厅,可以买到 1 元一个的冰激淋,即使不买什么,也总会在心中留下深刻印象。空间的设计和运维,有条件的可以交给专业机构,这里要说明一下,空间设计专业的挺多,如何做一个漂亮的空间,机构是很多的,但是,兼具社区营造和空间设计的机构是不多的,这点要说明。当然,专业运维公共空间的机构更加少,大家都在一个起跑线上,不存在谁比谁更有经验。

一些专业的服务功能,能交给专业机构的交给专业机构。我看过很多的图书室(站、点),做得好的和差的,差得实在不是一点半点,在选书、陈列和管理上一眼都能看出来,好的地方,看着就舒服,不好的地方,不会愿意去第二次。公共空间里面的好多功能还是比较专业的,比如图书馆、慈善商店等,老百姓要求比较高,要想收获好的体验,应该交给专业的组织,这个前面我都讲过了。没条件的交给本土成长起来的社区社会企业或社区社会组织,只要有心和坚持,总能专业。时间累积起的经验可以弥补一切的不足。但最关键的是这些机构的去行政化,一定不能有体制内的过多影响。如果连最基层的社区组织和运营机构都去不了行政化,那么成立再多的社会组织也都没有意义。

五是该自治的自治。公共空间的运营和多中心治理模式需要更多的居民参与,有一些空间服务和项目活动可以交给社区志愿者。一些空间事务,能交给自治团队自决的交给他们协商,包括设什么样的功能、弄什么样的小景、搞什么样的活动,该自治的让他们自治。

> 公共空间有极强的人文属性,需要"多中心治理模式",社会化运营的难题不小,但一定要有社会化的、理性的目标,有社会化的视野、社会化的资源、社会化的运营方式和自治的参与机制,唯有如此,公共空间的运营困境在一定程度上才能得到缓解。

◎ 社区邻里中心运营的焦虑

社区邻里中心怎么干？这是大家的共同焦虑！天津市商务局就加快城乡便民消费服务中心建设提出实施意见。鼓励各区、街道、镇和有实力的企业结合实际新建或改造提升各类城乡便民消费服务中心，经过 3 年到 5 年时间，努力实现"三个一批"建设目标，即以全市规划实施的社区商业中心为依托，加快建设一批社区便民服务中心；以全市规划实施的特色商业街为依托，加快建设一批街区生活服务中心；以全市推动实施的"千万工程"为契机，加快建设一批农村生活综合服务中心。综合服务中心不就是邻里中心吗？成都叫社区综合体，广州叫家庭综合服务中心。

当下，全国新一轮的城市规划无不向更细更好处发展，因此，社区邻里中心成了标配，而建一个很容易，但建了如何运营，是公益属性，还是便民属性，还是社区商业属性？如何运营才能政府少投入，但服务效果更好？这都是摆在大家面前的难题。

以往邻里中心数量少，可能就一个两个，但是发现这个项目特别好，领导一重视，在一个社区或一个街道，他要求建好几个，一平方公里之内要建一个，数量就越来越多，数量越来越多之后，财政压力就变得特别大。

今天的邻里中心，成功的方面也有。

硬件很成功的邻里中心有不少，设计得好，外观好，漂亮好看。有的甚至是国外建筑师设计的。我看过这样的推文，说里面的空间多么人性、流线多么流畅、功能多么科学。我举个例子，就不说这是谁的项目了，"基于原有形态，重新打造连贯开放的公共空间，改善动线以及可达节点，营造更加宾至如归的氛围，将建筑及景观设计无缝衔接，开放空间可全天候举办各类表演及文艺活动"。这样的宣传词的背后，体现的全是设计师思维。所以，我们看到一个比一个漂亮的邻里中心出来了。这种漂亮又进一步加大了对运营的压力，这么好的空间，你再运营不好，那更加说不过去。

概念总结得很成功的也有不少。号称打造了"家门口的未来客厅"，什么共享客厅、共享食堂、共享厨房等新词，有的邻里中心拓展了社区食堂、社区美术馆等功能，呈现出来的东西在功能上是非常丰富的。很多地方也在总结这些好概念，比如邻里中心"八进社区、九项功能、十支队伍"，社群运营的美好空间、网红打卡点，我们是新社会阶层汇聚的新空间，美好生活空间、自治共治平台等。我们是"亲近感、品质感的美好生活乐园"、以"Home＋"为服务理念定制 SC 服务体系。概念都一个比一个好，但是如果深究这些内容，到底做到了吗？概念有没有落地，我觉得也要打很多的问号，这些是不堪一问的。但运营得好的，尤其是可持续运营得好的，我没有发现更好的案例，包括我们社邻家也不敢说我们运营得有多好。

但运营得不好的可以信手拈来地吐槽：人气很差，没有邻里中心敢晒一个数据，不是晒人次，而是晒每天来的人。往往是，今天是这批人，然后第二天还是这批人，第三天还是这批人。不是说这样不行，而是说这样没有实现邻里中心"全人群"服务的目标，和领导的期望是有差距的。服务项目非常传统，很少有中青年或有一些有资源的人愿意进来，而只有老年人，因为他们对政府资源依赖，对公益免费非常敏感。所以很难从这个群体中挖掘自治资源和可持续发展的资源。所以，社区邻里中心的运营问题还是特别多的。

当然，还有一些完全商业运营的所谓"邻里中心"，在上海号称"邻里中心"的此类中心也挺多，就不举例子了。在这里，我们只是看到了菜市场，看到了社区商业综合体，看不到邻里互动，看不到社区参与。严格意义上来说，这种邻里中心应该不能算是邻里中心，即使是以"社区邻里中心"立项的，但立完项之后就成了"商业中心"，没有建成"邻里中心"，这是另一种状况。导致运营不好的原因也挺复杂：

有的是因为政府的定位与机制，定位上不合理，就是只把邻里中心当成政府公共服务的延伸，并没有给它可持续运营的空间。因此，规定得太细，你里面要雇多少人，要做多少项目，要有多少功能。至于功能合理不合理，说这是上面规定的就必须要做，一个项目和活动有没有人来也不管，说是上面要求的，而把这些上面要求的都做完，这些已经可以把运营方累得不行了。在目标设定上把运营方捆得死死的，他是没有精力，也没有资源去做更加好的服务的。

　　绝大多数邻里中心主张公益运营，不允许收费。如果不许收费，最终会导致什么？导致邻里中心被享受这些免费资源的人占领，别的人群体验感很差。就像乒乓房，来的基本上都是经常来的这批人，天天占着，其他想打乒乓球的人根本没机会。如果不收费，最终给出的必是比较低端的服务，邻里中心对全人群服务的作用是拓展不出来的，因为提供的都是一般化的东西。因为不让收费，所以很难找到好的机构愿意来做，最多就是在社区找好的志愿者，但也是一次两次还可以，他也没有那么多的精力来做这些事儿。

　　还有就是一个中心多头委托，形不成整合服务效应。这一层委托给一个机构，图书馆委托给一个机构，卫生站委托一个机构，养老另外委托一个机构，打扫安保是物业公司，分头委托之后，所谓的总运营方也协调不了，不能给大家统一的体验感。很多邻里中心的管理机制也不顺，邻里中心涉及的不仅是一个部门或一个科室，而是涉及到一个街道工作的绝大多数功能，但是归到一个科室后，其他的资源和其他的条件就不会特别重视，项目活动也不愿意整合到邻里中心来。一个邻里中心可能要运营好几个公众号，都要宣传，都要弄，统一不了。他们也不信任第三方的公众号，就怕数据被你弄走，还有因为所有的东西都要在街道平台上发，所以审核就变得极其复杂，社会宣传效果非常差。

　　在这样的情况下，很难形成一个整体的可以共享的数据库，很难通过服务将居民的喜好画像做得清楚，做得更细，也很难使服务更加精准，这样的互联网思维在邻里中心基本上不可能，所以空间利用率和服务效益都是各行各业最差的。还有，选址很烂，有一些点纯粹是犄角旮旯，老百姓难得去，所以人气不足。诸多问题大家可能心有同感，都在想，就是一个运营中心到底怎么运营，大家已经感觉到了此中之焦虑。当然有人还问，能不能让纯商业的机构来做？我觉得也挺难。

　　一是因为在这样的经济大势之下自顾不暇。和社区空间相关的业态，像包长租公寓，去年爆雷的特别多；像社区便利超市，近来破产的也特别多；某某社区在收缩战线，大裁员。所以说，这些社区邻里中心相关业态的商业机构自顾不暇。

　　二是因为纯商业机构觉得算不过账来。商业机构首先考虑的是赢利，所以有它的规律,资金都有账期,都有资金压力。很多项目谈判周期非常长,政府天天变卦,天天加码,账期又特别长,对于他们来讲,实在不是一个好的生意。即使免租拿到了房子也不一定是个好事情,很可能是套牢的开始。

商业机构会说,同样的复杂度,拿到一个政府项目,还不如去拿个大项目,因为大的项目,虽然投入大,但是同样的精力,做大项目才有大收益。邻里中心最多也就几千平米,而有些商业机构低于一万平米的项目,他们是不愿意做的。

三是因为商业机构不熟悉社区。他们懂得地推、获客、客单价这些市场的词,不懂得获得感、满意度、社区融入、社群运营这些词,所以真正深度运营社区的能力也是有限的。所以让纯正的商业机构来做,今天应该说不是一个好的模式。

当然,我们也看到很多知名物业公司也在做邻里中心这样的事儿,但它们做是有有利条件的:这个房子是它们配套服务的房子,本身是自己开发的,成本就大大降低;通过社区门禁系统可以低成本地获客,居民也方便,它们是愿意用物业提供的服务的。但是,物业普遍在做标准化的物业服务,第三方产品和服务引入社区,但是只要涉及到定制式、管家式、非标化的服务,它们也是力不从心的。物业人员收入低,人的素质相对比较低,流动也特别快,所以你让一个人在这里深度地和居民交流沟通,起码需要个一两年时间,如果三个月刚认识了就走了,这样的社区管家居民是不信赖的。

> 总体上说,这种探索仅仅是在探索,没有一个人说我已经做得很成功了。这些商业机构(包括物业公司)其实也在焦虑,它们看到这一块,但是怎么办?一些大的公司,一些BAT创业公司也在做社区各方面的摸索,但是涉及到物的方面多,涉及到上门的和标准化服务的东西多,但是对于真正的邻里中心的这一块,它们是没有思考的,也没有更大的优势去做这个事儿。所以大家都焦虑,这反而是我们从事这个行业的一个好的契机,可能会有更多的空间,或者说有更大的机会留给我们。

很多地方在探索是不是交给社会企业来做,让社会企业提供可以收费的差异性服务，可以市场化运营，包括推广"社区合伙人"这样的制度，在不停地摸索。要做好邻里中心的运营，还是有一些总体逻辑的。首先要想清楚的就是，**邻里中心还是委托给第三方专业机构（包括社会企业、社会组织）运营最好，这是前提。**接下来是搞清楚：

第一，要委托什么？把什么交出去？把这个空间委托出去，还是就把里面的项目委托出去，有哪些是不能委托的，党建是不能委托的！卫生站也有特殊要求的，也是不能委托的。所以说要把委托什么讲清楚，委托的是公共服务的专业化的那一块，可以交给专业组织去做。

第二，要算好账。这个空间到底有哪些价值？价值是多少，要量化，如果出租的话，值多少钱？政府可以提供服务的价值。我觉得这个账要算清楚，这是和要委托的专业机构谈判的。如果要进行市场化运营，哪些可以收费，收多少？都要靠这些数据来比对着算。就像社区食堂，针对本社区的居民有一定的优惠，不是社区居民就是市场化收费，80 岁以上的老人对折等。服务了多少 80 岁以上的老人，要做好统计，这就是算账。这样的服务价值，每年汇总起来，统一和政府去算。政府给出去这个场地，给出去资源，这些成本都要兑换成对居民的服务，要算清楚，而不是笼而统之地委托了事。

第三，委托给谁？主体到底是什么？政府自己做，下属事业单位做，政府背景的社工机构做，那也无可厚非，但是现在大家普遍认为，政府自己做这个事真的是费力不讨好。因为政府的这种体制机制，真的很难把大家的积极性调动起来。像成都倾向于交给社会企业来做，说明政府自己也清楚这一点。还有，如果场地比较大，并且部分可以商业化运作的话，可以交给商业机构，我认为，如果交给商业机构，那也不是交给一个整体性运营企业，像社区商业企业，而是建议找一个有 IP 的商业企业，重点不是盈利多少，而是吸引大家到这边来，比如可以找一个网红店或民间书场。所以不只是机构来，还能带来人流，并且运营比较成熟。

第四，要讲清楚是整体委托还是单一委托。整体委托这是有好处的，但是整体运营你交给的应该是一个有专业运营能力的支持性机构，一个有专业运营能力的社会企业。当然目前这样的组织不多，但是我还是倾向于觉得整体委托比较好。

第五，收费。分成两部分，第一部分是政府应该保障的那些免费的服务，希望还是继续免费,因为这是政府应该提供的公共服务,这些公共服务可以以算账的方式和租金、政府购买去对冲。但是另外一块市场化的定价也应该有一定的折扣,还不是完全市场化的服务。这样,邻里中心的服务会更加多样化。

第六,模式探索清楚。要重点去探索这样的模式,就是怎样形成一个社区公益生态圈。即使是全面委托,里面的一部分营收也要能够捐给社区基金,社区基金同时来扶持在这个地方开展的活动。对于这个社会企业来讲,它打通了公益的生态链,这非常有利于这个地方形成一种公益服务和商业服务融合的模式,当然这种模式最终是不是最好的社会企业的模式还可以去摸索。

第七,重视试点。邻里中心的运营还没有更好的,大家都在焦虑中。所以,还是鼓励大家去试。你说社会组织有运营得很好的吗? 社会企业有哪一家很好? 也未必。商业企业又看不上,它真做也做不好。那么,我们先试,试了如果不行就换个模式。这是一个新领域,我们要有试错的胸怀。

第二节 社区公共空间之营造

◎ 社区公共空间,如何从"输血"到"造血"?

2018 年 11 月中旬,我到成都集中考察了大量新公共空间,即社区综合体,有的是文化活动中心,有的是党群服务中心。这么多的社区公共空间都面临着可持续运营问题,成都一些区的领导和一线社区书记都对这些空间的可持续运营提出了期望。建设及硬件的投入,以及装修和改造等,政府直接投钱进去了,但在未来怎么样能够实现少投入,甚至能够自我运转,这是他们集中面临的一大困惑。

他们也向我请教这件事,这两天我也一直在琢磨,问题就聚集成为:这些新的社区公共空间,到底怎样才能实现从"输血"到"造血"。

　　成都回来后的周六，在徐汇区天平"邻里汇"，我们自己运营的空间里召开了一个专题沙龙，主题是社区微更新，华师大"菁英会"的校友，以及上海财大的孙哲博士参加了活动。谈着谈着，我们不约而同谈到了一个点，就是社区经济。孙哲博士提出一个观点："**社区经济是一个前瞻的研究语境**"。我也就这方面做了发言。

　　孙哲博士引用国外专家观点，把社区里的财产划分为四个属性：第一个是"私有财"，就是自己的房子；第二个是"公共财"，就是指道路、图书馆等公共产品；第三个是"共有财"，属于社区居民共有的，像一些公建配套和公共空间；还有一个是"俱乐部财"，相当于一些协会、组织或者某类群体拥有的财产。孙哲认为，很多社区公共空间并没有被视为"共有财"，导致政府顾不上，私人不肯出钱，从而成为社区消极空间。他举了一个例子，一个社区广场，晚上很多中老年人在这里跳广场舞，但灯光特别暗，不方便，也不安全。老百姓就向政府投诉。政府觉得这个空间是开发商的，开发商却说这是政府的，两边扯皮。其实，这个广场就是社区公共空间，既不属于私有的，也不属于政府的，它属于这个社区老百姓共有的，所以它就是"共有财"，按照复旦大学刘建军教授所讲的就是"关联物权"，而这样的一些关联物权理应由居民共同付费来支持其运营。孙哲博士又讲到一个例子，像这样的社区公共空间，是不是可以去众筹，让老百姓参与，一起支持。他还专门找过一个众筹平台，发现众筹一万块钱，但是策划费用却要 10 万块钱，从而作罢。

　　随着人们对美好生活的向往、15 分钟社区生活圈规划的实施，以及"社区微更新"的深化，此类"共有财"的社区公共空间会越来越多。政府因为居民需求和诉求，或者在居民投诉下，把公共空间改造了，更新了，但是改造更新之后，产权还不是政府"公共财"，依然是"共有财"，那么，接下来，对于这样的空间该怎么办？怎样才能让老百姓意识到这个空间就是老百姓自己的，是需要他们自己组织、自己行动起来、有钱出钱有力出力的？除此以外，很多社区里用公共配套用房改造的邻里中心、家门口服务站、社区党群服务站等空间，政府投资建好了，最后到底该怎样运营？这次我在成都看了大量的这样的点，大家都非常困惑，我们面临着这些公共空间怎样从"输血"变成"造血"的现实困境。以前，有很多街道领导觉得这很容易啊,可以培育社会企业和社会组织啊,三年之后,它可以自我造血了不就行了,三年之中街道来支持就可以了。这有点简单化了。

之前和一个街道朋友通电话,她说她们街道的社会组织孵化基地当时推进这项工作的时候想得挺好,说我就给三年支持,三年之后基地实现自我运转。于是大力推进此事。但是三年之后,大家发现这个基地并没能自我造血,但因为这个项目已经成为一个市级工作典型了,投入反而逐年增大。现实是街道要培育社会组织,支持力度很大,包括办公免租、项目支持等。所以社区里面有一些企业本来就是做社区服务的,像上门维修、教育辅导、艺术培训等,一听到政府在培育社会组织,它们就马上成立一个社会组织,本来还要租办公室办公,现在也用不到了,就到政府免场租费的点上办公。

> 所以,从数字上看,社会组织蓬勃发展,数量越来越大,所发挥的领域也越来越广,但是并没有带动社会组织孵化园的可持续发展,还是靠政府大量的投入。有人说,政府培育了这么多社会组织,未来是不是可以收租金?但即使是收租金,也难以实现收支平衡,实现自我造血,这再该怎么办?

现在,社区里出现了三个"新"的形势:新空间、新属性和新服务。

一是新空间,就是像邻里中心这样的大量的新空间。这一次习近平总书记去上海虹口视察的市民驿站就是新空间,以及大量的睦邻中心、片区中心、成都的综合体,这些都是新空间。那么,这些大量的空间到底怎么运营?这是个事儿。

二是新属性,上面提及的公共空间基本都是公共配套用房改造的,其属性就是前面讲到的"共有财"或者"关联物权",这样的属性就决定了这个地方的运营不可能完全是商业属性,必须有天然的社区属性或者便民属性。

三是新服务,其实就是适应美好生活、社区供给侧改革的服务,社区微更新之后这样的空间越来越多,而这些空间里面的服务不太可能全是传统的、仅有老年人还愿意来参加的服务。如果仅仅是那样的服务,是不利于多元群体参与、社区共同体打造和社区精神培育的。所以，当前很多国际社区和高档社区中有很多这样的会所、市民中心等，在这样的空间里，肯定要有新服务提供，这种服务介于商业和公益之间，我称之为"新服务"。

那么，这些社区公共空间到底怎么运营？

成都市郫都区郫筒街道有一个书院社区，它大力推进社区合伙人制度，社区合伙人可以是社区达人，是个人，也可以是社区里面的企业，当然也可以是社会组织。这些合伙人把公共空间承租下来，开书吧、中医理疗中心、手工坊等，这些服务和周边社区有着非常密切的互动。营收中的固定比例要交给社区公益基金，如果营收达不到最低限额，也必须交到最低限额，就是要给这些合伙人压力，鼓励他们好好运营这个空间，而不是拿到钱之后就打造成为一个私人小会所。

这样的"社区合伙人"制度的创新是和成都市的大政策背景密不可分的。成都市大力推进社会企业发展，成为第一个颁布社会企业政策的城市，同时也在大力推动社区总体营造，培育社区社会企业。

而社区总体营造是一个社区生态圈，必须要做社区产业发展这一块的事。而社区合伙人就打造了一个闭环，形成了三个"新"，这也是成都总结出来的，我在这里解读一下，即"新场景、新消费和新体验"：

一是新场景，新场景是什么？我觉得就是社区公共空间所提供的场景，是家门口的场景，是15分钟生活圈的场景，是邻里场景。在这里消费，可能遇到的大多都是自己认识的人，所以这是一个新的场景。

二是新消费，来消费的基本上都是社区居民，所以这是通常所讲的社群消费、熟人社会的消费或基于信任度的消费，在这里可以赊账，可以举办一些生日派对，提供亲子服务等，在这里就可以有，这些消费也是家门口的，便利便捷。

三是新体验，在这些地方，可以充分体验社区文化和邻里关系。因为基本都熟悉，所以，这些社区合伙人开的这些门店不可能像肯德基、麦当劳、星巴克那样标准化，而都是小的，有情调的。有点像传统社区的烟纸店，是一个村落或熟人社会的店，所以很多非常邻里的体验与社区的体验可以产生，邻里守望可以落到实处，如家里的猫没处安置，是不是可以放这里；孩子没人带，是不是可以放这里,这就促生了新体验,当然也是新消费。

面对类似的大量新公共空间,其实还有很多政策是难以突破的。空间的产权属性决定了它不可能完全的商业化,因此在办照、运营、收费、发票、税收等方面可能会遇到一些问题。同样,这件事也有很大的空间,在成都,我就看到了这个庞大的市场。在上海等大城市也会遇到这个社区产业发展的问题,这就是孙哲博士讲到的**"社区经济是一个非常庞大的需要不断研究的命题"**,当然这也是我们"社邻家"这样的机构要去探索的话题。

推进社区公共空间可持续运营,我觉得现在的形势特别好:

第一个方面就是政府有诚意。成都、上海等地的政府、街道等都特别迫切需要有这样的一个专业机构来运营,免费提供空间或者低偿提供,甚至装修款都是政府出,给的条件都特别好。这次在成都,一个区的区委常委就约我们去做这个事,而且思想开放,他们希望有一个懂社区的企业来运营这样的空间。为什么?因为他们发现,社会组织的市场整合能力、市场资源以及招商能力都是不强的,所以他们招来的服务供应者基本都是公益组织,提供的服务比较 low,主要还是靠政府输血。同时,因为是政府购买的服务,所以天然会靠向政府,以政府的需求为最大需求,没有更强的市场意识。目前,就全国来讲,专门做空间运营的机构,特别是企业是不多的。对于企业而言,这样的空间也是挑战,因为,市口往往不会好,也不可能像商业项目那样快速投入,快速赢利。所以,有短线投资回报需求的企业是不愿意做这事的。

第二个方面就是社区有需求。在社区周边就能够满足自己的消费,这样更便利。就像亲子教育,很多家长一到周末就横穿整个城市为孩子补课,但如果家门口就有这样的好的点,并且是自己邻居开的,自己认识和信任,我觉得会更好。

第三个方面就是产业有庞大空间。今年,万科就提出"活下来"要去资本化、去大企业化。很多地产企业都在转向运营,开始关注以前他们不感兴趣的社区运营;很多物业公司也在转型,重视运营社区关系。

新兴空间量这么大,需要有这么一大批专业公共空间运营机构去做这个事。

当然，这样的空间不是可以快速赢利的产业，非常适合社会企业来做。这也是我为什么觉得成都的政策成体系的原因，它在培育社区总体营造的同时，又在支持社会企业的发展。所以总体上感觉，社会企业，尤其是社区社会企业，在今天已经到了一个发展点。这一点我和孙哲博士判断一致，社区经济已经到了要发展的地步，这样的企业可能不是一个大企业，而是一个小企业，其所提供的服务不是标准化的，而是个性化的、在地化的服务。

大的产业背景上，国家自 2016 年开始推进"特色小镇"建设，希望挖掘一个镇域的特色内容；同年，国家开始倡导"双创"，在社区层面，就是期望社区创业、家门口创业，未必大家都要挤着去 CBD 创业发展。所以，**社区社会企业这种小规模、小体量的小而美的企业才是社区经济发展的主体**。如果能够做到一定的品牌化和规模化，后面有数据，有服务，有研发，并且能够跟得上个性化的需求，那么做到一定量，就是一件大事情。

综上所述，**实现从"输血"到"造血"需要市场化的力量，需要"社区合伙人"，以及对社区服务感兴趣的，对社区有点情怀的人参与其中**。由这样的社区社会企业运营公共空间，才能够使这样的公共空间产生更多收益，使老百姓的需要得到更好的满足。

当然，这是一个比较大的商业模式的创新，也是社区治理模式的创新，今天只是一个开篇，具体的运营以及怎样造血可以完全放心地交给企业去做，如果不会运营，运营得不好，就会被淘汰，所以他们是有积极性把服务做好的。当然他们也不能在短时间内追求多大盈利，社区经济的属性决定了他们的运营模式。

◎ 公共空间的运营，应向商业空间运营学什么？

2018 年 7 月，我参加了高和资本在杨浦区打造的一个未来联合办公空间的发布仪式。这个项目倡导未来办公的创新模式，共享办公、移动办公、"服务＋社交"的理念全面用在设计和运营上面。在一楼大堂，很多亮点显现，高颜值的设计，接待处同时是咖啡吧，让冷冰冰的接待处变得温暖，这是一种共享大堂吧的模式，还有共享健身等新服务。

对于商业办公领域，我纯属门外汉，这个发布仪式对我的触动比较大，这个领域真是创新不断。连碧桂园这样的房地产企业也在普陀区推出了一个共享办公项目。像国际共享办公的领先探索者 We-Work，要将"We-Work Labs"的新业务带到中国来，在上海的南京西路上致力于服务一些中小创业者，发挥创新孵化器的作用。

反观公共空间的运营，却是另外一番样子。一个明显的不同是，商业空间运营产生了很多大的整体运营品牌，通过资本运作，开创许多新模式，真正为创业者和办公企业提供了非常深度的服务。**而公共空间在这一方面却呈现出碎片化现象，没有产生品牌的运营者、运营商以及社会组织。**在品牌方面，我发现公共空间运营者都在刻意低调，不太愿意或者说也不擅长把自己的品牌和探索的模式宣传出去。

> 在公共空间运营这个领域，品牌运营少得可怜，创新模式乏善可陈，其背后的原因即是很多这样的公共空间都是政府委托运营的，不是自己的。而运营机构处于弱势地位，它们和政府在契约方面很难切割清楚，有很多事情政府确定了，通过了招投标程序定下来只是第一步，不遵守契约的事情普遍存在。因为不是自己的空间，运营机构不太敢把空间的创新模式做到多么深入，当然也没有资源和能力去打造；并且在重重的要求、制度与约束之下，也没有太大的作为空间。因此，谈运营也仅仅是皮毛而已，称不上实质意义上的运营。

但在今天，这样的情况正在发生一些转变。

第一，现在有越来越多的新空间诞生了。比如像人才公寓的公共空间、新建的邻里中心、城市书房等都需要有商业服务内容。如果这些新空间再回到以往政府统管、单纯公益的运营模式，那是没有任何可能来激发空间活力的，所以这些新空间的产生必然会对新运营产生期待。

第二，新运营需要新的理念，这种理念不仅仅是公益服务，而且还包括公共服务，同时还有社区便民服务和商业服务，同时，引入市场化的理念则成为了这些新空间运营的必然之策。

第三，新运营针对的是新的群体，很多新空间的推出其中就有服务新群体的意图所在。比如，邻里中心要求的是服务全人群，而不仅仅是老年人。有一些空间希望服务的是白领群体，有一些需要将服务扩展到新社会阶层。对这些新群体的服务，肯定不是传统的、公益的、免费的、低端的服务，相反却需要更加丰富的、多元的、多彩的、能够吸引大家参与的服务，而这样的服务需要的是更加开阔的、创新的运营思维，需要更加专业的机构来做整体运营。当然，不可否认的是，公共空间的运营和商业空间的运营之间的差距还是非常大的。

现在，商业空间运营升级迭代，创新无穷，体现为四种境界：

第一种境界是二房东模式，即简单的赚差价，至于引入什么样的企业则不管，只要付得起钱就可以。

第二种境界是空间硬件整体打造的模式，即对空间进行整体硬件的升级和改造，做整体装修设计，各类服务功能也做了合理排布，可以提供会议、餐饮、社交活动等，企业可以拎包入住。

第三种境界是企业生态服务模式。运营商关注企业经营需要的方方面面，如企业需要律师服务、融资服务、基金服务、银行服务等，即与一个企业相关的生态与系统性的服务都有强大的团队可以提供支持。有的初创企业没有钱交租金，运营可以以入股企业代替收缴租金。

第四种境界是产业生态服务模式。比如与一个企业相联动、相连接的产业的上下游到底是什么？运营商会打造这样的服务生态，希望把这样的企业都融合到一块。正如 We-Work 建有会员体系，企业成为它的会员之后，就可以在会员体系中得到全方位支持，这种支持不仅仅来自于 We-Work，这可以来自于会员社区，在这个社区里会员之间是相互联动的，他们相互之间可以进行产业互补服务。"We-Work Labs"项目就是这样的，成为它的会员之后，那些哪怕只有两个人的初创企业，也有机会到全球各个 We-Work 的办公点去办公。他们进入的是全球化的会员社区，在这里面就有机会接触到全球的资源。We-Work 还设了项目经理，项目经理会帮助企业去实现企业所需的一些资源对接等服务。

> 所以，我们看到，商业空间的运营已经达到了这么深的层次，而公共空间如果按照升级层面来讲的话，连第二格都还没有爬到，第三格和第四格更是不敢奢望的。但是其实公共空间和商业空间的运营逻辑是一致的，虽然公共空间追求的不一定是坪效，而是社会效益，但这种社会效益的评价也是有标准的，并且随着城市精细化管理，这种评估会越来越科学，运营的绩效会有所分别，并且越来越被公众和政府看重。

在未来的新空间、新理念、新群体的服务之中，不太可能再回到最初的简单的运营模式，所以我们必然会去探索公共空间的崭新的运营模式。作为公共空间的运营者，我们要向商业空间运营学习什么？

商业空间重视空间设计，好的设计与一流的颜值吸引创业者和办公者的入驻。第一眼就让大家喜欢这里，他们才愿意付钱到这里来办公；公共空间同样如此，也需要有一定的颜值吸引人到这边来，如果大家都不愿意来，那么这个空间的效益就会大打折扣。

高和云峰在硬件打造方面想实现的是所有的东西都能够变化，其提出了"百变共享办公"的未来模式。在高和云峰的办公室中，办公桌、办公椅等都是可以调节的，人们完全可以站着办公。会议桌也是可大可小的，可以合并排列，可以拆分。房间也是完全可以自由隔断的，可以组成大的空间，也可以组成小的空间。书架也是模块化的，可以移动，如果觉得厌倦了，可以换另外组合的书架，因为这些都是模块化的。当然"百变办公"肯定会带来对设计和设备的挑战，需要大量的家具供应商和电器供应商，甚至地板、窗户等供应商都要跟进与创新，所以高和云峰提出了一个大的未来办公创新平台的概念，希望大家加入到这个共享创新体系中来，共同打造这些硬件。

对于公共空间而言，要达到这样的目标，差距特别大。那么公共空间要向商业空间学什么？

第一个需要学习的是硬件营造上要重视设计和高颜值，除此之外，还需要学习空间的开放和共享，服务台实现共享，大堂实现共享，健身实现共享，楼顶花园实现共享等。还有就是空间功能的叠加和变化，即一个空间能够根据使用者的要求与需求进行快速调整，隔断和功能都可以进行调整。这样的调整并不需要费劲地用巨大的投入和巨大的浪费敲掉改掉再更新。这样的模式在未来肯定会成为惯例。

第二个需要学的就是以人为本。商业办公是完全的以客户为本，在这一方面，他们已经实现了多次迭代，最早追求的是坪效，即一平方米租出去差价是多少；现在已经开始追求以人为本和以企业为本，这样的办公空间正在飞快地为了新群体、新办公、新趋势而变。

高和云峰就关注到了这样的趋势，其发布仪式当天还做了一个调查，调查有谁 50% 以上的工作不是在办公桌前完成的，至少有 1/3 的人举了手。高和云峰关注到的是未来办公的三个趋势：一是共享办公，这每个人已经感受到了；第二个是移动办公，就是不用坐在固定的位子上，用手机就可以办公了；第三个是服务＋社交。顺应这三个趋势，高和云峰提出了未来办公，为企业提供前面讲的"第四种境界"的服务，即产业生态系统的服务，在这里建立社区与社群，使在这里的办公者既能和产业的上下游形成联动，又能和很多志同道合的创业者形成社交。高和云峰的这个空间就因这样的趋势而发生了转变。对于公共空间的产权方，即政府，以及运营方，即第三方社会组织和企业，都应该有这样的理念。因为有了新空间、新理念、新群体，所以我们提供的服务和功能都应该为他们而变。如今交互体验已经成为年轻人的时尚，那么公共空间的功能里面一定要加上这样的要素，项目和设计都应该为此而变。

第三个需要学习的是整体运营，对于一个空间而言，运营的内容应该非常丰富，不仅仅是单调的硬件服务，而是整体服务。对于多个空间来讲，是一个联合的整体运营，不仅仅有前台服务，像大堂的接待、物业的服务，还可以有更加深度的会员服务，这都是商业空间，尤其是创新运营模式教给我们的。

就像"We-Work Labs"建立的全球会员系统，其在全球拥有 22 万名会员，分布在 22 个国家的 234 个办公空间中，共有 25 个工位为这些会员提供服务。因为有了强大的后台，有了互联网平台，空间的应用变得极为便利，空间效应得到了最大的激发，并且使用者之间形成了社区，产业生态之间产生了相互连接和碰撞，这种融合是创新的基础和动力。公共空间也是这样，如果在这个空间之中形成了共同体意识，形成了小社区，大家在这个地方愿意共同去做一些事儿，那么活力肯定就会被激发出来，创业将变得更加容易。

第四个需要学的是生态型服务。在这些创新的商业办公空间中，可以为一个企业生存发展提供前端和后端的全链条服务，也可以为一个企业的产业上下游的连接服务，这种共享共生成为未来趋势。对于公共空间而言也是这样，如果为大家提供的仅仅是单一的一项服务，那么可替代的就特别多了，互联网上有大量的这样的专业服务，那大家为什么愿意到线下来参与人和人之间的交流与互动呢？因为在这里能够找到志同道合者一起进行思想碰撞，这里有丰富的活动，服务很精准，可以为大家带来更多的发展机会等，所以他们愿意到这样的空间来。

空间运营的思维对于新的白领中心来讲是需要的，一些传统的像文化中心等的空间也是需要这样的发展性思维的。否则没人愿意来这里，社会效益会非常差，空间没有活力，吸引不到居民的参与，这样的空间的存在还有什么意义呢？

◎ 专业性的社区公共空间，"降维运营"最好

一个民政领导邀请"社邻家"作为发起方参加一个养老行业联合会的组建。其他发起方都是知名的养老机构，我当时问："'社邻家'是专门做公共空间运营的，和养老也没有多大的关系啊？"这个领导解释说，社区很多综合为老服务设施都有公共空间，而如何运营得更好，社邻家的经验是有价值的。

后来，上师大一个教授向我请教上海市综合为老服务中心运营，一下子聊得很有感触。当前的综合为老服务中心特别强调专业性，除街道直接运营外，大多由专业养老机构承接，而这些专业养老机构运营下来，都导致了这样的问题的产生：这些专业机构只会提供养老专业服务，如床位服务、护理服务、日间照料，主要服务需要护理的或者腿脚不方便的老人，而健康老人很少来，来的是有限的很少的人，空间的活力十分不足。而理想的老人社群活动，社区各类资源来空间活动和为老人服务则肯定就没有，能走得动的，宁愿去文化中心活动，也不愿到为老中心活动。因而，这个教授就承接了"怎样发挥好综合为老服务中心的作用，更好地提高其社会效益"的课题。以上两件事我本来没有联系到一起，今天一

想，这两件事是有联系的，民政领导在关注如何提高综合为老服务中心的运营效益。

社区有很多专业性公共空间，比如综合为老服务中心、日间照料中心、图书馆、"阳光之家"残疾人照料中心等，有的社区还有更专业的大剧场、艺术中心等公共空间。这些专业性公共空间和日常谈到的邻里中心、片区中心、白领中心等不一样，这些是专业性的，而后者则都是综合性的。后者所服务的是全人群，对服务专业能力的要求也不是特别高。

所以，社区里的公共空间就分成了两类：一类是相对专业的公共空间，一类是综合性的公共空间。两类空间应该如何才能更好地运营呢？我的观点是，**这些专业性的公共空间，越到上面，比如到区、市层面，专业性很有必要。但到了社区这个层面，我认为，需要降维运营，即不能过分地强调专业性，而更要强调它的社区属性。**

我曾经做过一个艺术中心建设的咨询，这个艺术中心请了一个国外高大上的设计师事务所设计，很多功能都很高大上，比如艺术商店、展览、演艺等都有，甚至艺术品交易所都放到了里面。对于这样的功能，我觉得有点夸张。虽然名字上叫艺术中心，但根本不能与欧洲的那些大的艺术中心，甚至是区级艺术中心相提并论。它就是一个社区级的艺术中心，所以应该更强调它的社区属性，比如周边社区单位在这里举办个联欢会，企业在这里举行个发布会，老百姓在这里举办艺术演出或自娱自乐的项目展览等，都应该可以实现。那些高大上的艺术展览，画展、摄影展等，我觉得可以有，但是不应该过分强调这些专业性功能。因为，艺术中心如果专业起来，功能是无限的，投入也是无限的，而这样的投入对于社区级的艺术中心来说也是不现实的。

> 所以，在社区里不断推动的各样事业，越到社区，越应该凸显社区的本地性，凸显社区的特色与特点，这可以统称为"社区性"。这种"社区性"会对专业性产生影响，对其进行消解，我称之为"降维"。

现今，"社区规划师"也不是一个新鲜词了，不少地方已经开始在进行试点。

但是,社区的规划不是传统意义上的规划,不是非要多么专业不可,社区规划最重要的不是规划得多么完美,而是需要老百姓的参与。比如社区里面规划一个小花园,需要居民共同来捐点花花草草,这个非常重要,但是,对于将小花园做成多么精致和专业的景观,要求并不是很高。

再举一个例子,就是社区图书馆,每个街镇都有,有的社区图书馆还延伸到了居委会和邻里中心。像这样的图书馆,有必要像大图书馆一样,按照专业类目摆放书吗?今天看来,越到社区,越没有必要按照类目,或者像图书馆学所要求的那样去管理图书馆。图书馆也在转型,其已经从一个专业性的阅读空间变成一个以阅读为载体的公共空间,休闲、社交、学习的功能要远远大于阅读的功能。对于社区图书馆而言,专业性也在消解,而社区性、社区交往、社区关系正在提升,这就是一个明显的变化。对于这些社区里的专业性空间,我有三个方面的态度:

第一,这些空间不应该只服务于专业人群,而应该是全人群,应该向全社区开放。以综合为老服务中心为例,目前其所服务的对象,一是家里照顾不了的老人,但是床位数极有限,所以最多服务几十人。二是需要上门护理的老人,负责派人上门照料。专业性被过分放大后,健康老人不愿到这边来活动,宁愿去文化中心,也不愿意到综合为老服务中心活动,这就导致很多综合为老服务中心门可罗雀,服务人数特别少,运营也越来越封闭,专业运营机构觉得自己是专为那些有需求的老人服务的,而这样的老人本是不多的。

第二,专业性公共空间应该突出社区性,成为老百姓的共享空间。里面的项目和功能不应该特别专业,让居民特别不想或不敢进来,更多要设置"共享客厅"这样的功能。有些空间的名字也应该取得突出社区性。很多地方在推进"城市书房",这个名字取得就比较好,它不叫图书馆,体现的是"书房"的概念,是家的延伸。像综合为老服务中心这个名字就特别突出了专业性,如果改成乐龄生活驿站、乐龄共享空间等,会好一些。

第三,专业性公共空间应该整合运营。现在这样的专业性空间越来越多,都呈碎片化,目前都比较难,运营成效也不好。

接下来我们再深入谈一下,怎样运营好这些专业性的公共空间。

第一个要讨论的问题是，该由什么样的机构来运营这些专业性的空间？如果由街道或者下属单位来运营，效果大多不好，街道的行政性意味着体制性的约束，运营不可能灵活，服务水平体现不出来。社区图书馆是不是就应该交给专业性的图书馆运营公司来做；为老服务机构是不是要交给为老服务机构来做？根据以上分析，更好的建议是应该由综合性空间运营机构来运营，因为它在运营空间、运营社区治理项目、运营社区关系方面是比较专业的，它能为专业空间带来更多资源和活力。

第二个讨论的问题是，运营的目标是什么？这些社区级的专业性空间的运营目标是社区参与，吸引更多老百姓参与其中，构建社区共同体，在空间中形成关系。形成了更好的关系和共同认同，大家才愿意参与空间活动。就像我们曾经推动的 SIC——社区非正式照料体系就是要为这些专业机构，包括护理人员和老人家属提供更加人性化的支持，而这些非正式照料的支持资源都是来自社区，所以，社区综合为老服务中心希望有更多的社区居民的参与，这样才能够给这里的老人带来更多乐趣。因此，这样的空间里，人群应该是多元的，而不仅仅只是老年人或老年人的照料者，而应该有更多的照料者与支持者参与到综合为老服务中心之中，这个中心才更有活力。

第三个讨论的话题是，运营的原则。这样的专业性的空间，首先的原则是要开放。不仅仅是在运营空间，更重要的是在运营社区。一些专业性的服务，我觉得恰恰还在其次，所以要有开放的原则。其次是共享的原则，这样的一个空间应该成为共享空间，和其他的社区项目形成共享，吸引更多的人到这里支持和参与。最后的原则是共治，在这样的空间里也应该形成由关心空间运营的人组成的议事机构，形成像理事会、议事会或者监督委员会等的机构，使大家对这个空间感兴趣，并参与其中。

第四个讨论的问题是，这样的空间应该平台化运营吗？这样的空间越来越多，既有专业性要求，又有综合性的要求，还有基于空间产生的社区治理项目。所以，应该是平台化运营，才能满足这些需求。对于运营机构来讲，要形成内部支持平台，建设项目、活动、人才的平台去支持空间运营。多个空间也应该形成一个平台，提供联合运营与整合运营的支持，提高每一个具体空间的运营能力。

平台化之后,这个中心会形成几类项目:第一类是专业性的服务,就像综合为老服务中心里面的床位的照料与护理,这都是专业性的服务;第二类服务是空间服务,成为共享的空间,为社区居民服务;第三类是治理性服务,一个空间能够和周边社区的治理进行互动,空间和项目能够延伸出去,这里的团队也能延伸出去为社区服务。同时社区的一些积极分子、骨干志愿者、社区达人也能够在空间里为空间的活力服务。所以主要有这三个方面的服务,这样的综合性服务是需要平台化运营的。

最后以综合为老服务中心为例,再做一个维度的分析:一类服务是可以营利的服务,比如里面的床位数达到 25 张以上时,才可能有盈利,上门护理也是可以挣钱的,这是可以赢利的服务;第二类是公益性的服务,比如日间照料,几乎不挣钱,需要政府来投入,政府不购买服务,没有机构愿意去做这样的事;第三类是运营的服务,可以靠运营形成部分收益。空间运营收费、公益项目众筹等会有一定的收入,这是考验这个机构的运营能力的。

如何找到这样的运营机构?我认为可以采取联合招标的方式,允许空间运营机构和专业机构联合招标。将专业性的可以营收的服务交给专业机构,而其他的公益性服务是政府购买服务。中心运营整合性的交给联合体来运营,这样才有利于社区综合为老服务中心这样的机构形成整合服务能力。

◎ 社区邻里中心可持续运营的有效路径

之前看了两篇文章对我触动特别大,一篇是《痛!2018 年特色小镇死亡名单及血淋淋启示》,另一篇是《袁家村一天 18 万的游客,为什么别人无法复制成功》,两个案例形成鲜明对比,对比中看出了很多东西。"特色小镇"自 2016 年开始试点,自此,特色小镇规划建设从官方到民间火得一塌糊涂,各方利益方蜂拥而上,泥沙俱下之后尸陈遍野。推文中说,这一次国家对已经公布的两批 403 个全国特色小城镇和 96 个全国运动休闲特色小镇进行了一个测评,测评下来之后发现 499 个特色小镇之中大部分面临被淘汰的危机。

特色小镇的建设和现在全国各地政府大力推进的邻里中心（社区综合服务中心、市民驿站、社区党群服务中心等）建设有异曲同工之处：政府希望能够把在地的特色文化和特色产业发展起来，服务一方需求，造福一方百姓，实现包括像"美丽乡村建设""美好社区""15分钟社区生活圈"的目标。特色小镇和邻里中心的运营都是政府大力倡导的，提供土地、免租、产业引导、企业扶植等各种优惠政策吸引各方参与进来，创新运营模式，激活一地的活力。

谁会成为邻里中心的运营主体？尤其是可持续的、半商业化的邻里中心的运营。其实和特色小镇的运营差不多的，基本就是这些：有的是大型地产商及其物业公司，他们觉得这是社区价值的一部分，是物业升级服务的一部分，是他的品牌和社区连接的好项目；还有就是文旅企业，去做邻里中心的运营当然大材小用；有的是当地的一些大企业转型来做，比如要做"模具特色小镇"，当地最大的模具厂就想做这个事，然后成立一个新公司来做，当然未必做得好；有的是当地的国企，甚至一些村企；当然，一些特色小镇也有社区营造的专业机构在参与，在其中做咨询，做社区动员和社区营造。

这么多的特色小镇运营下来，存在的最大问题当然不是硬件。因为硬件一个比一个漂亮，规划图都高大上，让人耳目一新。但为什么那么多的特色小镇又输了，那么输在哪里？推文中例举了诸多案例，都讲到了一个共同点，**就是输在了运营，输在了当地的文化特色以及社区参与的不足。做地产的运营不了社区服务，做模具的运营不了文旅，做互联网的也搞不了规划设计地产，跨界跨得没有了特色，突出一些特点的同时，让这个地方千篇一律，没有了特色。**做特色小镇，当地老百姓有没有参与积极性，有没有利益，有没有动力，这些成为这个小镇是否有活力的关键要素。

> 社区邻里中心可持续运营，和特色小镇的运营一样，不太可能单纯由运营主体（专业运营机构、企业）来做成功，如果只是他认为自己专业，什么都自己干，成功的可能是不大的。

为什么这么说？很多特色小镇做得很烂，但是这个圈子里也有很多做得很成功的,比如一个被称为"特色小镇之王"的就是在陕西咸阳历史文脉重地的一个叫袁家村的小乡村,主要特色是关中文化,民宿、旅游体验、小吃、产品都有浓浓的民俗特色。这篇推文的题目叫"袁家村一天18万游客,为什么别人无法复制成功?"袁家村是一个普通的村,但也是一个神奇的村,一天18万游客,一个村子带动了周边十几个村子的政府,一个酸奶厂一年的利润就1000万。

袁家村是怎么成功的?成功之处在于强运营。袁家村不仅有有特色的硬件,留存关中文化,体现乡村民俗,充分体现地域文化的独特性。

更重要的是机制,能够村民共同参与、共同入股、共同受益的机制,将集体主义的作用发挥到了极致。号称"全民皆兵",每个人都要入股集体企业,每个人的产权都在企业里面,鼓励了每一个人去参与到村子的建设,包括旅游服务,形成了一个共同富裕、深度参与的社区共同体。

到一个小镇,到一个空间,我们体验得好不好,关键是细节。到一个地方舒服不舒服,食品放心不放心,都需要运营的深度的保障,需要每一名运营人员的真心投入。因为村民把村里的事当成自己的事情,把每一个游客的体验放在极其重要的位置,游客不满意都不可能。袁家村的小吃都搞口味排名,末位淘汰。每个小吃的食品安全都抓得很紧,溯源和公示做得很好,比如这个羊肉泡馍的小麦是产于村子山腰的哪个地块,由村子西边磨坊磨的,都会公示出来,形成一个非常诚信的氛围,充分体现了关中农民的淳朴本色,大家会觉得很亲切,这种亲切真的是深度运营才能出来的。关于"海底捞"有一本书很出名,叫《海底捞,你学不会?》,他不考核人数、翻台率、利润这些东西,考核的是满意度,而满意度才是真正的运营人心和体验。

除了在产权基础之上的设计,袁家村还充分体现了社区共治共享和社区治理创新的理念,以产权共有为核心,在自愿的基础之上,强调清晰的个人产权,实现了你中有我、我中有你,人人努力、相互监督,大大提高了生产要素自由的流动,同时也树立了每个村民的主人意识,他们成立了小吃协会、农家乐协会、回民食品协会、酒吧协会和手工作坊协会等自治社团,并由这些社团进行自治,一旦发现不合格的食品和食材当场销毁,并且关门整顿,情节严重的责令其退出经营;大客流的时候,村民干部都会自发地戴上红袖章到街头维持秩序,打扫卫生,共同治理袁家村。

> 从特色小镇这件事上可以看出，做好做坏，运营是关键，留存当地文化，强化文化特色，让当地居民和村民共治共享是关键。这就是对社区邻里中心运营的启示。

邻里中心和特色小镇的定位一致，运营规律雷同，如果要去半商业化运营社区邻里中心，实现它的可持续发展，该如何做？其实答案已经浮现出来。

第一，不能只靠硬件。把硬件打造得多么漂亮，再漂亮也漂亮不过特色小镇吧！特色小镇里面有太多的大手笔的设计了。光靠硬件肯定是不行的，硬件可以吸引大家来新鲜一次，后面就没有太多吸引力了。

第二，运营主体应是社区专业运营机构。邻里中心运营交给地产商很难成功，因为地产商做惯了挣大钱的事了，有地产大佬说"看来看去，已经很难找到比地产更挣钱的行业了"，所以，他们对于利润和坪效有苛刻的要求，必然会注重眼前利益，也不会深度去做服务居民的复杂事。我认为，邻里中心回本周期长，要和社区众多单位协作，协调成本特别高，单纯以营利为目标的企业是很难、也不愿去做邻里中心这样的事的。当然也有做的，都是在跑马圈地，玩资本。我认为**社区邻里中心的主体应该兼顾公益和商业，兼具商业运营能力或者便民服务能力，也要兼具社区共治能力，能有这样的综合能力的肯定是专业运营机构了，有社区基因的社会组织、社区营造专业机构以及相关的社会企业是当然主体**。当然，这样的专业机构也不多，仍是在摸索过程中，并且做这个领域的机构也会面临类似于社区养老机构被大地产和大资本围剿的命运，未来到底会产生出什么样的机构，只能 WAIT AND SEE。

第三，服务模式上，整合服务，而非单一服务。在邻里中心里面，不能只有单纯的单向式的服务，即使是非常专业的高端服务也肯定不行，要有整合运营模式，提供的既要有空间服务与项目活动服务，也要有社群服务，同时要有社区治理服务，要把社区居民动员出来，没有他们的参与，运营成本肯定会居高不下。社区邻里中心的特殊定位决定了你的空间的地段不一定好，土地属性不适合干这个干那个，政府也会有很多的约束，这些就决定了运营的复杂性，同时，你在这里面也不太可能有多高的利润，很多产品、服务、项目、活动要和公益，和社区基金会，也包括和政府购买服务项目打通，这样的模式只能是整合创新模式。

第四，运营机制上，要构建全民参与、共治共享的社区治理体系。就像前面讲的"全民皆兵"，让周边居民参与其中。台湾地区有个"主妇联盟"很有影响，20多年前一群关注环境问题的主妇们发起"主妇联盟基金会"，从事垃圾分类、垃圾减量、共同购买等活动。之后，她们在共同购买的基础上，建立"台湾主妇联盟生活消费合作社"，以消费者合作社的形式支持本地有机农业，购买安全食品，倡导合作精神，推广环保运动。目前有近5万会员，年销售额近10亿新台币，服务100多位农户。同样，社区邻里中心的运营一定要重点培育这样的社群和消费合作社，共同购买那些有故事的产品，可以打造二手商店，吸引更多人参与到邻里中心的运营之中，可以作为会员，可以作为消费者，也可以作为志愿者去推动中心建设。

在邻里中心的建设过程中，应该有参与式的内容在，比如它的设计、它的项目，都需要居民参与，目标是使居民把这里的事当成自己的事，就像袁家村，要把居民的主体意识激发出来，激发出来之后他才乐意在这里奉献，做志愿者。有了情感连接，他会更愿意购买中心的产品和服务，同时也愿意支持这里面的公益项目。通过共治，加上多元资金与丰富项目，加上设计与高颜值的空间，再加上共建共享的机制，这个邻里中心才能够真正的活跃起来。

总结一下，特色小镇的纷纷倒下，对于目前正在方兴未艾的邻里中心的启发是比较大的，我觉得更加注重的，以及我一直都强调的就是，**社区邻里中心重在运营，运营的背后是一个好的专业运营机构，有一个好的机制，能够把社区居民都串起来，社区营造出来，这样才有可能取得更好的运营收益**。否则，没有可持续的收入，也没有做下去的资本，隔两天它倒下了，最后这里变成一个无人问津的消极空间，好事就做成坏事了。

第三节　生活美学营造

◎ 社区公共空间这么 Low，是时候让设计的原力觉醒了！

看了太多上海及各地的公共空间，一直想聊一个专题，就是"设计的力量"。很多人都去过社区文化中心、事务受理中心等社区公共空间，可能 90% 的地方，你去过一次就不想再去第二次了。如果不是办事，谁会对这样的空间感兴趣？社区公共空间成为尴尬的存在，存在着，但被大多数社区居民边缘化了。为什么呢？因为空间功能很行政化，陈设都特别地刻板，色彩都不亲民，空间不亲切，不美……

> 如果我说，社区公共空间是一个社区里面最 low 的空间，相信大家也没意见！为什么会成今天的样子？主要原因在于设计出了问题。当前的空间设计，甚至谈不上设计，只是一些装潢，是一些墙报、色彩和功能的拼凑，没有统一风格，没有最丑，只有更丑。

两个倾向比较严重：

第一个倾向就是被行政权力绑架。也分两种：一种是被领导的权力审美绑架，设计过程中，领导怎么说就怎么做，为了尽快通过审核，设计建设单位过分迎合。另外一种行政权力绑架，是指设计思路被诸多政府部门绑架，因为一个空间里面要体现各个部门的功能，这是各个部门的门脸，是政绩，所以每个部门都说有文件，有要求，而专业设计单位针对这些要求没有一个统一规划，相反，完全放弃专业，对各个部门的要求举手投降。

另一个倾向就是被潜规则绑架，设计的价值被低估甚至无视。一个空间，肯定是建设的经费投入高，所以有很多建设单位为了拿到项目，就以建设施工一体化来应付社区公共空间的设计，设计不算钱或少算钱。这样就导致大家对设计不重视，最终为了追求利益最大化，胡乱设计，降低专业要求，降低复杂性，以加大建设方面的利润。设计在很多公共空间之中变得可有可无，味同鸡肋。

因为公共空间的建设投入不多，所以放弃了对高品质与高颜值设计的追求。这真是个误区，低投入未必就不能对设计的颜值提出高要求。从专业眼光来看，如果对设计要求低，那么最终呈现出来的东西也不会好。真的有必要算一笔账：花在设计上的钱重要吗？是不是对空间的实际使用效益有更重大意义？

那么，到底设计的钱出得划算不划算呢？我曾经参观过一个获得过 2016 年"全球最佳公共办公住宅奖"的水上办公住宅，其是由葡萄牙著名设计师阿尔瓦罗·西扎设计的，是一个只有 5000 平方米的办公住宅，设计费用高达 2000 万，当然包括了外观、内部、深化设计、重要设施甚至地毯、灯以及雕塑等的设计，是一个全案的统一风格的设计。这个台湾著名公司的老总是这样算账的，如果交给国内设计公司设计，从设计、深化到后续的室内设计，大约需要 1000 万。而请国际最知名的设计师来做，增加了 1000 万，翻了个倍。但是从整体效益上来讲，他觉得收藏了这个知名设计师的一个作品，这个建筑也得了国际大奖，提升了这个公司的整体美誉度和影响力，所以这个老总觉得 1000 万花得值。这个案例是不是能够启发决策公共空间的领导，在设计方面的投入是不是可以再多一点。当然，这里面会遇到政策瓶颈，但是忽视设计或者认为设计可以顺带而过的想法，肯定是不对的。

不重视设计已经带来了诸多恶果，绝大多数的公共空间呈现出来的样子惨不忍睹，纵观全国各地，三个特别突出的风格：

一是行政办公风。一进到这样的空间就感觉特别压抑，色彩、家具和功能布局亦如是。一条走廊的左边一排房子，右边一排房子，这边挂了一些牌子，那边挂了一些牌子。进去一看，就像政府办公大楼风，会议室和会议桌特别不亲民，大家真的不想在这里多坐一会，这就是行政办公风。

二是宜家家居风。很多公共空间为了体现空间的开放舒适，传递出居家一样的温暖，大量引用了宜家家具以及宜家风格。这种设计不是不好，只是看多了总体感觉品位不高，粗制滥造。再加上到处都是可以拆卸、可以组合的东西，感觉特别琐碎。

三是展览展示风。内部空间按照广告公司布展方式设计,很多内容和板面应接不暇,所有东西都上墙。功能布局全面体现参观动线,告诉我们怎么进去,先参观这个,后参观那个。最极致的就是墙面宣传内容放满之后,空间就变成了宣传的专属空间,其他作用就体现不出来了。因为它的灯光和色彩都是为了展览展示,参观可能很舒服,但在里面做其他事就不好用,也没人愿意用,因为实在太满了,这个空间就变成了消极空间。

公共空间里的功能是多样的,很多空间的功能布局体现出强烈的碎片化现象,整个空间被消解。空间有很多功能,为什么要放这个功能在这里? 很多没有经过论证的,就是领导拍脑袋,或者文件规定,就简单化地设计了。至于动线是不是合理,是不是方便居民办事,就不管了。这样的随意安排导致这个房间和那个房间缺乏一气呵成、一以贯之的风格,整体风格没有体现出来,进去之后就觉得特别琐碎,从这个空间到另外一个空间的动线设计不合理,这种现象普遍存在。

公共空间多由政府投资,造价不可能太高,整体的设计上不可能高大上,也不可能只是满足设计师的小众审美而不实用。所以公共空间的设计对设计师的要求更高,设计师更多的需带着脚镣跳舞。如果是商业的设计,设计师只要让出钱公司满意就可以了,但公共空间的设计除了要满足购买方(像政府)外,还要让使用方老百姓,以及相关的第三方运营机构满意,这对于设计师的要求会更高。但是现在社区公共空间设计费定得特别低,目前还是 2002 年的标准,不能超过总造价的 3.5%,这就导致一个公共空间的设计费用只有区区的几万或十几万,这么少的资金是很难吸引优秀设计师的。

不过,随着人民对于美好生活的追求,居民对公共空间的要求更高。同时,社区公共空间日益受到各方关注,很多领导眼界更宽,审美素养不断提升,对公共空间设计提出了更高要求,这里做出了一个亮点,那里有一个网红,那么我这里的公共空间也要做得更好。这种竞争形成之后,公共空间设计品质的整体提升也有了客观推手。当下,政府对这种家门口的综合体类型的公共空间越来越重视,习总书记近期来上海就去视察了虹口区的市民驿站,很多设计师也愿意在被尊重的前提之下参与到这样的社区公共空间的设计之之中。虽然设计挣的钱不多,但是建设速度快啊,也就是说设计师的理想和想法可以很快在这里实现;同时,收费比较低,也体现了自己情怀的一面,所以也愿意去做一两个这样的公共空间。有一些在上海的法国和美国的设计师有很多设计作品已经在社区更新的过程中落地了。**有了这些标杆的示范作用,我真心期望今后社区公共空间的建设更新过程中,不要再把设计看得没有意义,没有价值,不要忽视将要建设更新的这一个空间的重要性,因为做 low 了,起码在未来的 5 到 10 年之内,很难再改,从而使其成为了一个消极空间。**对设计增加一点投入,提高一点认识,提升一点审美真的是非常重要的。

第一就是尊重设计师。把自己行政的权力性的惯性和不专业的审美放下。尊重设计师的专业,不要觉得装修过房子就能够指指点点。当然,很多设计师有个性,脾气比较大,在沟通过程之中也要尊重他们的专业,包容他们的行为,让设计师的专业在这个空间里面得到切实体现。一个有思想、有思路的设计师与一个仅仅学过设计的工匠是完全不一样的,要对这样有思想的设计师给予更大的尊重。

第二就是珍惜每一个公共空间,让每一个公共空间都能够体现设计的力量,让每一个空间都因为设计而变得更加亲民,更加高颜值,更加有吸引力,让社区的这些微空间从整体上提升美好度,使我们在家门口离美好生活更近一些。

谨以此文献给与社邻家合作进行了诸多公共空间设计的陈嘉炜先生。

◎ 美好生活,美好空间,不是钱砸出来的

一直关注"中国社造生活圈",它是社区营造领域的一个全国性社群。这个社群里信息特别好,这两天聊到了空间问题,其中有一个群友说他拜访了三个街道,并在群里晒出了两张对比照片,他说最丑的那一个就是某某街道(武汉),因为是在一个小群里,所以他也没有忌讳就直接说出了街道的名字,随即透露出这个最丑的也是投资最高的。而另外一个街道的照片看起来挺清新,而且投入也没有前面的高。这位群友感慨地说:"领导的认知水平和品位决定了吸引什么样

水平和品位的人，什么样的人做什么样的事，能把房子装饰成那样的，不知是谁家生的。"

话糙理不糙，对于社区营造者群体来讲，经常会看到一些好的案例，审美已经有了很大的提升，而审美一旦提升了，就很难再降下去。他还感慨说："追求美不停歇，追求自由的本质也是追求一种美，追求其他的美，比如生产力，它也会朝着美前行，但愿更多的人能够由内而外地美……"。先不理他的这些感慨，我发现，**看一个空间的设计和外在呈现，可以看出其背后的审美水平，而这种美并不一定是由钱砸出来的。**

这位群友在群里还晒了另外一组教育场所照片：第一张是传统的教室，有一个高高在上的讲台，在平面的地板上整齐地摆着一些桌椅，后排的空间特别大。这样的一个教室，它的气场也是非常强大的，居高临下，做报告的领导感觉应该也是比较好的，而且教室的空间也特别宽阔，桌子和椅子也都非常贵，说起来这样的投入是不少的。

同时晒出的另外一张照片，是一个教育专业组织的人所做的一个教室。我称这个教室为"沉浸式教室"，在这里大家都是平等的，里面的桌椅高高低低，还有一些蒲团式的坐垫摆放在地上，小朋友在这里随便拿一个椅子就可以写东西或画画，家长随便在边上找一个地方也可以坐，而且可以一同参与进来，所以整个教室的氛围是特别温馨的。这样的空间我称它为沉浸式的空间，因为在里面很多内容都可以交互。

由这样的两类教室，其实我又想到了另外一类教室，就是剧场式的教室，像TED演讲等一些大型的演讲，都可能是在这样剧院式的教室里面做的，在这里大家可以居高临下。但其他很多大型的演讲还是相对比较平等的，比如演讲者是在观众的视线之下的，而观众比演讲者要高，一层一层上去。我觉得只有在这样的剧场，才有可能扔鞋子，比如看谁不顺眼或讲得不好，鞋子一扔，自上而下才有可能。

我们总结看来，即使是一个教室，也分成了三种类型。一种是传统的自上而下的讲坛式教室，一种是剧院式的教室，一种是浸入式的教室，这三种空间大家可能会说满足了不同的需求,但是对于我们做社区公共空间的而言,我们希望越来越多的教室能够成为浸入式的、交互式的那种类型。

因为社区的公共空间现在越来越开放,越来越需要大家在这里体验,很多的课程和社交活动在这里举行也很方便,所以它是一个社群型的空间,而不是中心化的、权威型的、自上而下的,或者是单点对外的关系模型。社区的发展更多的是网络状的关系,就是有更多的交互互动、社交社群和社会关系。而在社区中,传统的一对多或者自上而下的方式其实越来越不受用。

另外一个值得注意的问题是这样的空间是由谁运营的。如果一个空间从一开始运营者就参与其中的设计,那么他的一些理念、一些与运营内容相匹配的设计功能和设计色彩都会体现在其中,所以会使这个空间与它的功能、它的活动以及来到这里的人群协调起来。

很多空间极其丑陋的原因就在于很多人只是为自己某一段的决策权力和利益负责,而不会对这个空间未来的使用者负责,这就会导致很多问题发生,比如房地产企业只管开发,不管后续,只管眼前拿钱,而不管后来居住者的体验,那么它的层次就上不去,房价最终也卖不高。

而公共空间更是这样。以往有很多空间比较丑陋,所以只有一些对空间没有太高要求的老年人会去,这样很多公共空间就成了一小拨人活动的狭隘的空间。这样的例子特别多,所以就公共空间而言,无论是谁在建造,谁在推动,不论是政府还是开发商,今后都要考虑到运营的参与和今后运营的因素。

在这一轮城市更新和空间升级的过程之中,希望大家更多地关注运营机构的参与,使运营机构的参与成为空间更新的必然要素。正如空间的好坏或是不是美好,不是钱砸出来的,那么运营的好坏也不是钱能够砸出来的,尤其是空间的运营,公共空间应该是社会价值优先。所以运营机构最大的意义或追求愿景应该是社会价值和公共利益,而不应该首先以金钱为最高的追求目标。

在运行过程之中,**公共空间最重要的也不是去争取政府的高支持或是更高的支持,而是要将社区企业的资源、居民参与的积极性、志愿服务的价值都融合**

起来，这样的空间才会运营得比较和谐，才会更加美好。

我做上海慈善基金会"蓝天至爱"计划的评审，看了几十个项目，而这些项目本来是属于企业社会责任的项目，即应该由一个企业支持作为配资或者主要的资金来源，再加上慈善基金来推动的项目。我发现主办方的愿望在这批项目之中体现得不是太好，企业配资超过申请资金的项目寥寥无几；而申请慈善基金会资金的远远大于配资的为多数，还有将近 1/3 的项目没有任何企业的配资。这样的一些运营机构和公益组织在社区之中会有一个必然的结果，就是它会对政府经费或者某些基金会经费过度依赖，从而使自己的项目难以为继。

空间更新之后的运营机构应该在这一方面有更高的追求。对美好生活的追求不应该是由政府公共资金投入的。因为美好生活是多元的，是提升型的，其中有很多的成本需要个人去负担，在社区里面营造更加美好的生活和美好的空间是由政府来投入的，而美好生活的项目就应该由大家一起来做，由企业和居民个人共同出钱来做。

◎ 美好生活在街角呈现

因为工作关系，我经常到大街上逛，我发现上海很多街道变化很大，有些路以前经常来的，几年不来，发现了很多惊喜，街道变得越来越美、越来越漂亮了，尤其是市中心的老街道，像衡山路、武夷路等，变化真大。大家有没有相同感触，就是如今上海很多街道已经可以和欧洲一些小镇的街道相媲美了。

上海有的区（如长宁），整个一条街都已经更新，邮筒、门牌号、招牌、店铺，都设计得非常漂亮。有的街道业态也进行了更新，像长宁区的愚园路，在梧桐路下穿行，别有一番韵味。

有的街道（这里指街道办事处）已经开始对有些小店进行更新，这些小店都位于街的关键部位，街道觉得需要提升下品位，就将一些小菜场和夫妻老婆店进行了更新，更新之后，一条街就变得清新雅致有活力了。

有个新闻，腾讯 26 位设计师出动，在北京和深圳把一些街头小店的招牌进行了设计，设计引起了众多网友围观，大量文章可以读到，如《腾讯 26 位设计师火了——文案媲美杜蕾斯，原来广告设计也可以很走心》等。网友纷纷把这些店铺的前后对比照发到了朋友圈，引起了很多人关注。

街道是我们每天走路、生活、购物等的必经之地，工作和生活离不了的地方；街道是地方社区文化的重要组成部分，很多小店和商铺都有悠久历史；此外，老茶坊、理发店、夫妻老婆小店都是重要的社交之所，留给人很多美好的回忆。因此，街道不仅仅为交通，更是公共参与的空间。以前，街道的形态和店铺的业态都由政府的统一规划在推动，在今天，一些企业、设计师、居民和社会组织都愿意加入到街道更新升级的事业中，这是社会发展的方向。

自 2015 年起，上海启动了城市更新计划；2016 年起，社区微更新也在很多街道启动，在政府主导，企业、社区等各方共同参与的推动下，街道正在发生深刻变化。

社区小店也在改变、在升级，这种升级并不是消灭所谓的低端业态，这些业态是老百姓日常生活所需的，只是这样的更新使社区业态焕发了新貌。有个叫耳光馄饨的网红小店又开出了一家新店，这家新店已经不像传统的馄饨老店那样草根了，窗明几净，俨然米其林餐厅的派头，谢霆锋都来过这里。对于居民而言，我们并不是不需要像耳光馄饨这样的小店，而是需要更美的这样的小店。商业综合体和社区商业也在改变。衡山路上的衡山坊和东平里在去年更新推出后，其品位、业态、特色都非常鲜明，既有老上海的风貌，又有现代文创产业的那些腔调，让人流连忘返。

社区商业除了方便临近居民需求，更有了文化特色要求和高标准颜值要求。我听好多朋友都说起，现在都不去那些大的商业综合体购物了，在家门口的社区、商场、街道上的一些分布式商业体内就可以解决需求。一些高大上的品牌和特色商店，甚至一些网红级商店都已经分布到了社区商业和街道商铺中。高端不再是 CBD 的专有名词，上海的普通街道也可以拥有这些高端的商业和高端的餐馆，人们在家门口就可以有高端的获得感和享受高端的服务了。

> 因此，有的规划专家说，今后城市不会再有那么多的 CBD，而是有更多的社区商业体和街道商业体。既可以在家门口办公，也有公寓，还有商业

购物、体验式餐饮等服务，这些在我们的身边都可以实现，我们没有必要再去挤地铁挤出一身汗的去那些 CBD 获得这些商品和服务了，这就是街道魅力之所在。

沿街大量商业空间也在发生改变，比如酒店。5 月 21 号，如家集团的董事长孙坚在接受媒体采访时说，未来酒店会日趋非标准化和多元化，会适应年轻人的趣味。过去做一个设计就开几千家酒店的时代已经成为历史，以主打标准化和流程化的连锁酒店已经开始朝非标准化和多元化这个方向发展。在街道边上的一个个酒店，都会变得各具特色。

去过欧洲旅行的人都知道，欧洲的许多小镇都特别漂亮，建筑都有一两百年的历史，比较旧。但是街道看上去都很有文化感，它的设计、绿化、每一个街道上的小景都很妥帖，每一家小店都很雅致，充分体现出店主人的文化素养。可谓一个街道就是一道风景。

这样的场景正在上海发生，相信不久的将来，上海的每一条街道也会像欧洲小镇那样充满风情。

十九大提出的美好生活必然会成为一个号角，成为政府、企业、社区、居民等的共同追求。

台湾地区是一个很好的例子，台湾地区推动的社区营造发展到了一定地步之后，近年来，它开始倡导"生活美学运动"。分布在台北忠孝东路上的"好样"系列商店就是很好的榜样。好样创办于 1999 年，一直本着真实不做作、共享美好生活的理念，渐进式地在大街小巷和弄堂之间建立了善良生活概念的集群式运营，无论是餐馆、公寓、书店，还是精品店，都把每个细节做到极致。"好样"希望这种优质的生活品位能够帮助许多人建立起对生活的向往。"好样"通过努力，在一个大的街区范围之内进行多点运营，使这一地区成为共享生活美学的绝佳之地。再次重申，这次街道升级并不应该消灭掉那些社区小店，而是应该通过一定的政策和共同参与的机制，使这些小店更有活力、更有颜值。

英国在 2015 年《英国商业街前景报告》认为，**社区小商店不但执行着经济和**

商业功能,还执行着社会功能,它为社区人文交流提供了场所,让邻里和睦相处。从某种意义上说,小商店就是社区的粘合剂,超市对小商店的侵蚀就像是对社会粘合剂的吞噬,这会让社区失去凝聚力,从而变得松散。在超市购物的时候,人们几乎不交流,即使是同住一个社区的顾客经常到一个超市购物,他们也有可能这一生都互不相识。为了挽救这些社区小商店。2010 年秋季,英国政府宣布了对小商店,包括小企业的税赋减免计划,以防止出现进入 21 世纪的前六年里伦敦街头 7000 家小店关闭的颓势。

在这样的进程中,以往大一统的设计空间不大,政府不可能希望千街一面,千店一面,而是希望街区的文化特色、当地文化内涵和老百姓需求能够更好地结合起来,这必然会成为未来街道升级的一个大趋势。由此看来,**街道的更新不是大的设计企业的作为空间,而是很多小的设计企业、有情怀的设计企业,甚至是像台北的社区规划师这样的设计者作为的空间。**这轮街道商业升级的过程也不是大资本的空间,大资本看不起这些小生意,而这样一些分布式商业的更新需要一些有耐心的社区商业运营者,需要一些当地特色小店的坚持,不断提升内在的运营能力和外在颜值。

> 什么是美好生活?不仅仅是吃得饱、穿得暖、生活方便,还要有更高的追求,这就是十九大"美好生活"对我们提出的新要求。我们希望周边的街道变得更加美,每一个小店更加有特色,这将不再是奢望。

街道更新的过程中会产生很多的事业与商业的机会,这为更多的对社区文化坚持的设计师、热爱社区文化的社会组织以及有格局的社区商业的运营者提供了更大的机会。

◎ 社会价值优先时代的商业逻辑

对于一些企业来讲,"美好生活"体现在生活的方方面面。无论是衣、食、住、行,都要深化与升级,这将会带来非常多的生意。以旅游为例,这两年来旅游业发展日新月异，旅游是生活中非常重要的一部分，很多旅游景点的设计，包括一些民宿和精品酒店的发展，越来越个性化，越来越体现人们对生活美学的追求，发展都是相当迅速的。今天的旅游业，相较于十几年前那种大呼隆式的旅游开发，已经发生了巨大变化。其实，美好生活的价值已经体现在了商业和市场的方方面面。当然，并不是所有的领域都已符合美好生活的要求，有一些层次还比较低，水平还比较 low。

"美好生活"并不是虚幻的东西，更不是空口号。 对上，其传承了一贯的政策，是社会主义核心价值观更加诗化与人性化的表达，也是全面建成小康社会和"中国梦"的深化，而且"美好生活"和党及政府的诸多政策息息相关，相互促进。比如，社会治理提出的"共建、共治、共享"，还有环保、美丽乡村建设、共享经济等，这些目标都非常有利于"美好生活"在各个层面的实现。

"美好生活"对于社会领域而言是一个新时代，这个时代就是社会价值优先的时代。

我说这个时代已经来临，这并不是空穴来风。近两年来，社会价值引领的相关理论、创新、实践都在全面地推动。比如，这两年出现了社会价值影响力的投资，对一些公益项目的社会价值进行评估之后，会有一些专门的公益创投基金对这样的项目进行投资。近两年大家也看到，企业的社会责任在更广泛的层面深入推动，从大的企业已经发展到了小企业，从外企也发展到了国内企业，越来越多企业越来越重视社会责任。

近两年来，社会企业作为企业的一种特殊形式正纷纷出现。深圳中国慈展会发展中心联合了深圳国际公益学院等诸多机构，通过了新一批的社会企业认证名单，有 106 家申报机构获得了 2017 年度中国慈展会的社会企业认证，其中的金牌企业有 10 家，中国好企业 58 家，社会企业 38 家，涵盖了包括养老教育、青少年关爱、环保无障碍、农村发展等 14 个社会服务领域。

在对社会企业这件事还有争议的前提下，越来越多企业加入到了社会企业认证行列。它们所看重的是社会企业前面的"社会"两个字，背后代表的就是社会价值的优先。在企业中，利益是有排序的：股东、消费者、员工、企业高管、社会公众、环境责任等，不同企业有不同排序。有的企业大力宣传"员工价值优先",有的是"股东价值优先"等,不尽相同。

社会价值优先就是为了公众的利益,为了环境的利益,而优先体现这一块社会价值的企业会越来越多。所以,社会价值在各个利益之中的排序越来越靠前,越来越多的企业会逐渐成为社会价值优先的企业。为什么会有这样的判断?可以从近期发生的一些事看出来。今后,如果社会价值不顺,一切都会不顺。在今天的互联网时代,即使不是上市公司,很多东西也都不可能再像以前一样藏而不露。如果一个企业不顾社会价值,只顾自己的利益,那么很快就会被打回原形。

共享出行领域有很多这样的例子。以"某滴"为例,一开始付出巨额补贴,诱人使用,到后来逐利本质充分暴露。逐利并不是不对,到底应把资本利益放在首位,还是把公众出行与公共服务的大众的利益放在首位,这是完全不一样的。所以"某滴"的一些行为导致了国家的出手,也导致了老百姓对这个企业的鄙视。因此,在今天说要坚持社会价值,说到就要做到,不仅仅是要说服你的股东和投资机构,更重要的是要说服大众,你对于社会价值真正的坚持是什么? 如果挂着羊头卖狗肉,就像某三色幼儿园似的,必然会受到大家的唾弃。

我们欣喜地看到,**很多传统的行业越来越关注社会和谐与环境责任,越来越展现自己对于社会价值的尊重**。这两天看到一些新闻,说一个很好的包装企业将包装的简洁、可降解、可回收放在了首位。上一次在北大听到一个从事有机农业的社会企业交流分享,这个企业就非常注重包装箱和包装盒的回收,这次送到用户家,那么到下一次再拿出去重复使用。

> 这样坚持的企业会越来越多。这样的企业模式,还有一点是不容忽视的,就是它已经与冷冰冰的生鲜超市的包装标准化、微笑流程化、服务流水化的模式区别了开来,社群要素已经在里面发挥了重要作用,已经有合作社和社区支持农业的坚持。希望能够汇聚起来那些坚持有机生活方式的人,在生产端成为生产的合作社,在消费端成为消费的合作社。

还有一个趋势也是非常明显的,即置社会价值于不顾的和资本横扫的领域将越来越少。大家看到,万达撤出了商业地产领域,为什么?因为这种资本横扫、快速开发、快速转售、快速牟利的模式已经不再受欢迎。它提供的是中心化与标准化的服务，其实也带来了交通不便、服务不人性化、选择性少等问题。**它提供的是生活解决方案，而不是美好生活的解决方案。**

大家都知道，物业公司的管理水平特别 low，有很多还停留在低端收费、低劣服务的阶段。现在大多数的物业企业提供的是生活服务，修修补补，物业都能够做到。但总体上，其提供的是冷冰冰的生活便利服务。当下，很多物业企业也会把自己的社群功能与活动功能拓展出来。因此，未来的物业公司肯定要把社会功能融入进来，这样才有可能为老百姓提供更好的服务。他们掌握了老百姓的大数据，他们是有条件去把这些数据利用到为居民提供更好的美好生活服务之中的。

如果物业公司朝这个方向发展，那么是契合了居民需求的。对于社会组织而言，有一个巨大的商机摆在我们面前：**以往我们可能盯着政府，那么未来我们可以盯着企业，因为我们了解社会，知道社会价值优先是什么，也知道美好生活应该追求什么，所以可以为传统商业注入社会价值，这将会成为社会组织的一个重要的蓝海领域。**

对于商业企业而言，社会价值优先将成为一种标准，而不仅仅是在它们的新闻统发稿里。

第六节　社区微更新

◎ 如何践行社区微更新？

社区微更新，政府是有动力的，政府都在做城市经营，都有政绩的冲动，因此以往新城模式即是政绩冲动的表现。有太多的新城，虽然硬件都很不错，但是软件服务都跟不上，于是今天又找到了一个新的抓手，就是城市更新。

2015 年,上海成立了城市更新工作领导小组,颁布了上海城市更新工作条例。成立微更新,百姓也是有诉求的,没有一个老百姓希望自己周边的环境差。今天的政府投诉中涉及到房屋的投诉占到总投诉量 40%,说明老百姓在这方面是有共同诉求的,城市微更新市场也是有空间的。这些社会痛点对无孔不入的市场力量就是机会。

很多企业开始投身社区微更新这门生意,最出名的莫过于德国的茅厕大王。1990 年,汉斯瓦尔在柏林市公共厕所经营权拍卖会上要求政府把厕所包给他而且承诺免费供应。当时的竞争对手都觉得他疯了,汉斯瓦尔的公司承接下了柏林的公厕经营权,他经营厕所外墙的广告,并且把广告做得非常漂亮,收费也比一般的广告公司低。一些大型公司都在这里做过广告,样子还挺好看。现在去柏林旅游活动之中,就有一项是厕所游,游客们都要使用一下瓦尔公司的厕所。瓦尔公司可谓把厕所生意做得炉火纯青,他们不光在外墙做广告,还把内部的摆设和墙体作为广告载体,考虑到德国人上厕所有阅读的习惯,他甚至将文学作品和广告印在手纸上。

国内将社会痛点做成生意的企业也大有人在,比如电梯改造,老公房一般没有电梯,但随着居民年龄的增长,装电梯成了新的需求。我认为装电梯不是一个市场问题,而首先是个社会问题,它最难的是前期怎样让大家同意装电梯。如何说服一楼的人安装电梯,要不要六楼多收费这些都是很烦的事,但目前有很多企业已经开始着手做电梯改造了。

今天,我们的城市已经进入微更新的时代,进行社区微更新,我觉得要做到如下几点:

第一,要有正确的更新观。社区的微更新要有正确的态度,它不是破坏旧有的结构,更不是拆掉老建筑,不是将老的都换掉。我们要树立融合的更新观,要和现有的自然资源与人文资源结合起来,更新要有人文的关怀,要充分理解更新后的空间对于居民的意义。比如为什么老年人不愿意去日间照料中心而更愿意占领宜家?就是因为宜家的空间很舒服。所以,城市微更新要体现人文关怀。

第二,城市微更新的主体是政府,主力是居民。在台湾地区,城市更新的经费越来越多的是由企业和居民承担,而在上海,城市更新的经费主要还是由政府承担,谁出钱,谁就是推动的主体。

第三,城市更新既要讲究设计,也要讲究"社计",既要有专业的建筑美学设计,也要讲究社会各方的参与。城市微更新不只是设计师的事,更是社区居民的事,需要社会力量参与其中。我们明显感受到城市细节美学时代已经来临。台湾地区有社区规划师这一说,上一世纪90年代引入了社区规划师的制度,并在11年的都市更新过程中发挥了重要作用。而在大陆,社区规划师也在出现,对于他们而言,不仅要有设计和美学的思路,还要有公共参与的情怀,他们本质上应该是一个人本主义者,对他们来说挣多少钱是一回事,更重要的意义在于对社会的贡献。

第四,要致力于打造积极的公共空间。微更新之后的空间应该是积极的,这里要注意两点,第一个是打造出来的东西应该是积极的产品,而不应该是违章建筑。石泉街道将泵房改造成居民活动室,因为是无证的,所以它是违章建筑。我们的微更新要和规土部门合作,要有上位依据,否则这样的空间就不是一个积极的空间。第二个是城市微更新之后的效果应该是积极的、美的,符合我们的审美,感觉舒服,功能最好能够多元,创造出更好的公共空间,比如在绿地上建立停车场。再比如有些庭院,既要有美观的栅栏,同时也要透绿,这样就形成了社区内外的和谐。

第五,要激发社区共同体的意识,形成更有效的社区行动。因为社区微更新是社区居民共同参与的结果,所以我们要去触发它的社区共同体意识。主要有三个路径,一是重要的事让大家参与、自治、自觉;二是要启发大家对美的信仰,一个好的社区环境可以激发大家的归属感;三是要让大家有收益,一个好的社区更新可以助推物业的升值,这就是利益。

第六,要重视社区空间的运维。微更新的最高目标是打造成公共家园,而微更新只是第一步,如何维持微更新后的环境以及今后的运维,就需要更多人付出努力。在这里提出一个空间经营的概念,经营的主体不一定是居委会,也可以引入企业来参与,比如将一些公共空间引入更多的社区服务功能,为居民提供便利的服务,引入公益的功能,让居民可以来参加公益活动。运维是一个专业的事,应该交给专业的组织去做。

◎ 社区更新的五个好现象

社区之中有很多公共去处,比如商店、会所,这些都是生活必需,是商业属性的;还有一些公共场所,像居委会的活动室、健身点、小广场等,往往都是老年人去的比较多,这些空间的颜值也不高,设施也比较陈旧,如果居民的要求稍微高一点,是不愿意到这样的空间去的。所以我们看到这样一种现象——公共空间的一些点,其公共性并没有充分地体现出来。

所以,社区更新的意义特别大。这背后既有政府的想法,也有老百姓的需求,我们都期望家门口有一些漂亮的、好的公共去处。2015 年起,上海进入社区更新时代,社区微更新大赛、街区更新、参与式设计等项目不断推出,社区更新成为社区工作的重要内容。

在这些丰富的实践中,我发现了五种正在发生的好现象:

第一个好现象就是社区更新从点走向了线面,走向了整体更新。最开始,社区更新是一个点一个点的,非常碎片化,不成系统,也没什么规律。下来经费了就做一个,这个门房比较差,这个楼道需要改进,所以就从实事工程,甚至是精神文明建设经费之中拿出钱,一个一个点更新。这样一个一个点更新往往会导致什么?就是总体上比较怪,和周边不太协调。后来就出现了线和面的更新,比如对一条街进行更新,对一个小巷和一面墙的立体式更新。

整体更新也出现了。有一次我参加了潍纺新村街道对两个小区整体更新的讨论会,街道集中性地拿出一笔钱,对两个小区进行整体形象提升,更新的不仅仅有道路,还有绿化、车棚、门洞,甚至有停车系统,因此,这是一个系统工程。系统的更新可以使社区各个功能的要素更加协调,各个功能之间的对接互补处理得更好,人性化的考虑也比较周全,就不会再出现以前那样只有这个垃圾箱好,其他照旧的现象。

第二个好现象是社区更新的钱从一方支持走向了多方筹措。这里的一方指政府,以前的社区更新主要都由政府投入,一个房子到了维修期,外墙粉刷、穿衣戴帽等工程,投资量比较大的,需要在区里相关部门立项,通过政府实事工程或者一些维修专项来一个个推进。

这种推动会产生不少问题。比如，今年立项专门做门头改造，或者是街头景观提升，任务下达后，各个街道都会争，有钱不争，工作有问题。所以，经常出现这样的情况，就是这个点其实并不太需要更新，但为了申报而申报，为了更新而更新，而且这笔钱又不能挪到其他地方或其他项目上用，资源浪费现象是比较严重的。

现在则出现了一个新现象——出钱来进行社区更新的，除了政府之外，居民开始参与其中。比如，老旧公房加装电梯，居民都是要出钱的。近期听到了一些新案例，居民纷纷捐款来美化自己的楼道，大家觉得楼道看着不舒服、不美，政府一时还列不进计划，所以楼组长或者社区里面有威信的人就动员楼道的居民一起出资，把这个楼道更新好。出资多出来的钱还作为这个楼道的居民活动经费，可以一起聚一聚，社区的氛围更加和谐。

第三个好现象是社区更新从零散走向了系统。以前大的规划只到了区的层面，这些年以来，街道也纷纷制定街道规划，但是由于街道行政权力有限，很多规划都是有名无实，很难推进，落地不了。

2016年，上海市《15分钟生活圈规划导则》的出台为社区规划加了一些砝码。近两年以来，很多街道纷纷制定自己的"15分钟生活圈规划"，使街道层面的生活服务更加科学。这样的规划从区里走到街道，再朝前走一步，就到了居委会这个层面，根据《15分钟生活圈规划导则》，有很多设施要更新，许多空间要新造，而如何统筹社区居委层面的规划，就成了摆在街道领导面前的一件难事。

以往，因为街道权力的分散，以及资金与项目的随意性，导致了社区更新的零散、碎片和随意。

近两年，这样的情况在发生改观，有的街道开始对社区微更新进行规划，规划依据是街道的大规划和《15分钟生活圈规划导则》中规定的原则，徐汇区天平街道、浦东潍坊新村街道等都在系统地推进社区微更新，对未来要更新的这些点做系统性的调研，根据轻重缓急以及今年经费的情况，确定今年更新几个点，明年更新几个点，这样，社区更新走向了系统和科学。

第四个好现象是社区更新从个人决策（情调）走向了协商共识。以前，社区更新强力体现相关部门意志，比如世博会来了，这条街要粉成什么样的颜色，都是整齐划一的，做出来的东西除了干净，也没有什么可观赏性，更加体现不出社区的多元。

还有一些项目，更多地体现了设计师的情调。有很多设计师热衷于做这些小的社区更新项目，因为见效快，并且体现个人情怀。这个时候，设计思路已经发生了转变，从庙堂思维，就是要建一个高大上的东西，变成了体现个人社区情怀的小情调设计，这是一个进步。而我一直认为，社区更新出来的作品是大家共同协商妥协的产物，它未必是最漂亮的，但它是社区参与各方相对能够接受的一个较好的方案。

> 我欣喜地看到，**这两年社区更新的绝大多数项目都已经变成了协商共识的产物**。在日本推行的"参与式设计"等技术也引进到了上海，居民参与项目从过去的空话变成了实际，老百姓的很多思路在项目中有了体现。更加难能可贵的是，有一些社区更新项目，居民撸起袖子自己上，使这些项目的社区文化特质更加显现，我是美术老师，可以参加到墙面的设计与更新；我是书法家，当然可以为社区门头书写一个匾额，协商共识已经成为今天社区更新的主题词。

第五个好现象是社区更新从硬件的更新变成了治理更新。以往，社区更新就是硬件的工程项目，颜色有了变化，空间得到了美化，更新是与硬件相关的事儿。而今天的社区更新普遍变成了治理型更新，社区各方纷纷参与其中，或大或小的项目都会成立个议事会，或者起码开一个社区居民代表会议来讨论更新细节。

更新也变成了社区各方能人参与的过程，有一些对社区工作不太积极的人，因为家门口的小项目而激发了积极性，通过参与项目而和邻里产生了更好的关系，也进一步强化了对社区的认同。这样的例子举不胜举。

越来越多的社区更新项目之后都留下了社区自组织的种子，一个一个鲜活的社区社会组织产生了。一个社区花园项目好了后，可能会留下"盆栽协会"这样的社区自组织，更多的是留下"社区议事会"这样的协商自治组织，还有的留下了像"社区营造社"这样的社区建设组织。社区更新之后留下可以长期在这个地方活跃的社区社会组织，这是一个非常好的现象。

以上五种好现象越来越多地在社区更新领域发生，而这样一点一点的好的积累则意味着社区的美好离我们越来越近。

◎ 15分钟生活圈到底是谁的"圈"？

近年来，上海、北京、广州等大城市以及一些省市提出了"15分钟生活圈"这样一个概念。此外，国家在新一轮的城市总体规划中，也就是我们的"十三五"规划中，"15分钟生活圈"成了很多城市的一个标配。对于我们社会工作者而言，"15分钟生活圈"其实是一个很好的愿景。而且，对于市民来讲，对于老百姓来讲，它都是实事工程。

可以想象一下，我们出门走三五分钟或十几分钟，在不超过15分钟的范围之内，小到买菜、吃饭、理发、缴费，大到社保、医疗、文化体育活动甚至是一些政务事项的办理，我们都可以方便地解决。甚至我们只需要打一个电话，就能快捷地享受到一些上门的服务。这样，我们的生活质量就大大地得到了一个提升，所以"15分钟生活圈"是一个非常好的事情。

那么，在今天，这个事情它到底发展到了一个什么样的程度？从三个角度再分析一下，**第一个方面，从政府的角度，"15分钟生活圈"还处于规划阶段，处于政策倡导的阶段**，我们希望能够把它放到"十三五"的规划之中。比如说到2020年，我们能够真正建成15分钟的生活圈，这对于各级政府来讲就是一个层层落实的指标，所以我们看到在国务院出台此政策之后，去年下半年，上海、北京、广州等城市也相继出台相关政策，紧接着，好多区也纷纷出台了相应的一些政策规定。所以对于政府来讲，这个"15分钟生活圈"，它是一个规划，是一个倡导。

第二个方面，我觉得对于老百姓来讲，"15分钟生活圈"是一个理想，是一个口号，但并不是一种体验。作为老百姓，我们去做事情，想一想，我们能够真正实现15分钟生活圈吗？我觉得即使在上海这样的大城市，我们离这个目标还是有差距的。比如，我们去办事，可能 15 分钟远远不够，或者说我们要去做体育运动，可能周边也不一定有你喜欢的运动场馆。所以对老百姓来讲，"15 分钟生活圈"是个好事情，是个实事工程，是个实事，而且我们也是非常渴望能够享受到这样的一种生活方式的。

第三个方面，就是对企业来讲。对于企业，"15 分钟生活圈"是兵家必争之地，因为好多企业包括一些物业公司，一些房地产企业，还有一些电商都纷纷把社区看做他们的下一个路口，当然它也就成为下一个战场。就像京东要建它的社区实体店一样，阿里控股的一个全资子公司叫盒马生鲜，它也是一个五十平方公里半个小时的一个服务圈。

所以我们看到，**"15 分钟生活圈"对于政府来讲，它是一个规划，是一个政策的倡导；对于百姓来讲，它还不是一种体验；那么对于企业来讲，它则成为了兵家必争之地。**

我们来分析一下"15 分钟生活圈"所遇到的最大的难点是什么？我觉得最大的难点是两个方面，第一个是资源整合难，第二个是信息不对称。

资源整合难是指什么呢？整合难是指针对"15 分钟生活圈"，如果政府去推动的话，往往它会被割裂，比如说会把它割裂成为公共文化服务圈，变成了都是由文化部门推动的，就是说我们可以把文化服务、文化活动以及文化项目放在圈里，让你 15 分钟就能够到达。或者我们的综治部门，比如说像虹口区提出建设 15 分钟社区综合管理服务圈，就是说我们如果哪里出现了一个问题，我们 15 分钟就过去解决，我觉得这个和生活圈离得就比较远。像 15 分钟社区服务生活圈，这个提出的比较早，早在七八年前，在上海的有些基层和有些街镇就提出了 15 分钟社区服务生活圈，如果你要小修小补，你需要有一些家政等这样的一些服务，那么 15 分钟就能够到达，可能七八年之前基层的有些乡镇就开始试了。

但是我感觉到，当"15 分钟生活圈"被政府推动的时候，会被割裂成为一个个的专业门类，就是说体育的有个体育的生活圈，文化的有文化的生活圈，圈越割裂越小众，越成不了规模，而你影响的人也就越少。然后，建一个信息化平台又花钱又支持不了，因为场地本来就不是特别多，也用不着去做一个大的信息化平台，所以如果社区生活圈要想做成的话，必须整合各方面的资源，对政府而言要整合的不仅仅是文化体育社区服务等资源，而是所有资源都要去整合。

第二个难点是信息不对称。为什么信息不对称？就是当老百姓想去找一个社区服务，他不知道到哪里去找，比如缝纫机坏了，"15分钟生活圈"肯定解决不了，因为老百姓不知道到哪里去找，15分钟的这个步行范围之内，百姓真的是未必能够找到这么一家，即使你上网去找也可能是海量的信息，对有些人来讲他就是做不到。所以，社区服务的信息、社区生活的信息和老百姓需求的信息是不对称的，这个是第二个难点。

接下来我来分析一下，如果我们在"十三五"期间要实现"15分钟生活圈"，我觉得有以下三个方面是必不可少的：第一个方面就是一定要政社企合作，这个解决的是资源整合的问题。也就是说，我们要真正地实现"15分钟生活圈"，光靠政府的资源是远远做不到的，就像政府管的这些资源，政府管的学校向社会开放，可以作为体育设施，作为文化设施，操场可以向市民开放，那么可能很近的地方人们就能去。政府的社区文化中心，体育场馆等这些全部开放，可能也不足以使老百姓觉得这就是他理想中的生活圈，因为生活圈非常复杂，包括三个方面的内容，第一个就是生活服务，生活服务包含家政、洗衣、家电等；还有一个是便民服务，就像一些健康、养老、便利店，这个就是便民，就是老百姓很方便，去了就能解决；还有一些是进门服务，即上门的服务，就像网络有一些订票预约上门服务，社区配送等，这些都是进门服务。所以这里面既有生活服务类和便民服务类，又有进门服务类等内容，其实它都是生活圈的必要组成部分，而提供这些东西只靠政府现有的资源是不行的。

所以要实现"15分钟生活圈"必须政社企合作，就是必须有企业提供服务，也必须有社会组织提供服务。社会组织可以做15分钟的志愿服务生活圈，就像哈尔滨做的就是15分钟的便民服务圈。建立了很多特殊的志愿服务队，比如有一些特困的、特殊的问题，像老年人腿脚不方便，残疾人就医不方便，留守儿童无人照看等，这些就可以让志愿者去做，所以这里面不只有政府的资源，也有社会的资源，还有企业的资源。只有合作，一起来做才能真正实现"15分钟生活圈"的服务理想。

第二个方面就是"15分钟生活圈"要真正能够运转起来,要有效运转起来,就必须依托互联网。因为现在的技术已经非常成熟,信息不对称这些问题肯定要靠互联网来解决。所以为什么我觉得有一些街镇也去倡导15分钟生活圈是挺难做到的,因为在这个层面要搭建一个互联网平台去实现这个目标是很复杂的。所以我觉得还是要有一个大的,就是层级比较高的,区级以上的这样的政府部门来推动,这样可以用更加少的投入来收到更好的效益。而依托互联网,包括一些新的技术,像一些位置定位技术等,形成一个大的线上线下平台,这个平台可以给老百姓提供更好的服务,这是第二个方面。

第三个方面就"15分钟生活圈"应该是一个针对各类人群,为他们提供各类服务的一个大平台,它的服务内容应该是比较多样的,从而让老百姓在各方面都能感觉到方便与便捷,这就成了一个真正的生活圈。这样的一个大平台应该由政府来倡导,来主导,形成一种机制,出台一系列的政策,从而方便让企业也来参与,让社会组织方面也能来参与。其实,好多省市已经出台了这样的计划,比如说湖北省就启动了"互联网+"的行动计划。他们希望打造电商的社区15分钟服务圈,已经把企业纳入进来,把电商纳入进来。河北省也推动了电子商务企业与社区服务机构、商业网点的融合互动。所以未来这样大的一个社区生活圈,这样的一个平台,应该有一系列的政策的保障和机制的设计,并且还要有一个大的公司来执行和操作这样的事情。

> 所以,"15分钟生活圈"到底是谁的"圈"?最终是让老百姓受益的一个圈,是政府主导的一种创新模式,这就是我给的答案。

第三章

在地行动： 激发社区创新的活力

第一节　社区社会组织

◎ 社区最缺什么样的社会组织？

2018 年 1 月 8 日,民政部下发了《关于大力培育发展社区社会组织的意见》,文件中提出"力争到 2020 年,实现城市社区平均拥有不少于十个社区社会组织,农村社区平均拥有不少于五个社区社会组织,并将支持社区社会组织承接社区公共服务项目"。

举某个区的例子,这个区有 640 多家社会组织,其中有 240 家为僵尸组织,其余的有官方背景的 120 家,不能正常运营的 200 多家,而能够正常运营的只有 100 多家。但这 100 多家社会组织是远远不能满足一个区的社会发展需求的。

再举一个街道例子,这个街道有 45 家社会组织,其中 1/3 是教育机构,1/3 是街道背景的社会组织,是由一些街道的退休员工成立的,包括物业服务社和环境服务社,还有一些还是以前的街道企业转过来的,行政色彩非常浓,完全靠政府业务在支撑。另外还有 1/3 的组织是僵尸组织,连人都找不着。想让它们去注销,难度也是极大的。有一次听一位社会组织前辈讲,他想走通一个流程,就是注销一个组织,结果花了整整两年时间才把组织注销掉,还花掉了 2 万多元钱。所以一提到要正式注销一个组织,他觉得头特别大。因此,这些僵尸组织的存在也是一个很难克服的事情。所以,在一个街道的 45 家社会组织之中,只有两三家是可以服务社区的。

前面从区和街道两个层面作了分析,可以看出,**今天真正扎根社区和服务社区的社会组织是极其缺乏的。在市级注册的社会组织中,能够下沉社区和服务社区的社会组织也是总量不多的。**而在这些服务社区的社会组织之中,绝大多数还是服务于民生诉求的,比如养老、助残等,这两年通过上海政府购买服务力度的加大,通过公益创投、招投标等项目,此类组织发展得很快。这些社会组织的资金主要来自于政府,多是社工机构和服务特殊群体的公益组织。

这些组织的发展离不开政府,对政府资金依赖特别大,其自身发展受限于政府支持力度的大小。这些组织对老弱病残等特殊群体进行服务,触角已经伸到社区,并且扎根社区,也在借助社区志愿者的资源推动社区工作,已经成为一支社区建设非常好的参与力量。

但是我想说,**除了这些服务民生的社会组织之外,当下最缺乏的是能够激发社区内在活力的社会组织,是真正能够整合社会资源,将社会资源引到社区来的社会组织,而这样的社会组织街道是极其欢迎的。**因为这些组织的能力比较强,对政府资金的依赖不是特别大,以创新的方式解决社会问题,能够体现出比传统的、民生服务类的组织更强的组织能力。但这样的组织真的是凤毛麟角,如果问社区最缺什么样的组织,那就是最缺这样的组织。

民政部下发的文件也有部门利益的考虑,所以会鼓励社会组织朝民政的业务方向走。但是作为社区社会组织,应该大力地参与到社区治理、社区党建等大的业务领域之中,这样才能够对社区产生更加强大的推动作用。

根据我的工作经验,我认为以下四个方面的社会组织是非常稀缺的,但是在未来又是极其重要的。

第一类是服务党建引领和区域化党建的社会组织。可能有人会说,党建肯定要党自己来推动,但在社区层面,党组织的活力有待提升,党组织能力也有待提升。社会组织可以发挥帮助基层党组织提高党建引领能力、创新党员活动、丰富党员服务的作用,并不是主导,而是参与党建事业。这样的组织我碰到过,比如有一个专门做党课创新的专业机构,开发了"行走的党课"红色景点都市定向项目，就把党课这种有意义的事做得有趣，这样的组织还是深受基层党组织的欢迎的。

第二类是服务社区治理和社区营造的社会组织。这类组织重视社区资源的汇聚，把工作的重点放在挖掘社区达人和社区内资源上，这样做出来的社区发展模式都是可持续发展模式，而不仅仅是由政府资金投入的模式，也受到了基层社区工作者和欢迎。

第三类是社会问题解决机制的社会组织。这两年社会问题，尤其是社区问题日益复杂化，体现了多元矛盾的冲突和博弈。问题不再是由政府一方就能够解决得了的，而是需要多方的协商和博弈，因此这里面就需要这样的社会问题解决机制组织能够参与其间。

第四类是文明素养倡导类的组织。因为这项工作不好做，在未来肯定有很大空间。比如，社区里面倡导文明养宠物，因为这两年宠物的问题日益成为社区的一个顽症，如何倡导文明养宠物，这就需要一些爱宠物人士发起公益组织来参与。因为不热爱宠物就不可能深入了解这种文化，就很难做出创新性的项目。这两年政府对垃圾分类特别重视，而垃圾分类也是一个文明素养倡导类的典型项目，像这类的项目都需要一些专业的社会组织去推动。

最后重申一下我的观点：**社区缺少什么样的社会组织？社区最缺的是能够激发社区内在活力的社会组织，是能够真真正正整合社会资源，将社会资源落地到社区的社会组织。**

◎ 如何建设有能力的社区社会组织？以建国西路 287 号互帮互助联谊会为例

现在社区里老年人参与的多，老年人的组织特别多。本文想专门讲一个老年人的组织，可能你会说，老年人组织不是很多吗？各种广场舞、各种文化活动，例子多了去了！

上海市徐汇区天平街道建国西路 287 号在 2015 年的时候建了一个互帮互助联谊会。这个社区在老法租界，房子品质比较高，但是社区小，只有 72 户居民,所以戏称为"72家房客"。这72家房客老龄化现象比较严重,独居老人家庭和纯老家庭比较多。这个社区的资源并不是很丰富,并且独立且小,那么一个有能力的社区社会组织怎么在这样不好的土壤上成立起来的?

首先要提它的创始人,是原来的上海市教委主任,叫张伟江。有一次,一件事触动了他。有一天他回家,发现大堂里围了好多人,说是电梯坏了,但是物业的维修部由于技术问题,迟迟不能排险,一个老人困在里面好长时间,又惊又吓,好多居民守在电梯外,手足无措。他马上拨打了一个救险电话,帮助老人脱困。他感觉到,在这个低头不见抬头见的社区,人际关系却挺冷漠的,大家都关起门过日子。老人在小区里或者在家里,如果遇到突发的问题或情况怎么办? 一旦出现问题,怎么样互帮互助?

这启发了他,他觉得有必要去做一个互帮互助联谊会,去帮助老年人。因为做过领导,所以他有他的思路,如何更好地发动居民呢? 他开发出了"三步走"。

第一步叫认识,他在活动室开始经常搞一些活动,比如说教书法什么的,包括文化活动,通过这样的活动,这些老年人就熟悉起来。第二步就是交流,第三步就是融合。

这样之后,很多老人加入了联谊会,至今三分之一的老年人都加入了这个组织。后来这个联谊会不断地规范发展,虽是联谊会,也不能太松散,他制定了章程,对成员提出三个要求:一是手机要打得通,二是门要敲得开,三是人要叫得出。这样在出现紧急情况时,大家才能相互帮助。还有,加入联谊会自愿,不过有会费,当然不多,就是几百块钱。有老人生病了去探望,或者生日搞个活动,或者搞些小的沙龙活动,都用这个钱。

联谊会成立之后,发展还是挺快的。从最初的四五个居民发展到现在有一个骨干团队,有20多个人,后来有三分之一的老人参加。同时,建立起了"阳光联谊"的微信群。以小区联谊会的这种形式,拉近了居民的距离。

这个互帮互助联谊会并不是一个多么高大上的组织,但它的出发点非常实在,做了很多挺有意义的事儿。它编了一个叫《居家养老的百事通》,包括了生活的方方面面,包括卫生健康,周边的便民服务,生活中遇到紧急的事儿怎么求助,热线电话是什么等。在他的带领下,几个居民捐了一点钱把这本书印了出来,发给每户居民和每个老人。

这个组织进一步地发展，张伟江提出，要建一个活动型的党支部，后来在居委的支持下，党支部成立了。能够让党员带头，做服务老人的先锋，把社区里面的"隐身"的党员动员起来。这个支部还和临近的楼宇物业与企业党组织共建联建，社区联动起来了。

所以说，**这样的一个组织，从一个自发的组织，发展成了一个有能力的社会组织，并且是一个他益的、服务于邻居的、服务于其他老人的组织，再发展成为有党建引领的组织。**组织建立之后，居委会特别受益。要做什么垃圾分类的宣传或文明楼道的活动，只要在群里叫一声，大家都纷纷配合。这个组织真的成为社区治理的一个有组织力的、有动员能力的、呼应度特别强的一个社区社会组织。如果能在社区里有更多的这样的组织，社区工作的难度会大大地降低。

这样的社区社会组织契合了当前社区治理的几大亮点：**第一，这是一个共建共治共享的社群。**这么一个联谊会是大家一起共建的；是大家一起治理的，共治，有一个近 20 人的骨干，大家有钱出钱，有力出力；共享，比如你懂书法，你来教一教其他老人书法，这就是技能的共享。所以说他真的是一个家门口的共建、共治、共享的特色的社群。**第二，它在家门口，**这个联谊会真的在社区成长出来的，扎根社区，是社区的草根型的组织。这样的组织，也没花政府的钱，而是由居民自发捐赠的，是家门口自我服务，自助自治，这样的形式是很不错的。**第三，契合了党建，**这样的一个社区的小组织也有活动型党支部，并且和周边的党组织建立起联系，有利于社区党建的活跃。

从这么几个方面来看，我觉得这样一个小项目也是一个大创新。最后回到主题，"如何在社区里建设一个有能力的社会组织？"我觉得从这个小案例之中找到了答案。

第一，也是最关键的，就是要找到有能力的社区达人（行动者）。这个组织是由原上海教委主任张伟江发起的，他的组织能力和协调能力，包括公道和公心，都很令人佩服。他自己也在说，作为一个老共产党员，他力所能及愿意去为社区做事。我在想，任何一个社区，像这样的能人和达人应该是不缺的，所以要找到他。

第二,要满足居民刚需。我称之为"刚需",就是说老百姓最需要什么?联谊会针对的是老年人需求,社区应急事件如何应对,生活比较枯燥,没人说话,所以,邻里的互帮互助很重要,也能解决这些问题。所以还推出手册,包括开展各类活动,应对与满足了这种刚需。

第三,要多活动,要有项目化和品牌化的活动。这个不用展开说,社区组织这点都擅长,但这样的活动最好能够坚持,并且能够做成品牌项目。联谊会把每个月第八天作为固定的活动日,在这一天,组织外出活动,或者读书读报,有时候大家露一手,做个菜,或者秀国画等手艺,老年人的这一天过得特别充实。

第四,形成稳定的组织成长机制。除了发起人,还要有骨干团队和骨干志愿者,小组织也不要忘了组织文化建设,要有组织章程和规范,这样才能服众。同时,因为都是老人,要把后备的人才队伍储备好。

第五,最重要的就是,社区工作者要帮助其做成事。因为这样的草根自组织还是缺各方面的资源支持的。我和张伟江交流的时候他也讲,希望能够得到街道、居委、社会资源的支持,包括一些专业的资源和专业的活动能送到社区来;还有社区党员的发动,需要上级党组织的支持等。作为政府部门和社区工作者,要支持它做成事,做成事他有威信,动员能力就会更强。当然,如果它有能力了,最终也能够为社区出更多的力。

◎ 社会组织和社区的对接还差几口气?

社邻家做了社会组织和街道与居委会的对接沙龙,形成了一个品牌叫"社创对对碰"。这种"对对碰"每一两个月就会做一次,在不同的社区做过,做了几次之后也形成了一些经验,当然也有一些教训。今天就利用这次机会剖析一下社会组织和社区对接之后到底还差几口气才能把这个事做好。

当下"三社联动"这个词已为大家熟知,这个词来自于上个世纪90年代末,首先是民政部门用,现在已经被用到了国务院的文件里。"三社联动"的关键就是社区,社区急需社工和社会组织的参与。社工机构在社区服务、社区群体帮扶等方面做了大量工作,经验比较多,政府很支持。但在社会组织和社区对接这一块,对接和磨合做得并不是特别好。**社区发展社区的,行政化比较多,社会组织也是发展社会组织的,浮在面上。两边虽然都姓"社",但是交集比较少。**

前些年纷纷成立的那些社会组织,它们的关注点大多并不在社区,因为社区的事比较琐碎,资源也比较 low,它们看不上社区。所以**社会组织就把重点放到了社会影响力上面,做那些能够很快见效的项目,不愿意把精力放到资源少、见效慢的社区。**

这两年,随着社会治理体系的不断深化,社会治理创新已越来越向基层基础深化,越来越重视基层基础,社区居委的资源越来越丰富,比如,现在很多居委都有自治金,一个居委 10 万或 20 万,甚至更多,这些钱居委会还不太会用,除了用在一些硬件更新上面,用在社区治理创新方面的还不够多,项目也没有新意,所以居委会有愿望引入一些好的社会组织和创新项目,哪怕花一些钱也愿意。

这两年,社会组织纷纷进入到社区一线,进入到了楼组,进入到了社区问题解决机制等这些以前很少涉足的领域。为了促进社会组织和基层社区居委更好地对接,区县民政局、社工委、街道都愿意做社会组织和社区项目对接会,希望能够将社会组织的好项目引入社区,也希望在对接过程中,居委会书记能够向社会组织学习项目运作和工作能力。如果有一些项目能够直接引到社区,那就更好了。

这两年,这方面的对接会特别多,这样的对接会如何形成非常好的成效呢?我和很多基层街道领导,包括居委会书记都交流过。在交流过程之中,我感觉,对接活动要避免这几个误区:

第一个误区就是对社会组织的过高期望。社会组织往往都有情怀,非常热情,有行动力,并且负责人年纪都比较轻。这和传统的社区工作者形成了较大反差,所以很多领导欢迎社会组织,潜意识里觉得外来的和尚会念经!但在后面的接触过程之中才发现,这些社会组织都有服务半径的问题,有些时候项目跟不上,服务跟不上,还有些项目资源覆盖不到,好多资源落地不到这个社区。因为交通不便,或者在郊区,这些资源就对接不过来,资源整合能力就大打折扣。

第二个误区就是对对接成效的过高期望,甚至存在着一对接就灵的这种过高期望。希望通过一次会议能够解决很多问题,希望这样的对接马上就能够见成效。而实际上如果仅仅是对接会是很难产生好效果的。对接会上，大家各讲各的。居委会就讲居委会的需求，而社会组织讲它的项目，虽然大家都讲的是同一个问题，比如都在讲垃圾分类，但是他们两个讲的确实"差之毫厘，谬以千里"。

这里说一个很有意思的现象。大家同样讲一个事，社会组织喜欢这样讲，比如社区应急救援项目，他们说的逻辑是，首先，问题很严重，有数据证明，目前很多心脏骤停患者因救助不及时不幸去世，70％是发生在社区；社区要加强像AED心脏除颤器的培训，招募志愿者。所以这个项目是唤起你的同感，让你注意到，同时对这个项目的必要性形成共识。他的表达是从问题入手的。而我们居委会书记这样讲：先说我们居委有多大，人口有多少，这些人口有多少需求。接下来讲这个项目什么时候做过，取得了什么成效，目前存在什么样的问题。这种表达就比较枯燥，大家听了之后也记不住这些数字，对他讲的这件事的重要性也认识不足。一个社区问题的解决，从对接到后面产生成效，有一个漫长的过程，在这方面希望大家有一个比较客观的估计。

第三个误区就是对项目执行过程的复杂性估计不足。一个项目在这个社区可能做得好，换到另外一个社区未必就有效，哪怕这个项目是有新意的。这是由社区问题的复杂性和社区需求的多元性所决定的。所以，在执行过程之中会遇到这样或那样的问题，对这些要有一个客观的认识。

那么我们这个对接活动怎样可以做得更有效一点？

首先，要把对接活动做得有新意一点。让居委会的需求谈得更加精准，让社会组织的项目表达得更加深入，对接会开得越具体越好。对接会之前，先要有一个详细的调研，将这些调研需求表在现场分发下去。有一些细化的东西，比如到底需要多少经费，需要哪些资源等，也是越具体越好。可以引入专业指导，每一个项目可以引入一个专家，形成由专家指导社会组织执行和居委配合的合作机制。

其次，对接也需要专业化的指导。除了前面讲的专家的介入之外，最好有一个专业性的机构能够推动这个事。这个专业机构是平台型的、枢纽型的组织，可以是社会组织的服务中心，也可以是第三方社会组织，街道相关部门也可以主导这个事情。不管是谁来做这个事，需要形成如下的几个库：

一是需求库，就是要对居民的需求和社区的问题进行梳理，形成一个排序，就是哪些是重要的，哪些是关键的、次要的、长期的。

二是社会组织的库，对能够引入的社会组织形成更细化的分类，它们到底是解决什么问题的？有什么资源？有多少成功案例？是偏执行，还是偏理念倡导的。

三是社区里的资源库。哪些社区单位愿意参与支持哪些项目，还有就是社区达人，有哪些有才能的人可以为这个事出力献策。有了这么多的库，对接会会更加顺畅。外来社会组织可以立即介入到社区治理的过程之中，而不需要再做前期的调研和论证，这就节省了时间。

最后，对接需要耐心。**任何社区问题的解决都不是一蹴而就的，任何仅靠外部力量来解决本地事物的探索都需要一个长期的过程。**对接要形成协调机制，遇到什么样的问题需要谁来决定？什么样的经费需要谁来审批？哪些事情需要居民的议事参与？要形成例会制度，一两个礼拜要对这个事情的推动进行讨论。隔一段时间要将这些案例进行梳理，召开沙龙，让专家、街道领导、专业部门领导等一起针对对接过程中产生的问题一一把脉，逐一解决，而这就是一个长期的过程。

一个对接要成功，并且要落地产生非常好的成效，我觉得这里面有几口气，就是有几个关键的点要在这里再强调一下。

第一口气就是要把外来的社会组织的成熟经验化成适应本地的方案，这非常重要。外来组织在外地的成熟经验放在这个社区未必就一定能行。需要针对这个地方，形成一个专门方案，比如说市区做得好的，到了郊区，到了熟人社区，就未必做得好。像梅陇三村，是一个以老年人为主的社区，项目可能很成功，但是如果到了一个全是新上海人的社区，未必就做得成。

第二口气就是执行力最重要，要引入有执行力的社会组织，而不仅仅是只有理念与情怀的社会组织。这就对推动这项工作的专业组织提出更高要求。对解决任何一类社区问题的社会组织，都应该有不止一个的选择，并且要有鉴别力，能够挑出最好的社会组织，并落地到居委会去。对于已经落地到社区居委的社会组织，执行力也是最关键的指标。

第三口气就是可持续。当下的普遍情况是,外来社会组织将这个项目落地时效果比较好,但一旦他们撤出,这个项目就做不下去了。所以评价成功与否的最重要的指标是,一定要让外来社会组织培育和引领在地组织,激发在地力量的参与。这个应该作为引入外来社会组织的核心要求,要求引进的社会组织一定要解决好本地组织的成长问题,一定要在合作之中提出要培育多少社区的自治队伍,挖掘多少社区这方面的达人。

第四口气就是解决成本问题。毕竟居委会的项目经费特别少,这是个客观事实,不太可能像招投标的项目,会打足经费预算。所以在对接的过程之中,一定要考虑怎样用最少成本产生最大的社会效益。居委会要主动地配合,发动更多的志愿者参与其中,倡导真正的志愿行为,使项目执行的人力费用降到最低。同时,把社区的各类资源也能够动员起来并参与其中,这样才能够更好地体现社区治理的多样性。

第五口气就是多赢。如果没有达到多赢的目标,对接是不会长久的。对于社会组织来讲,通过这样的一个实验,打开它在社会治理方面的创新空间,对它是有吸引力的。当然,名利的鼓励也很重要,推荐给某种荣誉,成为社区团工委兼职副书记等。对于居委来讲,也不仅仅是给钱,而是同时借助和社会组织合作的机会,提升工作能力。对于社区而言,激活了参与的力量,积累了社会资本,使社区更加和谐。

这就是跨界对接的力量,形成了多赢才能够实现良性共治。

◎ 如何孵化、培育和激活社区微组织?

徐中振等一些专家都说过,要重视社区微型组织的建设。就我多年的观察,一个社区的活力来自于社区的微型组织,微型组织越多就越有活力。所以一个居委会如果有一百支以上的群众文化团队,那它的社区工作一般都是热热闹闹的,一定做得不错。

梅陇三村是徐汇区凌云街道的一个普通公房小区,建于 1990 年,它是上海社区之中普通的一个小区,小区的人群很普通,社区配套设施也是普普通通,不好也不坏，面临的居民问题和居民的诉求也都具有普遍性。所以，像梅陇三村这样的小区是非常典型的。

为什么在这样的一个社区里面，能够产生一个全国都出了名的"绿主妇"这样的社区微型组织？可以说，这样一个普通社区能够出现这样的社区社会组织是具有普适性的。经过了几年发展，它已拥有了"绿主妇"我当家环保行动小组、创意工作室家庭及庭院绿化志愿队、议事会等六支志愿团队，现有核心志愿者260多人。一共组织了240多场系列公益推广活动，共有8万多人次参加活动，实现了生活垃圾源头减量超过81吨，推广了家庭绿化8000多户，召开了居民区议事会议30多次，协助开展实施工程20多项，解决家庭纠纷30多起，为西部地区的希望小学编织爱心衣帽2700多件套。

"绿主妇公益环保志愿者活动"已经拓展到了上海的二十个居民区，走进了学校社区、楼宇等，影响力辐射到了北京、浙江、江苏、安徽、贵州、西藏等地，荣获了中宣部"最美人物"之节约之星、2014年"感动上海十大人物"等多项荣誉。这样的一个社区微型组织却能够产生这么大的社会影响力。

如果深究绿主妇的发展历史，会觉得其中充满了偶然，然而正是在这些偶然中蕴含着很多规律，让我们来分析一下这些规律。

第一，有共同的意愿和动机。社区里的很多层面，比如居委会、居民、业委会、物业等都要有共同的意愿和动机。并且这个意愿和动机越强烈越好。世博会之后，社区的面貌焕然一新，小区进行了综合改造。**小区环境改变了，而如何长久地保持小区的好环境，这成为了居委会的愿望，也是居民的共同愿望。**

第二，有好的活动和项目。"绿主妇"选择了低碳创新屋作为它的创新项目。这个创业项目就是让居民能够了解和体验低碳生活，进而推进社区家庭的环保节能。比如，绿主妇曾经用废弃的牛奶盒做成家具，这样的项目对家庭主妇还是有吸引力的。另外，它们还拓展了在阳台种菜、庭院绿化等项目。这些项目能够吸引大家，尤其是吸引了一些主妇的参与。

第三，有热心的人和项目的骨干。**热心人和项目骨干的产生有两种途径，一种是自上而下来挑选，一种是居民自发而形成。**"绿主妇"就是居委会找了八个社区志愿者参与低碳环保行动小组，因为这八个人对这个项目非常有兴趣。同时，在社区学校负责人的推荐之下，还找来了一个环保达人蒋老师来指导这个项目的开展。还有一种途径可以发现热心人和项目骨干，就是在活动过程之中，看看有哪些热心的人，哪些有能力的人，可以把他们发展成为组织的骨干。

实践发现，**小区微型组织的成长需要一个强有力的核心人物来引领，如何确保这个核心人物能够不断地坚持下去？**我认为，居委会可以提供两个方面的帮助。第一是要主动跟踪服务，积极回应诉求，就是帮他们解决问题。第二是可以引入专业性的力量，帮助他们提升能力。微型组织都需要培训和指导。如果能不断地在居委会得到帮助，那么他们还是有希望把这个活和这个事做下去的。而如果他们已经做到事情的顶峰了，比如他们觉得提升不上去了，也没什么意思了，那他们就有可能会放弃。所以在这个时候，居委会可提供专业的辅导和能力建设方面的服务，这有利于让他们不断地坚持下去。

第四，成立稳定的非正式组织。当活动越来越多，骨干越来越多，队伍越来越大时，需要成立较为正式的组织。这时居委会可提供帮助，使他们有落脚之处，比如"绿主妇"就在居委会的楼上有了专门的工作室，而这时就可以更多地依托这样的组织，多做一些事，比如调节矛盾等。"绿主妇"来自于居民，所以居民觉得她们说的话是客观公正的，这就能在调解矛盾等方面发挥重要的作用。

第五，形成稳定的工作机制。虽然是社区的微型组织，但稳定的机制也非常重要。如果一个组织三天打鱼两天晒网，那这个组织肯定发展不大。"绿主妇"就是通过不断地活动和开发项目才越来越有影响力，从一个环保小组项目发展成拥有创意工作室、绿化志愿队、爱心编织室等六个项目。

项目越来越多之后，在政府的支持之下，2012 年 7 月，"绿主妇"正式成立了凌云街道绿主妇环境保护指导中心，取得了合法的身份，成为正式的社会组织。这项工作终于以正式的社会组织身份固化下来。所以，即使像梅陇三村这样资源不算丰富的普通居委会也能成立这么有影响力的社区微型组织，并通过不断地发展成为了正式的社会组织，这是有典型性意义的。

我们的很多社区中，这种自发性的微型组织非常多。比如群众文化团队，像业主群、微信群，BBS 论坛群等，其实都是自发的微型组织。这些组织都应该受到社区工作者的重视，通过以上五个步骤的坚持，使微型组织发展壮大成为社区积极的参与力量。

第二节　社区专业机构

◎ 如何成为专业化的社会组织

2018 年 12 月 20 日，我参加了上海团市委主办的 2018 上海青年社会治理创新高峰论坛暨联合国教科文组织社会转型管理 MOST 项目上海研习营启动仪式。

活动上，上海大学教授黄晓春有个观点引起我的共鸣，他研究了上海这两年去拿政府招投标和购买服务项目的社会组织，一共有 395 个，其中 98 个他称之为"巨型组织"，这 98 个组织频繁承接各类政府项目，一个现象十分突出，就是它们频繁跨区域、跨行业、跨大类地承接各类项目，今年做青少年项目，明年做街道社区治理项目，后年做维权的，然后再后年是做环保的。**如果是跨区域，我觉得这个无可厚非，但是不停地跨行业和跨大类就有问题了，它们真的是万能到可以接任何项目？**

我们不禁要问，这些上海的巨型组织都是体量比较大的，说出来都鼎鼎大名，应该是上海最靠前的一批社会组织，但能不能称它们是专业化的社会组织呢？这里要打一个问号的。在各个领域浅尝辄止，就像狗皮膏药，包治百病。这种状况到底是怎样造成的？

我们说这样跳来跳去地换专业和换频道，项目会做好吗，老百姓体验会好吗，项目可以持续吗？项目做得会专业吗？如果不是，最终损耗的是它的品牌。

再问一个问题，难道真的是它们自己愿意这么做吗？黄晓春教授把这个事情归因于"政府购买服务政策的不连续性和随意性"。政府资金有的是部门预算，有的是专项资金，这些购买有的很随意，有的是部门领导说了就可以了，但是会经常多变,换个领导或者工作重点变了,就会把项目取消了;而且,购买服务往往都是一年期的,很少有长期的购买,这个受限于政府的政策。

香港特区有很多历史很久的组织,已经成立了几十年,甚至上百年,它们拿政府的项目是特别稳定的,有的项目一做就是几十年,政府有固定预算给到这样的专业组织,例如香港青年协会、东华三院等。我和香港市民聊到这些组织和他们的项目,他们有稳固的认识,一个场所由这个机构运营,一运营就是很多年,市民都习惯了,市民对于这些机构去以及接受这些机构的服务都有了稳定的预期。

这些组织有点类似于国内的事业单位,经费极其稳定,人员极其稳定,项目极其稳定,社会形象极为稳固。在这样的稳定的基础之上,这些机构专精于为老、罪错青少年、禁毒等事业,做得特别的专业。

> 黄晓春教授提出这样一个观点,政府购买服务政策要创新,方向是五个字"稳定的预期",要让社会组织对未来有稳定的预期,这样社会组织会觉得未来是可以掌控的,项目是稳定的,收入是确切的,所以才有可能在这个项目上有更多的专业化的开发,并能招聘更专业化的团队去做这样的事情。

如果不是这样,那今年拿到一个项目,招了一批人,明年这个项目还是不是自己的就不知道了。为了自己的生存,只有"捡到篮子里都是菜",不停地去拿这个项目,去拿那个项目,专业性就真的体现不出来了。政府和市民都不知道它是做什么的,只是到处都能看到它,而这个社会组织在专业领域有多少积累,我觉得很难说。

专业性来自于哪里? 我认为来自于四个字:

一是"耐心",一万小时定律,你在这个领域坚持坚守,耐心投入一万个小时,你就可以成为这个领域的专家。对于社区治理也是这样,一个社会组织坚持并有耐心地在这个地方深耕,终究会熬出来的。通过这样的熬,不停地去触及这个项目的方方面面,触及这个事业的各种可能,才能够真正地专业起来。

第二个是"传承"。一个专业机构的专业来自于几十年,甚至上百年的积累。我去香港青年协会的青年中心实习过,这个组织最宝贵的财富是他们的工作标准，是他们的专业手册，是专业流程和管理规则。今天这样的成果，这样的服务深度，都是他们不停积累的过程，经历了一代又一代的总干事，一代又一代的骨干社工，经过了每一个员工的积累，才使他们在这个领域挖得更深一些，更专一些。

> 在此，要提出另外一个问题：为什么咱们的居委会不能做得更专业一点？我有一句话，和居委会干部交流，和街道领导在交流，也包括和社会组织的领袖交流，我一说，大家都会相视一下，会心一笑。这句话就是"**如果居委会都非常专业了，还要那些社会组织干什么？**"

这句话没毛病，为啥？如果居委会能够动员社会组织、动员居民、动员各方，社区治理水平非常专业，整合资源能力也非常强，知道如何议事，如何做个案工作，知道垃圾分类项目，第一步怎么做，第二步怎么做，都能做得很好。再加上今天，上海这批换届的居委会干部已经不同于 10 多年前，绝大多数居委会里 80 后的社区工作者都超过了 2/3，并且好多是社工毕业的，他们是有专业基础的，也有专业的环境，还有实践的土壤，他们最可能把自己做得专业化，但是为什么居委会很难做成专业化组织，我觉得这里面有三个方面的原因。

第一个就是居委会的行政性。无论我们怎么理想化地说居委会应该是自治组织，但是上面千条线，下面一根针，居委会承担大量政府行政事务是普遍现象。我们常说为居委会减负，和居委会书记聊天，他们觉得减负不可能，上面说说的；管这块事的领导也会觉得给居委会减负是个伪命题。这种行政性导致了居委会工作的决策依据、服务标准和绩效评估都是来自于行政，而不是来自于居民的需求和居民的获得感。

第二个就是居委会的事务性。传统所讲的群众工作，包括现在正在强化的居委会社区综合服务职能，像浦东新区推进的"家门口服务体系""全岗通"等，都是希望居委会能够成为服务老百姓日常生活需求的第一个接待窗口，成为行政事务发起的原点，所以居委会就成了社区事务受理的一线。这些事务性的事全是鸡毛蒜皮，事务性工作一多，去专业思考、研发、调研和总结的时间就没有了。

第三个是居委会工作的综合性。我们一直都讲居委会的议事层、决策层、执行层要分开,好多地方都试过,深圳和上海浦东都试过。但是因为和现有的国家基层治理体系不匹配,所以这种试就仅仅只是试了一下。对于居委会来讲,既有议事职能,又有行政职能,还有社会职能,三项职能加在一起,居委会必然成为综合性机构。就像我最开始讲的,社会组织如果发展成一个极其综合性的、无所不包的、什么都接的、无所不能的机构,那是不太可能专业化的。

还有一个挺大的领域就是市场,那么市场在社区领域是不是可以做得专业化呢?

市场提供的针对个人的社区服务针对的是个人"私有财"领域——房屋的服务可以做得相当专业,因为追求的就是价格和服务体验,这种服务"短平快",通过互联网技术,让这种服务更加精准,更加便捷。这是一个比较容易专业化和市场化的领域。

还有就是涉及"公共财"领域的社区服务,比如政府道路管理、绿化养护、公共图书馆的设计施工,这些也是可以专业化和市场化的。但是,恰恰是涉及"共有财"领域的服务是很难做好的,就是社区,它不是国家的,也不是个人的,恰恰这样的一块如社区公共空间、绿地、广场等,是应该社区自治和业主自决的,需要业委会一起决策,使用维修基金等,这一块是很难专业化的,因为这需要耐心,需要多方协调和多方参与才能够将这样的事做下去。

如果目标是快速地追求成效,比如说企业想挣社区的钱,服务一个老人上门一次80块钱,这是可以短平快的。如果居委会也追求快速见效,相关政府部门领导追求政绩,比如说今年必须完成"业委会设立党小组",三个月一定要完成,这个项目一个月就必须搞定。这样的"短平快"是不太可能有时间让居民深度参与的,也不太可能做得特别专业。

所以,我说**社区治理的专业化就在于真的要熬出来,要靠这个组织在这个地方深耕扎根和持续运营**。居委会其实也不具备这个条件,居委会经常换届,好多事往往居委会书记一换,工作一下子就一落千丈了,这恰恰是不专业的表现。

社区治理要专业化,深耕社区是极其重要的。如果你居委会也能做到深耕社区,能够把行政化东西打破,应该也是没问题的。如果居委会能够专业化,还要那些社会组织做什么呢？但居委会做不到，而市场又不可能，也不擅长提供这样的涉及"共有财"的专业化的服务，那么社会组织就成了不可或缺。

社会组织是最容易做成专业化组织的，因为它追求的利益是公众利益，它的价值观接受这种比较长期的熬，以及各方协商博弈以形成共识的长期过程的。在社区领域中，什么样的社会组织最容易专业化呢？

第一类当然是业务细分的专业型组织。比如专门做业委会建设的支持咨询的组织，专门做垃圾分类或专门做"社区农园"的组织。这种专业型组织肯定有它的一席之地，项目可以流程化和标准化，可以做成行动手册。第一步做什么，第二步做什么，第三步做什么，这个也容易推动。这是第一类的专业型社会组织。

第二类容易专业化的是支持型社会组织。就是专门为社区居委的社区治理创新提供咨询服务的支持类组织。这样的社会组织很重要，社区也很需要，它们自己要有一个好的定位，深耕社区的目标是帮助社区发掘它的能人，而不是说我就在这里待着不走了。等能人动员起来，社群动员起来，社区有了自我成长的动力，它就可以走了。这样的社区营造组织是完全可以做得很专业化的。

第三类可以专业化的是做社区公共空间运营的社会组织。公共空间数量越来越多，总要有人运营，运营空间倒真是可以做得专业，空间怎么开放，空间怎么布置，空间活动怎么做，空间怎样和社区互动，这个可以形成专业性社会组织。

还有的是智库型社会组织，内容专业，也可以做得更专。专门做案例、做培训、做教育的组织，为社区赋能，这个也容易形成一个专业领域。

鼓励社会组织在这四个方面能够扎下身去，深耕社区。在这些组织的共同参与之下，社区治理专业化才有实现之径。

◎ 社会组织服务中心之困

上海街镇层面的社会组织服务中心最早成立于 2002 年，普陀区长寿路街道成立了全市首家民间组织服务中心，当时叫做"民间组织服务中心"，至今 16 年已经过去了。关于街镇成立社会组织服务中心，我查了很多资料，目前还算不上必须完成的工作任务。但是,随着社会组织服务中心作为体现街镇领导对社区治理工作重视与否的符号,各街镇纷纷成立社会组织服务中心。杨浦区去年已经率先实现了各个街镇社会组织服务中心的全覆盖。至今,全市绝大多数的街道都成立了社会组织服务中心。我们不禁要问,这些已经成立的社会组织服务中心的运营状况怎么样?

我认为,**绝大多数社会组织服务中心在运营和期待间都存在不小差距**。街镇社会组织服务中心有的是社区社工在做,有的是由街镇退休下来的人在推动,绝大多数都委托给了第三方社会组织承接。总体上来看,运行状况堪忧,主要就是一两个人来运行,每年财力支持大约 20 万左右,一年内主要完成一两个活动就可以了,像公益日活动、沙龙活动或者做一个论坛等既定内容。

我和很多街道领导交流,**他们没有一个人对自己街道的社会组织服务中心是满意的**。为什么呢?因为社会组织服务中心没有发挥出应发挥的作用,培育社会组织的力度、开展活动的创新度以及整合社会资源的能力都是不足的。

我和运营社会组织服务中心的社会组织也交流过,他们也不满意,觉得街道管手管脚,大事小事都要向管理科室(一般都是自治办)汇报。一层一层汇报上去,有创意的项目也就被阉割了,工作的效率就没有了,总感觉做不出什么效果来。

居委干部对社会组织服务中心也没什么好印象,说起来就是又多了一个派活的。这说明大多数社会组织服务中心和居委的互动并不顺畅。对于老百姓而言,这个中心更是可有可无,因为不涉及到重要的民生服务,所以对这样的中心知晓率很低。

2006 年,我在团市委工作的时候,推动成立了"上海青年家园民间组织服务中心"。当时我对这个中心的理解是,中心是以服务为手段,不断地整合社会资源,支持社会组织的发展,它是一个重要的平台型、枢纽型社会组织。我对街镇社会组织服务中心的理解也类似,**社会组织服务中心首先应该是一个社会资源的整合平台**。

那么,近年来,街道社会资源整合平台是如何发展演进的?随着上海社区工作不断地走向深入,近十年来,多元治理已成为社区工作的共识。街道工作要争取各方的支持与参与，需要对各类社会资源进行整合。那么，街道需要怎样的社会资源整合平台呢？

最早的平台是街道成立的社区治理委员会、社区委员会、社区议事会等议事协商机构。到后来又发展出社区党建理事会、凝聚力协会等平台。这些平台被赋予了更多的政治功能和政策职责，街道不放心放手让社会组织去承接，也不放手交给社区某个单位去操作，而是仍掌控在自己手里。到了后来就发现，控制的目的达到了，但是工作的灵活性和创新性没有了，运作下来就成为了形式主义的东西。

为了推动社区治理创新，街道会不断地寻找下一个更适合的社会化资源整合平台。这个时候，社会组织服务中心就成了最好选择。因为初心和立意很好，政府的归政府，社会的归社会，社会组织是社会领域最有活力的机构，街镇领导希望通过社会组织服务中心承担起整合街道社会资源的使命。但是后来又发现用处也不是很大，正如上文所说的情况普遍存在，所以就不停地找这样的点。

> 　　这两年找到的点是社区基金会，至今上海已经建了70多个街镇层面的社区基金会，这样的探索也是希望社区基金会能够真正地去整合社区的资金资源，而资金是最重要的社会资源。近两年又出来一个新的社会资源整合平台，就是社工委推进的社会组织联合会。所以我的观点就是，**社会组织服务中心不一定是街镇里面最好的资源整合平台。至于到底是社区基金会，社会组织联合会还是中心，我觉得都不重要。**

但是，对于街道来讲，的确需要这么一个社会化的资源整合平台。**社会组织服务中心作为社会化的社会资源整合平台，它的作用的发挥并不尽如人意，而导致这些现象的原因主要有两点，一个是街镇原因，一个是社会组织自身的原因。**

一方面，街镇对社会组织的管理没有摆脱行政化的思维惯性，从而导致本应该是最社会化的机构的社会组织却成了行政化的附庸。

早在2000年，市级层面的上海市社会组织服务中心就成立了。至今，各个区基本上也都有区社会组织服务中心，像静安区还有社会组织联合会，发挥的作用非常大。部分市委办局和群团组织,像团市委、妇联等都成立了青年社会组织服务中心和妇女社会组织服务中心。前面提到,大多数街镇成立了社会组织服务中心,这些中心都是典型意义的有政府背景的社会组织,经费来自于政府,承担的主要是政府社会组织管理服务的职能。因此,虽然名义上是社会组织,但其行政化色彩是非常重的,街道对这些中心的管理也是趋强的,导致本应该超脱于街道某个具体科室的定位没法实现。作为平台机构,需要联系和服务街道各个条线,就像科普条线有科普社会组织,文明办有志愿者组织等,这些都应该由中心去联系与整合。但如果中心没有超脱于某个具体科室,工作都要向科室汇报,那科室是有自己的本位主义的,它会要求这些中心做什么或不准做什么,不能去影响其他部门的势力范围,而体制内的这些规则以及潜规则直接影响到了社会组织服务中心的运作。在专业性方面,社会组织服务中心应是专业服务机构,但是后来做着做着,就成了专业跑龙套的。对于街镇和相关科室来讲,就是多了一个帮手而已,中心作用并没有充分发挥出来。

另一个原因是社会组织自身能力的问题。社会组织服务中心本身就是枢纽型平台机构,中心负责人应该具有丰富的社会资源和一定的管理能力。但事实上,一个社会组织服务中心交给一个社会组织,其经费有限,那么这个社会组织在这一地或一个项目上投入不可能过多。这个点上的人也未必能够得到街道的全力支持,所以不太可能整合到更多的街道资源,如果自身拓展社会资源的能力再有限的话,那是没有能力为街道整合更多社会资源的。

由于自身能力问题,中心负责人最理性的选择就是追求工作的形式主义,比如说对接了多少组织,服务了多少组织,培育了多少组织,激活了多少社会力量与社会人才,这些数字成为了最重要的追求目标,而目标之后的实质性工作也未必有能力或者有精力去做。此外,追求街道的评价,即街道只要满意了就好,这导致工作跟着街道做,独立性和专业性都成了问题。

这就导致了一个原本应是整合资源的核心机构变成了一个鸡肋式的存在,从而也导致了这样的结果,那街道觉得社会组织服务中心没什么用处,所以再去翻花样成立基金会、联合会等,一直不停地折腾下去。今天,社区治理面临的形势已经和过去大有不同。对于多元的社会参与、社区的整体发展、精细化的管理等都提出了更高要求。现今，再去推进社会组织服务中心的工作，要有新的理念和新的作为：

第一，从定位上来看，社会组织服务中心的工作是整体工作，不是专项工作，所以要超脱于某个具体科室，服务于街镇的整体工作。社会组织是社区治理重要的参与力量，也是创新力量。社区治理做得好的街镇，社会组织的数量肯定不少。社会组织既包括注册的社会组织，也包括登记的群众文化团队，以及大量的社区自组织，这些组织的发育都是社会组织服务中心的工作。激发社会力量共同参与是社区治理的重中之重。街镇有必要把社会组织工作当成整体工作来推进，可由街镇领导而不是科室来具体分管这项工作，主要领导来统筹这项工作是最好的。

第二，从功能上来看，社会组织服务中心要成为真正的社会资源整合平台。在体制内，资源的碎片化是难以解决的。比如志愿服务工作，团中央有青年志愿者协会，后来文明办推动成立了志愿服务公益基金会，再后来民政又牵头成立了志愿服务联合会，虽然名义上这些社会组织都有其他部门的参与，但是由不同的部门来牵头推动这项工作的背后是部门利益在作怪。当然，在国家层面，多几个协会推动，工作的方法不一样，工作的思路不一样，工作的态势也不一样，有利于形成百花齐放的工作局面。但总体上，这样的分割对工作所起的并不一定都是好作用。

这种碎片化到了最基层理应被打破，但是这也很难。正如在街道整合资源的社会化平台不仅有社会组织服务中心，有社区基金会和志愿服务中心，还有社会组织联合会等。**在一个小小的街道内，需要这么多的机构去整合社会资源吗？在一个街镇里，有那么多的社会资源值得挖掘吗？**

我认为，在一个街道只要有一个社会化资源整合平台就可以了。街道领导应该超脱一点，不管基金会背后的民政，还是联合会背后的社工委，都应该把社会资源的整合放在一个机构之中，这个机构未必就是社会组织服务中心，但的确需要一个机构来发挥整合作用。如果继续放任资源的碎片化，做好只能是个例，做不好才是正常。

第三，从运营上来看，社会组织服务中心需要整体运营。社会组织服务中心即使没有委托第三方,也不应该被当成一时、一地、一个项目来单独对待,应该结合社区治理的其他项目一起推动。它应该和社区基金会、志愿服务中心、文化中心等实现联动,和区域化党建、邻里中心、文化中心等实现资源对接。公益项目和公益资源能够形成一定程度上的整合,整合起来后发育出来的项目才会越来越多,项目中发现的社区能人和达人也会越来越多,而在能人和达人之中,培育社会组织的可能性也会越来越大。

而不是像今天这样,街镇注册的社会组织中有 2/3 都是传统的社会组织,没有活力,或者已经老朽。在有活力的项目基础之上,产生了有活力的人,有活力的人产生有活力的组织,在这样的基础之上所运营出来的中心才能更有活力,所推动的社区也才能更有活力。

对于街道来讲,如果委托第三方来做,那么应该支持这样的社会组织服务中心能够真正地整合社会资源,运营更多项目,结合更多工作,进行整体化运营,这样才有可能做出实效来。

◎ 重建食品安全信任的社区新机构

今天,大家可能觉得食品安全会好一点,但其实并不是这样。可能集中性的没有爆发,但总有不舒服的食品安全信息冲击我们。有一次,我和一个公益同行聊天,她是山东人,五一回家听当地菜农讲起黄瓜,前一天是弯的,在那个弯的地方打个药,第二天这个黄瓜就变得很直;这个黄瓜只有一尺,打点药,第二天变成了一尺两寸。外表越光鲜,内在越恐怖,这样的东西怎么能吃?

后来,我还和一个社区蔬果店的农业创业者聊,她在社区里卖好的蔬果产品,在源头控制质量,卖的价钱还不贵。同时,通过开展活动与居民建立起信任,吸引大家来消费,这是一种创新模式,和边上的小商小贩与小商店的运营模式是不一样的。

为什么她要投身到社区蔬果店?她在外企工作了 15 年,35 岁那年,她觉得外企的生活非常枯燥,关键是想变生活方式。她说,当一个人衣食无忧,各方面条件具备之后,她开始聚焦每天的食物,发现吃不到好的东西,所以,她就投身到了农业，并且把网名改为"艾农"，在青浦弄了一个农庄。

有一种现象很难杜绝的，用一个触目惊心的词来说就是"易粪相食"，你生产不好的方便面给我，或者那种辣条等垃圾食品，输送到农村，我农村给你生产充满各种农药残留或者各种超标的蔬菜给你吃。

以前在农村是熟人社会，他生产的东西是怎样生产的，大家都看得到，知道谁生产得好，谁的不好，重视口碑；但在陌生人社会，如何重新构建起对食品的信任，这成为一个非常重大的问题。

你可能会说，食品当然要吃好的东西，现在不是消费升级嘛，如果觉得不放心，那就去吃有机认证的。有一次和一个做农产品物流的企业家聊，他说这种认证有几十种，欧洲和美国的都有，你要什么认证都有什么认证；但很多认证已经完全沦陷，你只要交钱，它就给你贴牌，这样的第三方值得信任吗？

当然你说，我们可以买高大上的品牌呀？名牌和品牌的价值就很大呀，不会轻易砸牌子吧。它卖得贵，肯定有贵的道理，我们就认准品牌去消费。认准品牌消费的结果就是高价，你去看那些高端超市，里面蔬菜价格已经远远超出普通市民消费水平。对我们而言，难道真的进入到了合适价钱吃不到合适农产品的地步了吗？你可能会说，靠技术的话，现在技术已经达到了从农产品的生产、运输、仓储等全物流链的可追溯。但是在整个物流过程中，温控技术和保鲜技术是不是又造成了二次污染，这种技术可能会有其他问题吗？

你说，可以靠区块链技术啊。听说有一个叫"走地鸡"的品牌，在鸡腿上绑上一个 30 块钱的传感器，它会把鸡每天的步数记录在区块链上，这只鸡每天走多少路你可以看到，这只鸡的全流程都区块链化了，你消费到的鸡肯定放心了吧。但区块链技术如果真的想造假，在中间环节还是有很多余地的。**突破食品安全问题，仅仅靠技术是不行的。**仅仅靠品牌生产商，那出来的东西经过层层经销、物流、品牌宣传，最终的价格普通老百姓肯定消费不起。

> 食品安全不应该是一个高高在上的，用高价才能够获得安全感的事。如何通过社会创新的手段，让老百姓能够消费到安全的且价格比较合理的食品，这变成一个社会创新者和社区运营者要破解的难题。

社区是解决这一难题的关键！社区是陌生人社会，是人群的汇聚地，对食品安全关注的人可以结成一个群体，对素食有坚守的，对有机农产品有消费欲望的，对公平贸易有情怀的，对放心食品有担心的，这些人都可以组成社群，结成新消费力量，通过共同购买去选择放心的且价格合理的食品。

在社区领域，很多方面的探索都在同步朝前走。

第一种就是社区蔬果店和副食品店。它们在怎么努力？卖的东西都是我信任的东西，我自己去选品。这里面的难处就在于，要建立起居民的信任，你说你的东西好，居民怎么信任你的东西好？有一些社区商业创新企业在做这样的努力，像垦荒人，比如觉得乌克兰的葵花籽油好，就会自己去那边选品，以自己的品牌去运营。他的产品的价位高于菜市场，但是会低于那些高端食品超市。他们的店开在普通居民区中，用普通的价格和多样的活动建立起了和居民的信任，形成了一些独特的运营模式。

第二种是网上社区社群，比如虫妈、菜团，在网上组建社群，团购自己信任的东西，甚至会派人过去看，拍一下产品视频，在网上宣传，让大家进行团购。这是一种食品安全的自救社团吧。但是，你去采购的食品还是有风险的，你不可能完全地去掌控它，你是团购，团购就天然要压生产者的价，低价就不可能有好的产品，于是采购其他的产品以次充好的现象是普遍存在的。

第三种是社区公益组织，比如农夫市集，像传统的农村市场，在商业广场、社区会所，包括产业园区去卖，卖的东西价格会比较贵，因为它是独特的，一批农人搬菜过来，成本是高的，所以盈利状况堪忧，**更多是在推广一种概念，一种有机的生活方式，是素食，是公益，是公平贸易，更多的是在朝这边走。**这种市集形式会形成一定的影响，但是很难形成稳定的消费群。

这三种模式都各有自己的特点，也有各自不足。我近期非常关注台湾主妇联盟。我觉得台湾主妇联盟综合了以上这三种模式的优点，**朝社区的组织化动员、社群文化的培育以及共同购买行动的倡导等方向大步向前。**他们倡导"从共同购买到合作找幸福"，从对食品安全的关注和行动，上升到了生活方式，上升到了幸福，上升到了价值观倡导，上升到了主妇群体的抱团取暖等。它的社群因素特别强，稳定性也特别强，组织化程度也是特别高。至今已有 7 万户家庭加入到共同购买合作社，成为其社员。这个合作社职员（含兼职）达到了快500人。

和前面的这些模式相比，他们迈出的是非常大的一步。

首先，他们建立起了消费端的创新组织。就是由1799名成员共同创办的台湾主妇联盟生活消费合作社。这个合作社最初叫"绿主张公司"，也是一个典型的社会企业，今天已经转型为生活消费合作社，有76000多名的社员，股金达到了3.8亿新台币。应该说，这种消费力量已经特别大，大到可以影响很大的一批生产者，按照主妇的标准去生产什么样的大豆或什么样的米，标准都会更高。合作社实现的是自组织式的发展模式，鼓励兼职者和志愿者参加这个事业，有一定的消费能力了就成立班组，从而使消费端不断地成长，现在已经成长出了300多个班组。每个班组都成了有内在动力的有责任感的小的社会企业，扎根社区。

第二，建立起了支持生产端的机制。首先严选生产者，严选那些负责任的农夫，建立起了信任后，会给他们非常大的支持，甚至由于新的种植技术的探索生产出来的东西不好的话，也会帮他们销掉。作为社员们，他们也会理解为什么食品的品类并不丰富，有时候这段时间会拼命地吃藕，实际上是在支持这些好农夫，这个大家都会理解。由此而支持了更多好的农夫生产好的食材。至今，合作社已经支持有110多个农友，6个产销班，供应了600多种产品。这种模式就是找了一群人去支持一群人。

第三，有超强的运营能力。对于合作社来讲，这么多人汇聚起来并不是松散的汇聚，而是有理念引领、有共同价值观的汇聚。他们的创始人都是专精的农业专家和教授，亲力亲为，把关产品，研发生产技术，帮助农夫更好地提高生产能力。

在这样的专业人士的带领之下，合作社能力特别强，不光技术层面有提升，他们还大力倡导社会文明进步，抵制转基因豆子，鼓励本地豆子的生产；倡导人道饲养、人道屠宰，倡导动物福利；推广公平贸易，倡导一些比较前卫的消费习惯，鼓励生产减硝酸盐的蔬菜。事实上，他们一直在引领和食品相关的文化，这成为时尚生活方式的一部分，进而影响到了更多的人，从而使它成为一个非常有影响力的社会机构。

> 总结起来,社区是重构食品安全的关键之地。
>
> 在社区里倡导的是一种新的消费模式,不是完全的市场,完全的市场就是我肯定是买最便宜的东西,而最便宜的东西农民却生产不出来;也不是完全的公益,而是基于信任的一种理性的消费模式。

在社区里产生的业态是一种新的社区业态,是一种社会企业的业态,倡导素食和有机的生活方式,并且倡导社区的社群活动,而这样的企业肯定是社会责任优先的社会企业模式。

> 推动新业态的是一种社区新组织,既不是传统的公益组织,也不是完全的市场组织,是一种消费合作社和消费共同体,是有共同理念的一批人不以消灭街头上的小商小贩为目标,而是更有理想、有情怀、有坚持地去做重构食品安全信任关系的伟大的事。

◎ 顾问式、管家型社区服务的春天快到了?

我之前参访了一个从事青少年教育的公益组织,这个组织 8 年前就开始做青少年托管了,经过了这么多年的摸索,有了许多经验和教训,它就决定向社会企业转型。

这个机构主要是做青少年托管,学生放学之后三点半托管,还有暑托班、寒假班等项目。他们承接了政府的"实事工程项目"——暑托班项目的收费特别低,是公益价,就 800 元到 1200 元,但是这个机构仍愿意去承接这样的项目,同时积极地参与到区县的公益创投招和投标的项目中。

通过公益项目切入,这样做容易被政府接受,也容易被家长接纳。之后,他们正在探索青少年托管后续的深度服务,他们的优势在于每个员工都是社工,非常了解这些孩子的心理状况和成长情况,他们也非常善于与家长和学校老师沟通，通过这样的深度服务，他们和这些孩子建立起了更加深度的关系。

他们将社工的"助人自助"原则用到了这些孩子的教育服务上面，鼓励他们参与到机构运转中去，在墙面的设计、活动的组织以及项目的推进中，孩子都有主导权。对孩子来讲，参与这样的托管班项目，学业与身心都可以得到全面成长。这个机构在孩子中成立社区学生会，成立社区家委会，以这样的组织深度运营学生社群和家长社群。

他们做不赚钱、低利润的公益项目以及托管服务的目标只有一个，那就是和这些家庭建立起深度关系。一个托管班有 60 名孩子，这样就和 60 个家庭建立起了深度关系，在此之上再提供专业的"亲子家庭教育顾问"服务，60 个家庭形成了一个大社群，由此产生的需求很多，带来的市场空间也很大。

可以随手举几个例子，这些孩子从学校到托管机构，是不是需要校车服务，需要的话大家就可以团购订校车。如果有舞蹈的需求，可以以团购的方式引入舞蹈教练课。90 后的家长如果不愿意去开家长会或没有时间去开，这些社工就可以代家长去开家长会，社工的沟通能力强，和老师或家长沟通都会比较顺畅，他们对孩子的判断也是比较客观的，像这样的服务就非常个性化与精准化，成为了解决了家长痛点的服务，可以称之为"亲子家庭教育顾问"。

这个模式非常有意思，这样的创新探索是有价值的。

第一，对于员工来讲，服务的创新体现了专业价值，即社工的价值。作为一名社工，如果只是承接政府项目，收入是比较低的，这是公益的普遍现象，所以公益领域的人才流失率极高。这个机构的社工除了承接政府项目，还提供了附加的"代家长开家长会"这样的服务，收入会得到提高。而这种既能体现专业价值，又能得到更高收益的服务模式是社工个性化服务专业价值的应然结果。

第二，这个项目充分体现了专业化服务的空间。通过深度的社群运营，产生更多需求，创造更多需求，创造的需求更有价值。就像前面提到的班车服务、舞蹈培训、国外游学等项目，它们都可以在运营的基础之上拓展出来，专业化服务的空间是非常大的。

第三，这个项目还体现出了互联网平台的价值。这样一个机构，不断地承接更多空间运营项目，服务群体越来越大。正如机构合伙人所言，他们会建立互联网平台去运营这个社群,去对接服务和需求。这样的一个亲子教育个性化、管家式的互联网平台是极有成长空间的。

这样的项目在 5 年前是不可想象的,连孩子的托管问题都解决不了,是不太可能考虑托管以外更深层次的个性化服务需求的。这两年,全面实现小康,满足了人民群众对于美好生活的向往,使个性化的需求以及满足需求的服务模式都在不断地创新,互联网技术的发展提供了更为便捷的解决方案,使个性化需求满足成为可能。

公益组织向社会企业转型,投身到个性化的社区服务之中;政府也在转型,因为基本的公共服务都是低端的,基本公共服务已经不能满足人民群众对于美好生活的向往。像读书这件事,图书馆免费借书看书,这是基本的公共文化,但如果想坐在一个特别漂亮的有颜值的空间里面听名家讲书或参加高端创业读书会,这就成了个性化需求,这也不是和不应该由政府满足。但政府也在努力支持社会组织和企业,通过体制机制创新,不断提高公共服务的多样化水平,因此,在标准化的社区公共服务之外,也在个性化服务的提供和供给方面进行了拓展和创新。

上海市启动了"社区养老顾问"试点工作,首批 68 家社区养老顾问点均设在了街道综合为老服务中心里面,由现在的工作力量以及街镇负责养老工作的管理人员提供顾问服务。

社区养老顾问是社区发展的结果,日本等发达国家早已推行养老顾问。上海社区养老顾问包括了基本服务和拓展服务两类:基本服务包括为老年人介绍养老服务资源,让老年人了解周边的养老资源,包括长期照护保险等基本政策和办事指南,方便老人在家门口得到服务。在做好基本服务的同时,民政部门也希望能够开展一些拓展服务,如开发和推介适合不同老年人特点的养老服务清单,提供家庭养老咨询,也可以组建顾问团队到社区去做宣传推广。当前,上海社区养老顾问制度还是由政府推动,并由政府及其下属工作人员来做的,其仍处于试点阶段,但已充分说明政府部门对老年人个性化的养老需求已经做出了应对。

其实,以商业模式运作的养老顾问早已落地。这些养老企业背后是一大批的各类养老机构,前面面对的是银行卡贵宾客户等高端客户,他们为这些客户提供的是定制化的养老服务，无论这些客户有什么需求，他们都可以帮助其实现。社会组织正在向社区教育顾问这样个性化的服务供给转型，政府也在朝这个方向转型，其实商业也处在转型的过程之中。大家都知道，与社区服务相关的社区O2O的探索是比较早的，成功的模式也比较多。

就目前发展而言有三个判断：

第一，个性化的商品供给问题已经解决。像"天天果园"这样的O2O很多，领域越来越细分，有的专门做童装，有的专门卖水果，可以为社区居民提供非常个性化的商品。就个性化的商品供给这件事来说，商业模式已经解决得特别好。

第二，在社区服务之中，标准化的服务也基本得到了解决。比如，上门保洁、护理、家电维修、家政等都有做得好的平台提供了非常标准化的服务。我和一个很知名的社区O2O的创始人交流，他说："我们要去做服务，必须把服务做到标准化以后，才能做，否则没有办法管理，成本控制不了。"从目前来看，标准化服务供给这件事，商业模式已经解决了。

第三，对于某类人群的个性化服务，好多商业模式一直都在努力，只是并没有非常好的解决方案。以物业公司为例，它们离家最近，好多物业都提出了社区管家模式，希望能够超脱于保洁、保绿、保安这样的低端服务，吸引住户把一些高端服务交给物业公司来做。有的物业公司把物业管理处改造成了共享客厅，里面还做成了产品展示中心；有的物业公司开始做团购。但从总体上来讲，物业公司也在做那些社区O2O商业模式所能解决的事情，解决的是个性化的商品和标准化的服务，但是就个性化的人群服务来说，物业公司只是想到了，却做不到，因为物业公司员工天然不具有人群连接的属性，他们没有能力做人与人连接的事情。

有的社区商业模式也在大力推进社区管家，在社区里面设立门店，希望每一位员工都能成为社区管家，能够对300户至500户的居民进行管家式服务，期望每一名员工都能成为"行走的社会学家"。这个模式极具前瞻性，如果模式行得通，那么三五千户家庭的衣食住行、养老、教育等个性化的需求都和社区管家联系，都交给企业去提供，这个商业价值是极大的，商业逻辑是通的。但事实上这种模式很难成功，**原因就在于个性化的服务人才不是可以经由标准化培训来实**

现的。正如前面所讲,做家庭教育顾问的公益组织,员工都是社工,他们具有天然的和人连接的属性。

而这个企业的员工天然不具有这样的属性,一方面,他们很难去整合各种各样的资源;另一方面,员工也不具有个性化的社区服务能力和水平,包括沟通能力,个性化需求的敏感感知能力,对人的判断能力,影响人的能力等都跟不上。这种模式如果一味地只是追求盈利和追求功利,那么就很难在社区里面运营好他们所说的这种人群和社群,运营并不是像说的那么容易。

> 现今,社区服务迎来个性化时代,这是我们国家实现小康社会和营造美好生活的必然结果。**随着人群的消费升级和互联网技术的发展,社区服务的个性化满足必然是可以实现的,而社区顾问和社区管家提供个性化的服务是一个非常好的解决方案。**
>
> 目前,社会组织在转型,社会企业在推进,政府也在大力推进养老顾问等项目,商业模式也在纷纷地攻克个性化服务这个痛点问题,所以这是不是意味着顾问式、管家型的社区服务的春天快要到了?

第三节 社 会 企 业

◎ 社区社会企业大一点还是小一点好?

自从引进大型机器以来,现在种地的农民越来越少,机器却越来越多。但在英国,有两个家庭主妇创办了一个叫"不可思议的农场",它是一种"共享农场"模式,它反其道而行之,认为小家庭式农场更加灵活与多样,也能带来更多就业机会和更加环保的食物,而且生产效率比大的农场要高得多。

为什么会这样，她们是怎么做到的？这个农场是在英格兰北部的一个小城镇托德莫登创办的，创办者是 50 多岁的潘和玛丽，十几年前她们去参加一个气候研讨会，了解到气候变暖、食物短缺、资源过度开采等问题，她们记住了一位专家的话"不要再种花了，多种点蔬菜吧"。她们回到家就行动起来，在一个咖啡馆里召开了种菜会议。一开始觉得可能几个邻居能来就不错了，结果来了六十几个人，因为食物是大家共同的话题。大家对这个话题很感兴趣，最后形成了共识，即鼓励大家在家门口的地方种植水果和蔬菜，然后一起照料并分享收成，她们把这个项目取名为"不可思议的食物"。她们拆掉了家里的一些花园，把墙也拆掉，种上了卷心菜、生菜、茴香等，还在上面挂上了"共享食物"的牌子。

目前，"不可思议的农场"每平方公倾土地可以生产出相当于 14 吨的食物，这已经算是高产了。但是她们觉得还不够，还要更加多的产量，而且她们觉得这种方式使整个社区充满了公共精神，社区变得更加有趣，更加有活力。

这个项目很有意思，真的是一个非常好的社区治理项目。那么，这个项目对我们的启发是什么呢？在社区里，像农场这种方式，恰恰不是大农场，而是小农场的作用得到了充分发挥。就是在社区之中，大到社区地产与社区商业，小到社会企业与农场，是大一点好还是小一点好？是国际化、标准化和流程化好，还是个性化、人性化和多元化好？这是不是当下的社区可持续发展与社区总体营造的必然选择？

万科总经理郁亮曾说过万科要"活下去"，"活下去"成了 2018 年的一个热词。他提出，万科要去大企业化和去资本化。这是他对地产企业做大还是做小的反思。如今，地产企业神速进行大拆大建和大面积开发的模式已经产生恶果。这种模式已经发展到了极致，有的地产企业从拿到地到拿到预售证，大家猜猜是多长时间？有的居然只要半年时间。

大量地产企业正以这种摧枯拉朽的方式，用一年甚至半年的时间推倒了一整片一整片的城市，一整片一整片消灭了社区文化和大家的记忆，推出来的都是标准化的房子。如果不标准化和不模块化去做的话，速度不可能这么快。

所以建房子还是需要小企业，有点情怀的小企业，需要有点耐心，慢慢地发现一个地方的特色，建设有点特色的房子。现在，台湾地区的一些地产企业正在发生变化,他们会征求第一批住户的意见,包括哪里不好,哪里需要改进,然后对第二批住宅进行新的设计。当然,这种协调与讨论肯定会加长开发周期,加大开发难度。

其实,美国的房地产企业规模都不大,就是开发了周边几十栋房子,就称为开发商了。所以对于社区地产而言,我们感觉到,就像郁亮所说的那样,小企业可能会变成未来方向。

再延伸到另外一个领域,就是城市更新。对于城市更新而言,小的趋势也在产生。城市更新慢慢地从旧区改造向街区整治缩小,再到了后来是一条街的更新,现在到了社区微更新阶段。**对于从事城市更新的企业来讲,大块面的东西越来越少,小块面的东西越来越多。**这是一个现实,逼着他们要去做小的事情。对我们而言,城市更新里的小的模式可能更加贴近社区需求。所以一些前瞻性企业正在做这方面的尝试。

一个车企,宝马集团下面的 mini,它的品牌很有意思,就是"小"。2016 年开始,它进入到了共享房产设计领域,要建 mini 共享都市空间,叫 mini 建筑,他们打造的是一个多层次的微观社区。这样的微观社区即将由上海市静安区一个老建筑群更新呈现,其倡导的是新的居住和工作理念,追求共享体验,为大城市的都市人群创造了一个别样的住房选择。在这里可以灵活使用各种空间,可以与各种人交流,而且在私密的空间内可以完全地放松自我。它开启了一种新型的都市生活方式,实现了社区微综合体,在这里既有人才公寓和青年公寓,又有社区商业,同时还有共享办公,有大量的像咖啡馆、健身房这样的公共空间,年轻人喜欢这个地方,方便在这里创业与生活,还能和志同道合的人交流,形成类似的社群。

再看另外一个领域,就是社区商业。像万达这种至少要五六万平方米的大型商业综合体在前些年是跑马圈地,飞速发展。当然,现在万科模式受到了各方诟病,所以像上海这样的大城市,它的社区商业正在走向小,体现的是社区微综合体。这种微综合体最大也就一两万平方米,小的只有一两千平方米。像万有集市就是一两千平方米,它是社区商业的微综合体,有菜市场、面包房、花店,楼上还有像健身房、共享厨房、文化排练厅这样的一些公共空间。在这样的社区微综合体中,老百姓的家庭生活可以得到满足,而且还是在家门口。所以,这样的微综合体已经成为了社区商业创新的一个模式,并且是一个趋势。

再延伸到大家近期热议的社会企业,像成都推进的社区社会企业。这种社区社会企业是大还是小? 我认为,还是小一点好。

在社区创业,就像一开始分享的"共享农场"一样,在家门口,上班方便,时间上自由,而且能够解决家门口的就业。比如,一个居民本身有钢琴特长,他可以在教自己孩子的同时捎带着教几个邻居孩子,那他在家门口开一个钢琴教育小企业就是非常好的选择。

这样的小企业在社区多多益善,既体现社区创业与技能共享,又体现邻里互助和邻里守望,所以深受社区欢迎。成都基层社区探索"**社区合伙人**"也是希望能吸引到像这样的社区能人和达人,他们有一技之长,希望在社区创业,同时也不希望压力特别大,不想背负高额房租。如果能够利用社区公共空间,免租金或低租金创业,当然可以要求他们在价格上对社区居民有一定折扣,并把收益的一部分交给社区公益基金,这就是"一举两得"。

> 虽然这样的企业不大,盈利比不上那些标准化与连锁性的大企业,但它具有非常丰富的社区属性,有邻里消费场景,可以培育社群,创业者的心态和工作状态会更加好。

政府要鼓励这种社区社会企业发展,它是社区可持续发展的一个关键。这样的社会企业还是小一点好,不追求规模的最大化与服务的标准化,就像O2O企业那样,提供的都是标准化服务。像家政,进去打扫到什么程度,一小时可以做到什么程度,时间和服务是可以标准化的。

很多社区的社会企业所追求的真的是个性化服务,比如说孩子托管,或者到公共空间做作业,这些服务很难确定怎么收费,但是家门口有这样的一个去处就方便了居民,对培育社区精神都是大有好处。尽管它们的盈利比不上那些大企业,但是如果从综合效益来看,从社会效益、个人生活便利、社会资本的积累,从社区居民共同的感受度或者获得感,从美好生活的实现度和体验感上来讲,收益是非常大的。当然,我们也看到另外一个趋势,就是很多大型企业,如星巴克,也在适应这种潮流,其会针对社区的不同特点推出地方特色的店和产品,这也是在充分说明它们也在追求社区在地特质和属性。

> 总之,在社区里面,无论是社区地产企业、社区商业企业,还是像家庭农场、社区社会企业,还是小一点好。**因为小,所以才可以更有耐心,更有人文特点;因为小,所以才能够更好地体现个人情怀和个性化选择;因为小,才会带来综合性的幸福感和美好生活的实现度。**不过,不能因为小而觉得效率会低下,它反而可能会有更好的体验感和更强的生产力。这是开头的案例告诉我们的,小农场比大农场产出更高!

◎ 向社会企业转型,为公共服务升级而奋斗

之前和一个公益界资深的前辈聊天,她刚刚读中欧商学院的 EMBA。我问她,在公益圈做了这么多年,在中国最好的 EMBA 学商业运作,那么,和公益相比你有什么感受呢?

她回答我说,**两者本质上没有区别,因为企业和公益组织都是组织,组织和组织是一样的,**这一方面没什么区别。企业和公益组织都有使命愿景,都有目标,它们都要开发产品,都要讲预算,都要讲过程管理和绩效。生产要素都是一样的,公益组织的项目和企业的产品所需要的东西都是一样的,比如技术、人才等。而且它们的管理流程也是一样的,要做计划,讲预算,讲过程管理,要讲考核,讲绩效。她还补充评价说,和企业相比,当下的公益组织在很多方面是没法和企业比的,显得特别 low。

她列举了四个方面:第一个方面是绩效。公益组织往往把绩效做成大锅饭,名义上是有绩效的,可以给某些做得好的人更多的薪水,但是考虑到大家做公益讲情怀,所以很难把收入拉开。另外,公益组织的成本核算做得特别粗,由于成本核算不精确,导致最后出来的绩效也不精确。

第二个方面是过程管理太弱。企业已经实现了 ERP 数据化管理，已经有了可视化、流程化、标准化的流程，管理一个产品、一个项目、一个技术研发，过程是极其精细且有效的；而公益组织极少进行过程管理，一个项目给到一个具体的负责人之后，后期对它整个过程的监管其实是比较少的，当问题出现的时候也来不及了。

第三个方面是公益组织的产品和项目很难迭代与升级。有一个公益人曾经分析过十年来他接手的一些项目，他发现 10 年前他们拿到的项目书和 10 年后他们拿到的项目书都差不多。她惊奇地发现，在这 10 年间，公益组织提供的这些产品并没有升级，公益组织在迭代、发展的积累方面做得并不如人意。

> 这位资深前辈还举了个例子，在南方有个社工组织，管理了六个社区的社区服务中心，其实每个社区服务中心所做的项目都差不多，但是在他们内部大家都在忙于设计活动写方案，一个人的方案写完了，而后用完了就不用了。既没有和其他社区服务中心的同事交流，也没有在忙完这个项目之后，与后面接替他做项目的人就这个方案进行交流。即使在一个组织之内，也没有实现产品的继承、产品的更新、产品的升级和迭代，资源也没有形成积累。导致这个现象的原因是什么？这是一个个案吗？其实这样的现象在公益组织之中是比较多的，我也听到过不少这样的例子。

第四个方面是公益组织的优势个体化。公益组织对创始人领袖是非常依赖的，但却很难将个人的优势转化成为组织优势。有些社会组织的领袖很厉害，什么活动都要去参加，什么活动他都要去讲，讲完之后这个项目落定下来，但是后面的团队却跟不上，执行力跟不上。公益组织里有的员工也很厉害，干着干着就自立门户了。这在一定意义上对工作的延续性造成了影响。我们经常讲，有一些体制内的人，比如社区的党支部书记，居委会主任做得特别好，如果换一个人可能就不行，这即意味着成功不能复制。

以上这四点是这位资深的公益前辈对公益组织内部问题的一个总结，和企业相比，她认为公益组织有很多值得改进的地方，而这些改进的地方恰恰需要向企业学习，甚至变成一个社会企业才能够真正地解决这些问题。

公益组织的外部环境、政策环境和企业相比也并不具有优势，除了从社会意义上来讲，它有公益色彩之外，它所面临的限制特别多。这位资深前辈说民非注册的公益组织在四面八方都有限制：

> 上头是薪水的控制，不能超过这个城市平均收入的两倍，所以公益组织只是在靠情怀来吸引人才参与到这个事业之中，从薪水上吸引一流人才的可能性并不大。下面也有限制，即民非的所有盈利是不可以分配的，必须继续投入到这个事业之中，而左边右边也都是壁垒，左边的媒体老是盯着你，觉得你不能收费，然后用显微镜来看你。而右边的购买方，像政府和企业也老压价，他们最喜欢说的一句话是，你就是公益组织，还图什么钱啊。

这就让本来就挺难做的一些公益事业和公益项目很难坚持下去，因为从成本上来讲基本打平，从积累上来讲则没有为后续组织的发展积累更多的发展资金，所以公益组织的长期发展与更新迭代就永远都是问题。这位资深前辈，也包括很多业界的大佬都讲过，这些民非组织中有 70% 是可以注册为社会企业的，因为工作的性质包括项目化管理，其实和企业没什么两样，是完全可以注册为社会企业的，而工商注册之后反而解除了捆缚在自己身上的这些枷锁，所以有些公益前辈转型向企业发展则成为了今天的一个趋势。

在这种趋势的背后我们看到的实际上是两个方面在发生变化。

第一个发生变化的是政府，因为政府现在越来越能够接受经营，就是公共服务的经营。免费成了低质的代名词，所以适当的收费对于很多公共空间服务能力的提升而言则成为了必要的手段。比如对一个体育设施的管理，政府就能够接受将这样的设施交给企业去运营。企业提供的是最普通的锻炼模式，在里面做力量锻炼，用器械，它的收费可以很低，是公益的，但是在团操和私教这方面的收入可以市场化，这样这个场馆不仅保证了周边百姓的基本锻炼需求，也能够保证为那些有特殊需要的人士提供更好的服务。

第二个发生变化的是，社会公众也开始接受这些以往的公益组织的经营行为，一些媒体也比较包容了。在当下，有很多既不是纯经济行为，也不是纯公益行为的一些经营性的事业，政府是希望经营性的社会企业参与其中的，这样的项目是传统的企业做不好的，而纯正的公益组织也做不好，这些领域就成了社会企业要介入的领域。

比如一个图书馆的设计，如果单由传统的设计公司来设计的话，肯定把它干成一个标准化的图书馆，而如果由一个专业的社会企业或专业的运营机构来参与的话，他们会将社会调研以及群众的需求融入进去，会把图书馆朝开放的公共空间和知识服务的平台去发展。而传统的设计企业是想不到这一点的，而有了公益组织基因和社会基因的企业会在这一方面有更大的作为空间。

在这座城市之中有很多这样空白的领域，比如在老旧公房装电梯项目，装电梯这样的事目前不是一个传统的电梯企业能做的事，需要一个能够和周边老百姓一起议事谈判并形成共识的这样的一个企业，由这样一个社会企业来推动才是最好的。在社区里面所有和人打交道的一些项目以及形成社区关系的社区项目，其背后都需要由社会企业去推动，而不是单纯地由传统的专业企业去推动。这样的项目会越来越多，涉及到所有公共空间的更新以及所有公共机构功能的再造，像社区外立面的改造、社区停车位的改造、老年人的服务等，这些都是需要这样的社会企业的——它们以社会责任为先，并且有一定的盈利能力。这样的企业是政府需要的，也是老百姓需要的，这样的企业是有明天的！

◎ 公益大平台，艰难破局路

近期读了一本书叫《平台转型》，反观互联网领域，大量的企业在从实体走向互联网，在做"互联网＋"的转型，转型的过程之中是朝平台方向去转的，这个思路对公益有很大的启发。

我之前和一个政府部门的领导交流，他想将区里的一些文创产业整合起来，成立一个支持文创产业的大平台，而这样的大平台在区里面是稀缺的。有的区县的确成立了这样的一些行业协会，但是针对这样的协会，其作用的发挥还是有限的并且是有问题的。

> 　　类似这样的行业类平台有三个方面的作用：第一是联系的作用，即把区里的文创企业联系起来。第二是联动，让大家一起行动，一起做一个活动，或参加一个创意大赛。三是联合，平台可以联合产业的上下端和上下游。如果能够联合起来，那么就能够发挥一个资源整合的作用，这个平台的作用才能发挥出来。

对于很多行业来讲，很多部门和很多地区的领导都是非常重视和支持这样的大平台的。

反观公益领域，有很多机构在大平台之路上非常艰难地摸索。现在平台型的组织已经有不少：有支持型的，如社会组织服务中心，专门支持社会组织以及它们的发展；还有行业型的，比如做救助儿童的，大家一起联动起来，形成行业之间的聚合；但是很少有资源整合型的。说到资源整合型的机构，大家会想到恩派，因为恩派的确迈出了非常大的一步。恩派成立了基金会，成立了一个专门的CSR的机构，还要成立研究院。试想一下，将企业的资源对接到这个基金会，然后再通过基金会去扶持社会组织的孵化平台，进而支持大量的社会组织，这样就把这个行业的各类资源与各类公益资源整合起来了。这迈出了非常大的一步，但反观一些公益大平台或者一些平台型的组织，它们还是存在着一定的问题。

第一个方面是比较偏向于政府，因为这些行业大平台的资源，尤其是公益资源，绝大多数是从政府来的。所以这个主体的业务都是偏重于政府，做的一些事也是依附于政府要做的事。尤其是有一些行业协会，因为他们好多都是从政府领导岗位上退休的，所以有天然的行政方面的倾向。因而他们做的一些事也基本上是从"十三五"规划或每年的政府工作报告里面去找。他们更多时候是一个执行者，所以这一方面的问题就产生了，即偏行政化。这样的平台虽然发挥了一点作用，但是很难发挥促进行业发展的非常重要的作用。做的一些事也是非常少的，而一些商会倒是在这一领域做得还是比较不错的。

第二个方面就是这些平台大量的是在做人的整合和信息的整合，推动的是人与人之间的交流和信息的交互，而对事的连接和资源的连接特别少。大家都是在促进人的资源和信息的资源的汇聚，但是促进事的连接与资源的对接的是比较少的。所以我们会看到有大量的沙龙组织和大量的这种平台在做各种各样的活动，一个个活动特别活跃，特别是在网上和在微信群里，每天可以看到很多。这些活动更多的是观点之间的碰撞与理念之间的碰撞。参加的人基本上除了几个有点资历的人外，大多数还是公益领域的菜鸟，问的都是一些非常基本的问题，这里面热闹，却没有实效，大家还没有真正地形成做事的连接。

第三个方面是这样的行业大平台还跳不出为己服务的圈。他们拉来的赞助还是为自己的组织服务的，一些活动也仅仅是为了完成某些指标、完成某些任务，或完成理事会规定的活动次数而去做的。而真正推动整个行业发展的资源对接的活动还是比较少的。

> 通过《平台转型》这本书，我对平台的认识又加深了一步，对我多年来的探索也很有触动。比如书中提到了"无我"，无我就是如果你是做平台的，你不要介入到具体的事。你是做平台的，而你又去做养老，那么必然会和这个平台上做养老的产生矛盾，人家就不愿意再利用你的平台去做事，平台就没有意义了。

我也在做一些社群，我觉得成功之处在于比较无我，就是我为大家服务，但这里面没有体现我任何的利益。一旦你的社群和企业有一点关系，那可能就会降低一些人对这个社群的参与度。所以如果这些平台向大的平台转型，有几个方面一定要去突破。

第一个是无我，即你的这个平台要为成就大多数组织机构服务，而不是所有事都为成就你自己这个平台，尤其是一开始的时候。当大家都成了的时候，你的平台也就成了。

第二个是无为，你哪些事可以去做，哪些事你不应该去做，应该有一种无为的思路。特别是不要和这个平台上要进来的一些组织和机构企业去争生意，这样的事是坚决不能做的。

还有一个是无界，无界就是一定要跨出公益或者不要把自己局限于某一专业领域。比如阿里巴巴，它是一个电商，是一个金融机构，还是个超市，甚至还是个学院。像阿里巴巴所做的事其实就没有给自己设界限，他们在广泛地跨界，到了这一步，他们就是一个大的平台。

> 回头再看我们的公益大平台，如果要做好，真的要跳出我们某些专业的限制和行业的限制，要大胆地去无为、无我、无界。

而最后这个无界极其重要，公益的大平台不仅仅是在公益圈中的平台，如果在今后要称自己为一个公益大平台，那么必然要去跨出行业的限制，跨出行业这个界。即使是自闭症机构，在自闭症募款这一部分也是一个金融平台。

所以**公益大平台应该是一个生态体系，第一个方面是应该打通公益和企业。**

我们已经看到，在养老领域的有些机构正向平台化方向发展，这里面好多资本已经介入，要去收购一些养老院等民非组织。但在今天仍有很多的政策限制，因为养老院这些民非组织和公益组织是不能进入到银行担保等金融体系的，土地也是不能担保和抵押的，因为这是养老属性的土地。在环保这个领域肯定也会出现大的平台性组织，这里面既有一些环保型的组织和环保型的志愿者组织，也有一些环保企业，公益和广泛的领域要跨界。比如，回收二手衣服这样的事应该成为一个产业推动的事情，就像一些类似"飞蚂蚁"这样的互联网平台已经开始去做这样的探索。

第二个方面就是公益的大平台应该打通硬件和软件，不仅仅针对于某一个点的运维、每一个实体的公共空间或公共机构的运维，一定要从软件上形成标准化，以便能够更好地复制。他们一定要借助于互联网平台再推动，再整合资源。只有软件和硬件结合，才有可能使这个大平台成为一个真正的平台。再进一步来说，这样的公益大平台不可能只是线下的，还一定要有线上大数据的支持。以上即是我对公益大平台所做的描述，目前很多企业已经开始在做这样的探索。一些公益组织也在做这样的探索，在今天其实它们都是在艰难的破局之路上。

相比于互联网企业的转型，公益大平台的发展更加艰难，因为它受到很多政策的限制，而且大家对公益实际上都是带着显微镜来看的。所以，朝前跨的任何一步都是非常艰难的。

在这里一定要提醒的大家是，如果我们想去做大平台的事情，有两点是必须要注意的：第一点就是如果继续用传统的途径做平台，那只能是死路一条。比如靠政府的权威来整合资源，那么最后的生存几率可能为零。就像很多志愿者平台做出的探索一样，如积分卡、志愿银行等，都非常困难，还没有成功者。再比如，对某个行业，就像文化云这样的平台，它们靠政府的权力把文化的各类资源和各类信息汇聚起来，像这样的一些项目是很难可持续的。

第二点是用业界的联盟这种松散性的方式来做平台，这也是死路一条。因为越松散越没有连接，必然会产生重形式轻内容的倾向，同时，因为利益而建立起的联盟，其中的每一个组织都想在组织里面捞取自己的利益，但是很少有组织愿意拿出自己的资源去参与到这样松散的联盟中，从而导致联盟的速朽。

公益性的大平台的背后最好是社会企业的形式，社会企业要担当起重任来。在未来，对一个成功的公益大平台来说，其对外应该是靠共享和众筹来赢得公众的支持，赢得公众资源的投入。另外，对外重视新媒体营销，让更多的人关注这样的公益现象。对内一定是靠利益和机制连接在一块的，就是大家得投入，对人才的激励也是要靠市场化的机制去推动的。

第四章

价值共创：社区支持系统的新态势

第一节　党建引领社区共治

◎ 社区基层党建的实体化现象

我想用两个完善来总结社区基层党建：第一个完善是理论研究之完善；第二个完善是基层实践之中的机制设计之完善。我在网上找社区基层党建方面的理论研究文章，可以说是数不胜数。中央十分重视社区基层党建，2017 年在上海召开了城市基层党建工作会议，高度重视之下，基层社区党建实践探索的力度是非常大的。

我看过很多相关材料，上海、宁波、杭州等城市的基层党工作都做得非常好，力度大，社区基层党建的体制机制非常完善，思路非常清晰，"横向到边，纵向到底"等理念，楼宇党建、商圈党建等工作，包括对员工、白领、社区老党员的服务，项目设计也很新颖。

从这些材料中可以看出，社区基层党建的实践之丰富，各种各样的制度、服务的人群、工作方法、渠道与载体都涵盖到了，所以我说，机制设计之完善令我赞叹。理论研究之完善我就不评价了，相关的理论文章实在太多了。我想谈一种现象，即社区基层党建的实体化，可以从四个方面来讲：

第一，阵地的实体化。近年来，社区基层普遍建立了为党员服务的阵地，上海以前叫党员服务中心，现在叫社区党建服务中心，山东叫社区党群服务中心，浙江也叫社区党群服务中心。有的地方在楼宇和园区建立了为白领和园区职工服务的实体化阵地，像上海静安区的"白领驿家"，以及徐汇区虹梅街道的服务漕河泾园区的"虹梅庭"等。工青妇等群团组织也纷纷建立了群团服务站、青年中心等阵地。这些阵地和以往的不一样，有很多不只是挂了一个牌子，而是基本都有实体空间，而且提供丰富的服务项目，这就是阵地的实体化。

第二，基层党建人员的实体化。以往到居委会有专职党务人员，再下面是像楼组长这样的志愿者。当前，很多地方都在探索建立党建网络，并派驻专职的社区党建网格员。有的城市建立了城市基层党建三级网络：一级网络就是这个区县；二级网络是街镇；三级网络就是基层社区，300户到400户为一个党建网络，一些商圈和园区则根据职工的人数，一两千人设党建网络，党建的网格员也成为社区工作者的组成部分，成为专职的工作人员。这是一个趋势，党建专职工作人员在不断地向社区基层网络下延，这是人的实体化。

第三，社区党建工作的实体化。以往讲社区基层党建工作主要是指党内工作，像"三会一课"、退休党员活动、社区党员红色之旅等，主要服务于党员，体现的是党内服务。今天，党建工作日益实体化，很多地方设立了"自治金"或"社区为民服务专项经费"。这些专项经费不是政府实事工程、民政等条线的经费，而是党建经费。

社区为民服务专项经费可以用于社区"急难愁"的"小微实"，修个车棚、建个宣传栏、美化一下楼道等都可以用。关键点不在于钱的多少，一般一个社区居委在20万到30万左右，而是在于专项经费的利用过程，特别强调一点是把钱用到为居民服务上面，在精准解决一些居民难题的同时推进居民自治。在整个过程中，强调居民的全程参与，特别强调让居民明白资金从何而来，资金使用的过程成为党组织联系群众和凝聚人心的过程。这就是越来越实体化的社区党建工作。

第四，党建活动的实体化。以往的党建活动都是一个一个的活动，还称不上项目。现在，党建活动越来越专业化，越来越创新，很多社会组织和文创企业研发出了很多党建创新项目，像电影党课就会放一些传统的电影，然后再分析在这个电影之中个人内心的斗争和坚持,从而来进行党性教育。还有一个项目叫"行走的党课",把党建活动和党员教育结合进"都市定向"活动一起开展,党员组成一个一个的团队参与"都市定向赛",定向赛的目的地是名人故居、党的红色阵地等,到这些点上去参观和找线索,然后把答案通过手机平台传上去,对了之后进入下一个任务,成绩通过朋友圈可以方便地转发,从而引来更多人的关注。类似的实体化项目越来越多,90后和00后党员的不断涌现,只有这样的项目才能够引发他们的参与热情。

以上四点验证了一个观点:**社区基层党建变得越来越实体化**。我认为这是一件好事,说明党建工作和社区结合得更加紧密了,党建工作与时俱进,对时代发展和群众需求把握得更加精准了。

> 社区基层党建朝实体化方向发展,其所面临的很多问题和社区治理所面临的问题变得大同小异。尽管各方面更加重视党的工作,党的资源整合能力更强大,但是社区基层党建也面临着很多问题,这些问题和社区治理遇到的问题是一样的。

如果是实体化空间,那么就面临着如何运营得更好的问题。里面的功能怎么设置,服务项目是什么,以及如何让大家愿意来参加。而不能像传统的一个个封闭的空间,都是谈心室、议事室、书记工作室等,只有简单的功能就可以了,所以这些空间的功能、使用的效率以及项目的需求等都要考虑。

社区基层党建的网格化也带来了专职工作人员的增加,那么这样的专职工作人员到底是社工、义工,还是员工? 如何避免这些网格员的行政化? 这都是我们面临的问题。社区党建工作的日益实体化与项目化的后面就是这样的问题:这些项目化的经费怎样招投标、怎样花、怎样评估、怎样才能更加有效? 实体化之后,我们到底追求形式的意义还是追求实质的效果? 为企业白领服务的白领驿站和白领中心所追求的是到处都是党的符号,到处都是红色,咖啡拉个花都是党徽,还是要注重社会性与开放度,先吸引进白领来参与活动,然后再去更好地引领他们? 这都是现实的问题。

社区基层党建也会遇到碎片化资源的整合问题。有的党建资源是街道能够掌控的，有些是社区企业的，有的是"两新"组织的，有的是口袋党员的。像这样的碎片化资源如何整合？这也是社区治理的共性问题。因此，社区基层党建实体化后，遇到的很多难题和社区治理的难题是一致的。如果我们要破这个题，那么和社区治理创新的解决途径是一致的，就是要有整体思维，要共建、共治、共享。

第一，党建的空间要开放，要成为共建共享的公共空间。红色阵地不是私属领地，不仅要向党员开放，而且要向居民开放，真正地把党建带群建落到实处。同时鼓励社区的一些公共空间能够和党建空间共享共用，成为联动的阵地。如果一个社区既有大礼堂和多功能厅，又有小的沙龙活动室，虽然这些点分布在不同地方，但是可以满足一个中小企业和社会组织的多样化需求，那么这些党建阵地对他们也是有吸引力的。党建阵地的运营也应向公共空间的运营学习，开放不一定就是八小时，可以延时开放，这是空间服务的逻辑。

第二，要提供平台化的服务。这种平台化的服务是什么？党建服务中心也好，社区基层党组织也好，都应该为社区的党组织和党员提供平台化服务，应该整合各方面的资源，形成"开放式组织生活"菜单和微党课课程库，方便社区党员就近参加组织生活，形成社区党员的联动管理服务，最大限度地满足不同的行业和不同层次的党员的需求。

第三，活动的创新。就像前面所讲的，党员活动不能过于单调，有时候表达形式和活动形式应该有新意，社区基层党组织也可以和相应的社会组织与文创企业合作，以"行走的党课"、微电影党课、党建分享会等创新的形式来开展党的活动。党员的活动也可以和志愿服务活动联合在一起，鼓励社区基层党员参与到各类志愿服务活动之中，这样他们到社区报到就有了非常实在的事做，而不是仅仅去报个到、点个卯，然后等通知，或者做一些自己都不喜欢做的事。

第四，社区基层党建人才的社工化。党建网格员到底是社工、义工还是员工？我觉得最不应该成为的是员工，仅把这项工作当成工作来做是做不好的。

做党建工作一定要有奉献精神,要有党的理念作指引,还要有社区工作的情怀,仅仅把其当成一项职业来做是做不好的。

> 社区党建工作其实也是社区工作,但要比社区工作更加复杂,政治性要求也更高,所以我们希望最基层的这些党建网格员也应该是社工,职业化的同时应该专业化,通过专业化的培训和实践,有更广阔的专业化发展空间,从而留住一大批的优秀人才,能够更好地在基层开展党建工作,使党的基层基础更加稳固。

◎ 社区党建空间的创新运营

这两年党建空间越来越多,像上海推进的党建服务中心、基层党群服务站等。还有一些虽然名字上没有出现"党建"两个字,但主要功能是服务新社会阶层与白领等群体来实现党建引领的,名字叫"白领中心"或者"白领驿家"等,它们都是党的部门和街道党工委等在推动管理。

这两年,几乎所有的新公共空间都定位为党建引领的公共空间,各类空间的类型丰富,数量很多。比如普陀区推进的片区中心,在这一片区建一个党建引领下的公共服务中心,有卫生站、日间照料机构、社区食堂等,这些都是为周边居民提供服务的。很多市、区等大力推动的邻里中心和睦邻中心,浦东新区推进的家门口服务体系,所有这些新公共空间都有一个前提——党建引领。

这些党建引领的新公共空间有五个方面的新进展:

第一,硬件上的不断升级,现在市级、区级、街道级都有自己的党建服务中心。这些中心的规模和体量越来越大,投资也非常大。浦东新区出现了投资几千万,面积几千平方米规模的党建服务中心。但和外地相比,上海这个还是有点小儿科了,徐州出现了1万平方米以上的党建服务中心,十多层高,标识明显,真的成为了一个城市的精神堡垒。我在山东一个县级市里参观,党群服务中心的面积达到了5000多平方米。在四川的高速公路上望出去,有一些公共建筑特别显眼，标识特别清晰，就是各个街镇的党群服务中心。

> 党群服务中心在内部布置上可以用一句话概括——目前展览会上最新的展览手段在党建服务中心都可以看到，花样频出。大屏成了标配，很多用了 3D、移动屏等，有的还引入 VR 技术，推出了情景体验党课，这堂党课是"飞夺泸定桥"，大家戴上眼镜就可以体验在泸定桥上的场景，机关枪突突的声音，身临其境的感觉。

第二，数量上不断地创记录。上海基层的党群服务站有 300 多个，党建引领的新空间的数量更多，闵行区在"十三五"期间要建 100 个邻里中心，普陀区的长征镇这两年要新建 3 个片区中心，数量上是在不断增长的。

第三，功能上不断地拓展，已经从从党员服务到党建服务再到民生服务。这些党建中心最早是为党员提供关系转接等服务的，后来发展到了提供党组织服务、企业文化服务、企业员工服务、团队建设等服务，到今天拓展到了内容非常丰富的民生服务，可以提供为老服务、便民服务、社区办事服务等。我们看到，在越来越多的党群服务中心里，民生服务成了最核心的服务内容。

第四，服务上面不断地升级。城市基层党建这两年日益受到各方的关注，去年上海召开了全国城市基层党建工作会议，增强社区党组织的服务能力成为了全党共识。习总书记说，城市的核心是关键的 12 个字"衣食住行，生老病死，安居乐业"。城市工作做得好不好，老百姓满意不满意，生活方便不方便，城市管理和服务状况是最重要的评价标准，所以社区党组织要在增强服务功能上下功夫，要学会组织和用好各方面的资源，把群众身边的事儿办好，让群众满意，推动社会和谐稳定。所以，很多地方大力推进"一站式"服务和措施，延时、坐班、值班预约上门等服务，同时结合社区治理，从社区的"关键小事"做起，调动各方的资源，为老百姓提供一些像微志愿和微心愿这样的服务，使老百姓在家门口就能享受到党的温暖，对党也会产生更深的感情。

第五，活动上不断地创新。这两年，各方面的创新，尤其是活动创新，层出不穷。大量的微党课的创新形式和创新项目不断涌现，有的地方还推出了像"微实事、微心愿、微创投、微团队、微联盟、微网格"等基层社区党建活动,党建活动更加丰富,让大家更能参与其中,在社区最基层也能够享受到党的温暖。

在这些党建引领的公共空间越来越多,硬件越来越好的同时,在管理上和软件上也遇到了大量挑战。

第一个挑战就是硬件本身的问题。很多新空间仍然是应景式的设计,这成为一个非常突出的问题。老百姓和基层党员会深切地感受到,来这里是接受教育的,而不是接受服务的,所以去过一次就不愿意再去了。**因为空间设计是应景式的,党的引领主要体现在了墙上,符号化了党建引领,党的符号到处都是,一些党建工作体系和党建工作制度上墙,以为上了墙就是把工作做了。更极端的是有些地方把这种设计做成了参观式的设计,整个的动向都是为了参观者更方便而设计,这就走向了空间应有的意义的反面。**

第二个挑战是新公共空间越来越多。硬件多了,到底谁来管?目前,这些新公共空间,尤其是党建中心基本上不允许转介给社会组织等第三方来运营。而这么多的点,尤其是基层的点,只能由居委会和村委会来管,但他们是没有精力做好这些事务性的管理工作的,并且也不专业,管不好。

第三个挑战是运营品质的一系列问题。这样的新空间还在延续传统的行政式的管理手段,到了五点钟就关门,而这个时候恰恰是居民和党员最想来活动的时候。另外,对服务的感受度和满意度考虑得不多,这样的空间的设计、功能、运维等还是行政化的,或者政治化的、口号化的,所以大家不愿意再来。相反,很多市场化空间做得特别好,吸引社区居民,尤其是吸引了有消费能力的社会中坚群体去这里,这些空间事实上和这些党建新空间在竞争。我们的党引领的公共空间事实上没有充足的理由说服别人要来这里的空间开展活动。

第四个挑战是人群问题。这些公共空间运营下来,服务的最多的是老弱病残这样的特殊群体。而设立这些党建新空间的目标恰恰是希望吸引社会的中坚群体和有资源的强势群体,这些空间应该追求全人群服务。如果这样的群体不到这个空间来,那么实际上就和空间设立的目标产生了矛盾,也和党中央的要求形成了背离。

第五个方面的挑战是如何体现党的影响力。这些公共空间到底是行政思维为主还是服务思维为主，到底是党建优先还是服务优先？到底是先建组织还是先组织活动？这些都成了摆在我们面前的最重要的问题。还有个极端现象是这些空间是不是有必要在所有的地方都体现党的符号，哪怕做一杯咖啡，连拉花都是党徽，这样到底有没有意义？应对这些挑战，要对这些新空间的运营进行破局。这种创新要求我们不能运用传统的、行政式的管理，而应该探索开放、专业、社会化的服务思维为主导的创新运营。

要做好运营主要有五个方面的考虑：

第一个方面是整体化运营。这些空间越来越多，这事实上进一步加剧了社区资源的碎片化。因为这些新空间仍然属于不同部门和不同条线，如果任由这种碎片化继续下去，则不利于产生整合效应，所以要大力倡导整合化运营。

在项目方面，可以借鉴目前文化中心的运作，在市级层面设一个配送中心，为这些空间输出项目与活动。当然，这样的配送中心未必一定都是行政力量主导的，还可以委托第三方运行。提升这些空间的服务能力就一定要打破空间隶属关系。因为这些空间都是党引领下的公共空间，所以，党引领下的公共空间的整合化运营的概念要树立。

第二个方面是专业化运营。**一些专门的党建服务中心不可能交给第三方专业运营机构来运营，但是很多提供民生服务的，像家门口的服务体系和邻里中心这样的空间是可以交给第三方来运营的。这样的第三方可以是专业社工机构，也可以是一些专业社会组织，还可以是专业的社会企业。**因为专门做这个工作，所以积累了更多资源，可以为老百姓提供包括公益服务、公共服务和便民服务在内的更加多元的服务。

第三个方面是信息化的运营。要整合这么多的空间来提高服务效率，并推出更好的项目，在今天已经不太可能离开信息化手段了，所以要大力推进信息化运营。

这里举南京市栖霞区"掌上云社区"的案例，"掌上云社区"是一个社区党组织领导，居委会主导，协同社区居民、住区单位、物业和社会组织，依托微信群与微信公众号的移动互联网平台，在线治理社区事务，并与线下网格融合的一种模式。从 2016 年 11 月启动至今，入群人数已经超过 10 万人。从对象上来讲，已经体现出了微网格化,将居民小区或者一个自然村落、一个商业街区化成一个微网格,建立一个群,达到 500 人上限之后,再建立新的群,原则上一个微信群对应一个网格,而"掌上云社区"就是来管理这一系列的微信群的。他们已经通过技术做到了涵盖微信群上的数据、大家关注的热词,甚至在网上求助都可以。从微信群直接到后台的反应机制,一口受理、不见面办事等都得到了实现。后台的管理机制也打通了各个政府部门,为老百姓提供了全面的网上和网下服务。通过这个例子可以看出,信息化大大提高了服务的效率和效能。

第四个方面是推进治理型运营。这些大量的党建新空间不太可能全部都由政府买单,所以需要大量的社区居民的参与,如果没有这些居民的参与,空间活力也会有问题的。大力推动空间服务的同时推进社区治理,然后通过社区治理来不断地发掘社区里面的达人和发掘社区里面的骨干志愿者,这是非常重要。城市基层党建有个重要工作就是推进服务型党组织建设,而社区党员做志愿者,参与到家门口服务之中去,这对发挥党员在社区的模范作用有现实意义。我以前做志愿者工作的时候也和市委组织部讨论过这个事,就是怎样推进社区志愿服务,当时的难点是,要做志愿者的人特别多,但是这些社区党员志愿者在社区里找不到好项目。所以在社区里的这些新空间,包括由这些空间发育出来的项目,可以为社区党员志愿者提供更多更好的项目。

第五个方面是党建活动的创新。现今 90 后和 00 后的党员越来越多,他们对活动有没有新意是比较在乎的,所以在空间里面开展的一些活动应该更有新意。

我之前参加了虹口凉城街道老旧社区加装电梯的启动仪式,他们推出了微党课,党校的一个教授把加装电梯的政策和流程编成了微党课。党员干部和居民通过微党课就基本知道了加装电梯的全流程。他们还推出了情景剧,让社区居民参与到剧中,身边的人演身边事,更加鲜活地表演出加装电梯的酸甜苦辣,从而影响了更多人。

徐汇区天平街道也多次开展了"行走的党课"这样的创新活动,形式新颖,社区党组织和党员都愿意参加。活动将社区里面的党员服务点、爱国主义教育基地等划成一个户外定向线路,组织社区党员组团完成定向任务,每个点上完成任务后拍照在朋友圈上晒活动,更多人自然地接受了党的教育。

今天,党建引领的空间越来越多,但同时对管理带来挑战,而要破解这些挑战,最重要的就是推进运营的创新。

第二节 时 间 银 行

◎ "时间银行"项目为什么做不成?

近来我参加一个社会企业项目的评审会,看到一个公益积分银行的项目,目标是鼓励更多人从事志愿者活动和公益事业。建立公益积分平台,一方面是针对志愿者的,对愿意公开的且愿意接受精神鼓励的志愿者提供积分兑换福利,牙膏或其他积分兑换服务,比如说旅游、培训、看演出等;另一方面是针对提供福利的企业的。最终目标是弘扬正能量,对热衷于做公益的、见义勇为的、做志愿服务的、捐款捐物的市民和企业进行数据收集,从而成为共享开放的数据库。

每隔几年,总有这样的项目要跳出来,但是至今没有做成功的。做这个的既有政府部门、团市委等,也有街道居委会,比如说闸北某个街道探索过时间银行,让低龄老人服务高龄老人,但是服务之后,居委会书记换了以后,这项目就停了,后来他年纪大了后,想让别人服务下,找到居委会,居委会却推脱,为此他愤而上告媒体。这项目就怕做成活动,搞一段时间就停了,积分也无意义了。

最早的概念来自于当时的微软员工刘润所发起的捐献时间的活动。他倡导大家捐出自己的时间,为公众和社会服务。拥抱互联网不是目的,提高效率才是目的;提高效率不是意义,让这个世界变得更美好才是意义。爱才是改变这个世界的力量;互联网是工具。"捐献时间"已于 2007 年 4 月 2 日晚 9 点全面升级到央视国际大型公益"慈善 1 + 1"平台! 截至 2007 年 4 月 9 日,有 838 名志愿者捐献了 5357 小时,帮助了 21725 人。央视接管后,由于调整的原因,慈善 1 + 1 平台已于 2008 年下线,但公益理念长存。

我相信,有这样想法的人绝不是少数,这个点子为什么这么多年一直有人做却一直做不好? 有时候,小群体和小项目还能做得下去,比如说长宁区虹储社区的"服务时间储蓄银行"已拥有储户 757 名(虹储居民区人口是 3057 名,志愿者比例接近居民人数的四分之一),有些"储户"的志愿服务时间已经超过 200 小时。通过居民相互服务和功能互换,虹储小区志愿者队伍像"滚雪球"一样,越滚越大,已经发展出家政、治安、保洁等 10 支志愿服务队伍,社区里的 134 位独居、孤寡或者空巢老人全部建立了志愿者结对助老网,志愿者与其服务的老年人签订结对帮困协议,保证让老人在求助时有人帮、有依靠。可以说,志愿者服务队伍在发展壮大的过程中促进了虹储小区居民之间、居民和居委会之间的交流和互动,居民在互帮互助中增进了情感,培育了奉献精神,也为 5 个居民自治组织培养和输送了一大批优秀的成员,促进了社区居民自治的发展,带动了更多居民参加到对社区事务的管理。

> 这是大项目,是个大平台。要持久做,这也是为什么几个热心人做不下去的原因,一个小机构,如居委会做,也是做不下去的。光有情怀也没有用,因为对人有依赖,人走了,项目就停了。他持续烧钱,像央视这样的机构也做不下去,后面也有挣不到钱的原因。

在操作层面上,也有很多难点要克服:

一是数据如何整合。说起来容易,写个方案很容易,但是获得数据真的很难。一个简单的问题,你这个平台对于这些捐献时间的志愿者的数据,你是让他们自己填,还是由机构导进来,如果是自己填,你如何避免为了换奖品而故意填报。如果是机构填,是企业的信息吗,你如何界定它是公益行为还是企业行为,比如说环保企业搞防雾的宣传;如果是民间组织的活动,哪些你认,注册过的社会组织你认,一些自发的志愿服务队你就不认,但恰恰是这样的组织才最具有公益属性,它不图什么的。

二是积分如何算。还有一个具体的问题是,不同的公益积分如何算,教钢琴一小时，还是遗体捐献，你的积分肯定不能一样，因为社会意义和社会价值的确不一样。但是，人与人在时间上是平等的，你又如何来匡算这些积分？

三是兑换是否便利。积分也积了，换积分容易吗？比如说免费体检的回报，他住浦东，而捐助体检的医院只有闵行有，他会不会来，这个标的大还可以，如果只是一条毛巾呢，他会不会在意。我相信大多数的志愿者是不在意的，但如果倡导人人志愿，那还是要鼓励那些在意的人也来参与的，这才是全社会的公益氛围，所以，如果兑换的福利和服务不多的话，这个积分银行相当于只能存款不能取款的银行，意义还不大。

只要有钱，有利益，就会有人做这个生意，所以，你要做好事，但更要防恶，要杜绝刷信用，所以在这一方面的考量很必要。

十几年来，时间银行项目还未成功，有社会大环境因素的影响。

一是有没有那么多的志愿者，做志愿服务是不是蔚然成风，有了这样的群众基础，才会有大数据。

二是关系到社会环境，是不是有了利于大家做志愿者的社会氛围。具体起来，一是做志愿者是不是大家都觉得光荣，二是有没有激励政策，国外有的国家做志愿者就可以弥补诚信记录，有的可以代替刑罚。中国还没有出台这样的政策，但是要重视社会征信系统的建设，这方面已经越来越重要了。现在，乘地铁逃票已经进入征信体系了，都是做坏事，会破坏诚信记录。相反，做好事是增加诚信记录的事，目前还没有好的机制。当然，背后也是有复杂的原因的，主要是各政府部门的数据都是依法提供的，数据都在各个部门手中，如经信委某部门信息中心负责人说，最难的是拿数据，如违法数据，公安局就不给，说这是依法保障公民的隐私权，法律规定不能共享的。

所以，如果说时间银行的缺口要打开的话，正面的诚信体系的鼓励是一个大口子，此口子一破，后面就简单了。文明办、街道、团委、民政等志愿服务体系的数据都开放给一个平台，大家记录也方便，各方面都方便了。

所以，时间银行项目在今天的大环境越来越好的前提下，如果说此项目真正要成功，还有两个关键词：

一个是及时，就是及时反馈，为什么大家爱打游戏，因为反馈得快，打了个怪就涨血,涨经验值,所以可以诱使很多人沉溺其中。时间银行也是这样,做了好事就马上有反馈,要建立起这样的机制,比如,爱心值涨了几分,诚信值涨了几分,都能计算出来。

还有一个关键词是便利,让捐易、记录易,不要太费劲,最好和微信什么的都连起来,不过这又是一个大的软件内容的开发,也不容易。回报易,让大家兑换积分易。有了这三易,时间银行项目就是可以的,我期待这样的项目早日有成功的模式。

◎ 区块链技术使"时间银行"项目到了瓜熟蒂落的时刻

几年前,我写了一篇稿子叫《时间银行项目为什么做不成?》,里面就分析了我接触"时间银行"项目十几年来,为什么很多机构前赴后继地做,但无一成功者?那个稿子在网上还能查到,还有一些影响。

当时觉得,为什么做不成?有三个问题:积分方便否?兑换这些时间方便否?机制长久否?"时间银行"是管一年还是两年,到时候我要兑换,没有了机构怎么办?当时出现过这样的投诉,因为不可能告到法院,后来告到媒体,进行道德层面的谴责和对政府工作机制的质疑。

在好多问题没有解决的情况下,我当时的判断是,时间银行项目做不成。所以,我参加了很多评审会,听了很多类似的"时间银行"项目,我泼了很多冷水。

"时间银行"项目要想能做成需要解决以下几个问题:

第一要解决中心化问题。谁来推动,推动的"中心"是什么?谁来推动,谁是中心,谁就是老大,老二就不愿意。谁来主导,是谁的政绩,这是必然遇到的问题。如果大家都想做老大,都不想共享资源和分享时间积分,那么时间记录就变得支离破碎。你来推我就不配合,这个现象是比较普遍的。所以"中心"到底是什么,这是很重要的问题。

第二要解决记录问题。怎么记录?如果是传统的互联网技术,那都进入一个数据库。而志愿服务项目又特别复杂,志愿者素质参差不齐,提供的服务时间的质量都是不一样的,这导致很多记录难以统一标准。这些人的时间,那些人的时间,有的服务时间特别长,一两天时间都在服务,睡觉算不算。有的时间特别短,但又很关键,那么到底怎么去记录? 是不是可以加权?

第三要解决信任问题。人们为什么要信任这个组织,让它来记录,我的时间愿意不愿意献给这个组织? 我就喜欢做儿童的项目,老年项目我就不喜欢,时间就只能在儿童的小项目里面转。信任如果解决不了,他是不愿意去积累时间的,长此以往会影响他志愿服务的积极性。还有,我记录了时间放在你的网站,过两年是不是还有,你的机构还有没有服务,大家对此信心不足,这也是问题。

第四要解决兑换问题。你怎样兑换时间? 如果都是老年人项目,低龄老人服务高龄老人,这个还可以,如果变成青少年项目,变成自闭症项目,就很难兑现服务,因为你不是这类群体。有的跨区都不能用,你在黄埔区服务的,浦东新区就不认,怎么办? 还有意愿问题,我想兑换这个而不兑换那个,兑换就变得很复杂。

当前,有一项技术突飞猛进,这就是大家都已经开始熟悉的区块链技术,区块链技术现在有一点遇冷,但它是未来的基础设施,当下应用领域在不断扩大。近来,我和很多人交流过,大家都有共识就是,**区块链用在"时间银行"项目上简直是天作之合! 既可以解决"时间银行"以前面临的问题,又能使整个项目透明和科学,体现出"时间银行"项目的魅力。**

> 今天,很多机构已经用区块链技术解决了公益项目和公益款项的全流程追踪,当然,也可以解决志愿服务项目的全流程的"痕迹管理"。技术层面上看,区块链技术解决"时间银行"项目简直是小菜一碟。所以技术已经不成问题,"时间银行"项目在区块链技术的支撑之下到了能做成的时候了。

第一,在记录方式上,区块链技术去中心化,机制设定上,并不是由以前的中心化机构来认定积分,而是由大家共同来认定,共同来记录交叉认证,所以使时间记录的痕迹变得特别精准。通过"时间戳",每一个服务链上都会留下痕迹,不能篡改,并且具有唯一性,这样一个人的服务时间记录变得非常科学。

第二，在监管方式上，以往我们还需要各类志愿者协会记录，当然未来也可以由志愿者协会去记录，如果大家信任这个机构的话。区块链技术的机制设定，鼓励各类志愿者组织和群体进行记录，因此，对于民间的、自组织的志愿者组织来说更愿意拥抱区块链技术。青年人喜欢拥抱新技术，区块链技术之下的"时间银行"更易吸引年轻人在这个平台上记录志愿服务时间。这样的记录不再是由哪个组织认定后盖个章，你才有志愿服务记录，现在，你的记录是只要你的群体都有一个共同认可的投票机制，很多人一起投票并交叉认定了你的服务时间，你的服务价值就体现出来了。这种由大家共同认定的方式使志愿服务项目变得更加透明，实现了共治共享的新理念。

第三，在查询方式和使用方式上更加便捷。我有时间记录，我怎么用？有了区块链浏览器，你作为数据的拥有者就可以把这个数据授权给相关机构和个人查询使用。很多学校要看志愿服务记录，给你个数据包，实习证明什么的都不用了，更方便了。

第四，在兑换方式上，以前可能因为都是小项目和小闭环，所以兑换变得很没想象空间，大家不愿意去兑换物品或服务。参考比特币，我们在有一定信任度的基础之上，可以把志愿服务时间换成一种虚拟币，这种虚拟币完全可以解决这个问题。我的服务时间可以换成这个币，有了这个币，我有了选择的自由，不愿意购买这个服务，不愿意兑换这个产品，可以兑换别的啊！这样其实就抛开了小圈子的小意愿，而把自己的志愿服务的时间的真正价值按照你的意愿体现出来了。

今天，技术已经不成问题了，如果推出这样的平台、APP或者小程序，希望更多的机构能够用，更多的机构用了之后，"银行"的效果才能体现出来。用的人不多，"银行"资金池不够大，活跃度也不够，体现的社会价值就比较小。

> "时间银行"项目从现在起开始变得简单，记录时间，共同认定，一起自治，志愿奉献，机制透明科学，所以人们更加愿意奉献时间，并能及时得到激励，志愿变得更加快乐，这样就会激发更多人参与到志愿者行列！

◎ "时间银行"的区块链技术解决路径

对我这个外行而言，区块链原本只是一个模糊概念，但用志愿服务跨界思考，觉得越想越有意思：区块链是一个可以使"时间银行"真正落地的绝好技术！

那么怎么样落地呢？就一个志愿服务项目来说，引进区块链技术之后，从发起志愿服务项目那一刻起，到志愿服务完成，每一步都能够详细记录，并且可以追根溯源，很好地解决了志愿服务的"最后一公里"问题。当前，志愿服务项目的碎片化现象很严重，并且好项目不多，志愿服务行动相对来说也是碎片化，绝大多数志愿者并不是长期志愿者，更不是专业志愿者。在这样的情况下，怎样激励更多人加入到志愿服务行列？

难点就在于"志愿公益生态"的打造不仅鼓励那些本来就有公益意愿的人参与志愿服务，毕竟天生的利他主义者和把做志愿者当成本能的人少之又少；更要通过一定的激励手段鼓励大多数人的参与，参与可以带来回报，比如有荣誉奖励，有资历证书，或者可以把时间积分换成相应的服务或物品，如电影票或公园入场券什么的，实实在在的激励有利于刺激大多数人加入到志愿者行列。

> 区块链技术通过共识体系让更多人对志愿服务项目有了信任和共识，对志愿服务有了天然的预期，我所做的付出不会被忽视，永远被记录；还可以方便地得到回报和激励，只要做了，就拥有了数字资产，甚至有信用记录，并且可以跟随我一生，成为我的公益足迹，这也是挺酷的啊。参与志愿服务的人越多，这个社会就是越正面，社会公益生态氛围就形成了，公益生态体系就构建起来了，志愿服务的"最后一公里"就打通了。

当前的志愿服务面临诸多挑战，如何可持续发展是摆在志愿服务工作者面前的普遍难题：志愿行动如何才有更强的公信力，才能吸引90后和00后一代的检验和拥趸？志愿服务如何才能既有广度，又有深度，如何摆脱形式主义，如何动员那些专业志愿者的参与？志愿服务激励手段落后，什么是更好的机制？

这些问题要解决,就需要区块链技术的创新。**区块链技术可以很好地解决志愿服务"时间银行"积分的现实困难,通过去中心化,在原来的机构认证和社会认证的基础上,发展成机器认证(密码技术等的应用),因此客观公正、开放透明而更易得到公众的认可。**

以前需要志愿者协会和志愿者组织去认定你的志愿服务记录,盖上机构的大红章。但是这些志愿者机构在公众心目之中的印象未必好,有的协会比较行政化,盖个章要一两个礼拜;或者一些个性化的因素,工作人员说话比较冲等,各方面人为的因素都会影响整个社会对志愿服务的认可度,影响公众参与志愿服务的积极性。

区块链技术引入之后,志愿者或者志愿服务组织在注册登录和发布项目需求之后,所有的参与者、组织者、被服务对象,每个人都可以成为这个志愿服务行为的节点,而这些节点以往不需要在"时间银行"上留下痕迹,而今天他们都可以在这个节点上留下痕迹。

志愿者申请了这个项目之后,开始实施时就会产生两个层面的运作系统:一个是客户端层面,包括志愿者、项目发起方和项目线下实施(链外),其中,志愿者信息、服务记录、兑换记录、志愿服务组织、志愿需求项目、志愿者风采等都会在这里展现出来。

另一个就是区块链层面(链上),就是非志愿者和项目方层面的,链上可以有权利发块的中心(可以是最先支持的机构,也可以是大的社会创新机构,如社邻家、恩派等,某几个基金会,或者某几个政府组织或有政府背景的志愿者组织),一般至少 21 个中心,以后可以越来越多,越多的话这个系统就越活跃。中心可以是组织也可以是个人,这都由设立的机制决定。这些中心都有链上轮流认证和发块的权利,一般对于志愿行动的认证就是一家,其他中心可以负责记录。认证、记录和时间币由系统根据我们的机制自动发放,发放都是在这个层面进行的,而且以后的流通和官方征信也都是在这个层面操作的。通过运营机制把链外行动和链上逻辑对应与对接起来,区块链就可以跑起来了。

记录之后,系统就会产生时间戳,时间戳是不可逆的。任何一个志愿者行为通过了包括主办方和项目发起者的认证,也通过了同行志愿者和被服务对象的认证等，每一个认证都会产生一个区块，并且这个区块是按照时间朝前走的。按照区块朝前走，它就是不可以篡改的。

区块链技术实现了"时间银行"的五大特点。

第一个特点是多中心化，以前发放和记录志愿服务时间是一个机构，而现在可以授权多个主体，组成一个认证体系。即使是没有被授权的节点，其也可以参与这个志愿服务行为"时间银行"的记录，或者数据的认证和维护。比如同行志愿者或被服务的对象，所以这是多中心或者说多节点的认证，从而使这个志愿服务行为变得更加可靠。

第二个特点是丰富的内容场景。志愿服务流程中的相关信息，包括志愿者项目、志愿者时间、志愿内容、受助人的反馈都可以存放在区块链之上。这种场景是比较丰富的，也比较方便公众的查询和监督。我这里生成了一个志愿者时间币，存在了"时间银行"中，有了区块链的记录就可以成为非常方便的数字资产，在申请国外学校或工作简历证明时可以直接拿出去用，而不用再怕丢失。

第三个特点是重构了信任。前面也讲到，从个人信任到制度信任，再到机器信任，从靠不住和不稳定到了绝对的可靠和长期保存，从而使"时间银行"从以前的信任机构，到后来的信任社会机制，再到现在的信任机器，这就重构了这样的信任体系。

第四个特点是公开透明。区块链是公众志愿服务的共计共享的账本，所有的志愿时间记录会对所有人开放，实现数据的共享，任何人都可以查账。

第五个特点是不可撤销。因为是按照时间排序推进的，具有不可逆性和不可撤销性，导致谁想篡改这个数据都是不可能的，并且即使被篡改也很容易被发现。

所以，通过"时间银行"的区块链技术就形成了一个生态圈。

> 对于政府而言，便于进行监督和相关责任的追溯。对于第三方的审计评估机构来讲，很容易在网上找到这些数据，包括志愿服务项目的成效及满意度等都是数据化的，极其清晰。对于民间机构来讲，区块链促进了大家的参与意愿，从而更容易招到志愿者，尤其是对技术有信仰的年轻人。

> 对于公众来讲，公众可以参与志愿者，可以监督志愿行为，也可以查询链上信息，这样对整个社会的志愿服务氛围是很有帮助的。

对于企业、基金会等来讲，它们也可以很方便地参与其中。我们国内对虚拟货币直接当钱用是禁止的，但是可以把时间币的价值和基金会的公益捐赠结合起来，可以根据我的意愿定向捐赠到某个项目。我有1000个时间币，我想花掉，去捐给一个自闭症儿童项目，那么基金会就帮你去实现这样的愿望。有的爱心企业也可以捐赠相应的物资，使用这些时间币可以直接兑换物资。

通过区块链技术建立起了的一个公益生态体系，从而使志愿者的激励手段变得更加丰富，优点还是非常显著的。

第一个优点是即时激励。你只要做完了志愿服务，通过网上的区块顺序的认证，形成了共识，就会及时地就反馈给你，你可以非常方便地看你的志愿时。

第二个优点是可兑换，可以通过志愿者系统来兑换线下服务或者物资。以前兑换都是有时间限制的，比如上海试点的为老服务"时间银行"是必须在服务一年之后才能兑换这些时间，而区块链技术之上的"时间银行"是可以随时兑换的。

第三个优点是长期性。"时间银行"的记录是永远不会被抹去的，即使服务器宕机，也不会被抹去。这是一种非常长期的技术基础上的承诺机制。

第四个优点是可流通。时间币通过一定的机制可以方便地流通，我的时间币可以直接转让给别人，也可以众筹一些时间币共同完成一个大项目，这在网上会变得更加方便，也变得更具社交性和趣味性。

第五个优点是有利于公益征信的完善记录。网上的"时间银行"的记录可以纳入到征信序列，可以丰富更多志愿者的信用记录。在国外有先例，如果你的信用记录有瑕疵，那么可以通过做志愿服务弥补。

第六个优点是有利于形成竞争机制。可以很方便地建立一个竞争机制，像打游戏一样在网上排名。虚荣可以激发竞争意识，使他愿意去做更多的志愿服务。志愿者的荣誉激励也会变得更加容易，香港义工联每年根据志愿时间推出

"优秀义工"。

> 业界专家认为，区块链技术是和互联网技术并列的创新技术。区块链已经从最初的比特币等虚拟币发展到影响了越来越多的领域，银行、金融、律师、电商等诸多行业正在被区块链改变，区块链正在彻底改变整个人类社会的价值传递方式。可以说，志愿服务的"时间银行"是区块链应用的一个新领域，是一个意义重大的、崭新的社会创新项目。

第三节　社区公益价值链

◎ 纷纷杀入社区的企业基金会

东北某商业银行的高管也关注《社会创新者说》，有些观点她听了以后觉得理念相通，专程飞过来与我们谈合作。她曾在南都基金会工作过，对公益圈非常熟悉，大家对社区的认同也是一致的。她所在的城市商业银行成立了一家基金会，这家基金会专门支持社区自治、社区治理等项目，还支持了"幸福社区"公益项目以及佳木斯市的社区创投大赛。

当然，一个城市商业银行成立公益基金会，这不是什么新闻。因为国内很多企业都成立了企业基金会，在新成立的基金会里面占了很大比例。对于这一点，大家已经不吃惊了。

对此深究后，我发现了另外一个现象：很多企业基金会纷纷杀入社区，并支持社区项目。

2008 年，广东的桃源居公益事业发展基金会就成立了，民政部是业务主管单位，桃源居集团捐了一个亿成立了该基金会。基金会大力参与社区发展事业，而且已经走出了广东,在北京和上海都有它支持的公益项目。这两年,桃源居公益事业发展基金会将工作重点转移到了支持社区基金会上面。它的支持方式非常直接,不像有一些基金会仅仅参与和支持社区项目,它是直接发起成立社区基金会。比如,上海就有三个街道的社区基金会得到了它的大力支持,它为这些社区基金会注入的资金都在百万以上,成为了这些社区基金会的主要发起人。它想把桃源居公益事业发展基金会规范管理运营的模式引进到这些街道。

那么,像桃源居这样的基金会为什么会愿意花重金去打造社区级的基金会呢?

我相信这背后有很多深层次考虑。1亿元的资金,一家社区基金会200万,起码可以建立50家,那么桃源居的影响力就覆盖到了50个街道。**如果每一个社区基金会都运营得很好,那随之而来的是社区资源的融合,是社区服务品牌和项目的打造,公益的后面不排除商业项目在这些社区的机会和空间。**当然,我对桃源居公益事业发展基金会和桃源居企业的了解并不深,只是在这里替它畅想因公益路径深度融入社区而带来的未来社区的商业价值。

再看另一个例子,2018年,新力地产发起的上海新力公益基金会在上海正式成立。两个月之后就推出了"社区基金会公益创投大赛",口号是"让社区基金会没有难筹的项目",参与项目大赛的都是上海的社区基金会。新力基金会会给予这些社区基金会开展的项目经费支持,同时还支持它们做线上和线下的筹款方案,后续还会有一些配捐、99公益日筹款等支持。这两天新力基金会的举措在公益圈引起了不少关注。社区基金会都分散在社区,呈碎片化,少有联动,也很少有项目专门为社区基金会打造,因为大家都觉得社区基金会本身有钱,所以也不会想着要支持它。

新力基金会的布局也是颇有深意的。因为它进入社区的成本和融入社区的成本要比桃源居更低。桃源居支持的是社区基金会的原始资金,而新力基金会支持的是社区项目的小钱。当然,只支持项目对社区的牵动力会更小,但是通过这样一个个投入的项目,可以将社区基金会联动的平台搭建起来,背后的价值是非常大的。

说起地产公司组建基金会,不能不谈一个相当典型的例子,就是台湾信义房屋集团的信义公益基金会。信义房屋的核心业务是房地产中介，在台湾地区很有实力，在上海也有很多连锁经营的房地产中介。他们在嘉定等地区也开发了社区，也是一个典型的地产企业。

信义公益基金会大力支持社区总体营造行动。在上海最早开始对社区总体营造探索的就是信义公益基金会在嘉定区马陆镇信义社区开展的探索。在信义造的房子的底楼会预先设计公共空间，这些设计是非常有远见的，可以吸引老百姓走出家门，到社区中搞活动，在这些两层的公共空间里，可以打乒乓球，举办生日派对，大家一起在这里喝茶、聚餐、烧饭，形成社群，继而形成社区共同体意识。

信义公益基金会在社区总体营造方面的探索是非常符合上海社区治理的方向的。应该说，信义公益基金会自 2004 年在台湾以区，以及这 5 年在上海嘉定的探索是火种，这种扎根于社区一线的实践是很有价值的，它启发并推动了成都、顺德、南京等地的社区总体营造事业的发展。

我们来分析一下这三个地产企业成立的基金会。它们进入社区，大家可能会说，因为它们是地产企业，是造房子的，所以在社区的扎根运营和它们的商业模式是分不开的。信义公益基金会做了社区总体营造，老百姓感觉满意，喜欢上了这个社区，那么这个社区的地产价值就会增值。这一点对新力地产和桃源居地产来说也是同样的目标。这是从"利"的角度分析它们的动机，但不可否认的是，它们肯定还会有"义"这个方面的动机，这就是我们常说的企业社会责任。是什么使这些企业愿意积极地投身到社会责任事业之中呢？我觉得有三个方面的原因。

第一是情感。企业家有很强的同感心，愿意去帮助那些弱势的、贫困的群体。有能力的人更有责任去做这样的事，所以他愿意把一部分的利润投到助人和助社会的项目中。

第二是社会思潮。在西方发达国家对应的是这样的价值观——富人进天堂比骆驼穿针还要难，身怀巨额财富而死去是耻辱。在中国，这样的理念也在为更多人所接受。这就是王振耀院长所倡导的"善经济"，中国已经进入到了这样的阶段，社会价值开始引领经济价值。追求社会责任和社会价值已经成为一种社会的思潮。

第三是社会发展。企业社会责任是社会发展的产物,随着人们的需求升级的就是我们常讲的美好生活。为了更好地满足这些需求,需要更多的有社会责任感的、以人为本的企业去提供这样的服务,如养老、儿童教育、残疾人服务等。它既是公益事业,也是重要的社会企业发展的领域,这就是社区服务业。

> 这么多的企业纷纷成立基金会,这些基金会纷纷杀入社区,这背后不仅仅有"义"的因素,肯定也会有"利"的因素。某种程度上,"义"和"利"实现统一,在社区实现了统一。做好社区服务,既能得"义",也能得"利"。

现今,中国都是企业成立基金会,还没有出现像国外那样的基金会成立企业来推动社会进步的。比如,宜家的最高层就是一个基金会;英国的养老集团管理着几十家的养老院,但是它的总部就是一个基金会。

我们虽然没有看到这种趋势,但是我想,社区基金会或者说这些纷纷投身于社区的企业基金会在一开始可能做的是纯公益的事情,但随着他们深度融入,在社区运营了人群,有了项目,有了自己的大数据之后,再推出一些社区服务也就顺理成章了。并且他们很以人为本,很有发展前景。

社区服务是刚需,很容易做大,在这个基础上做大的企业,它既能兼顾我们所讲的商业模式,同时也会是比较好的公益和公共服务企业。它的未来是值得期待的。

这些基金会通过支持公益创投来发现社区创业者,在这样的基础上来形成公益模式或商业模式,从而形成一个大的社会企业集团,其中一部分继续做公益和做社会组织,而另一部分则变成社区服务企业。这些企业有着共同的基金会背景,有着共同的价值追求,会在政府关系和社区融入方面更具优势,所以有更大的发展前景。

再回到最初的例子,即商业银行成立的企业基金会为什么这么关注社区治理和社区创投?在支持社区公益的过程之中,深度地融入社区和运营社区不失为一种捷径。什么样的捷径?就是金融行业转型发展的捷径,这可能会成为对抗互联网金融和零售银行的创新探索。

◎ 物业公司都这么玩了，社区基金会岂能更 Low

2017 年 11 月 2 日，志愿服务论坛在成都举办，作为联合承办方，我代表社邻家去参加了这个论坛。论坛上有一个演讲对我触动比较大。

万科物业成都公司的一个负责人讲到了万科物业运营的一些情况，其中一些方面没有出乎意料：作为国内物业公司的前沿探索者，万科物业做得相当好，物业服务甚至使万科房产价值有所升值（因为万科拿地的地段都不太好，但房价不低），关于这一点，大家都是有所体会的。

她在演讲中说："万科物业中，看得见的东西是重要的，但是看不见的东西可能才是最重要的。看得见的是物业的员工和清扫工每天忙碌的身影，以及清洁的路面。但万科最重要的是它的后台形成了一个庞大的支撑体系，万科有一个 APP 平台，充分地实现了内部管理的流程化，对员工工作标准实行大数据的管理，以及对于业主相关需求数据的管理。"

这位万科的负责人讲："在万科的系统之中，一个螺丝钉是哪里生产的、哪一年生产的、什么时候维护的，这些都能够在数据库中找到。所以万科物业在历经几年以后，其管理水平和其他物业公司的管理水平的差距就显现出来了。"

触动我的远远不止这些，主要是她谈到的"友邻基金"的事。"友邻基金"来源于哪里？万科物业所管理的小区总会遇到一些需要更新维修的事，如果是大的维修，那就要靠维修基金，使用这些钱有非常复杂的流程。还有一些费用在收取之后要进入总公司，用起来也不方便，审批太复杂。每个小区都有很多需要付费的情况，虽然都不是很大的项目，但都是影响老百姓感受度的非常关键的点。所以万科物业就成立了"友邻基金"。

那么，"友邻基金"的钱来自于哪里？主要来自于物业运营，比如一些公共空间的收费和公共设施使用的收费，还有些电梯广告等费用。万科物业经常举办一些活动，APP 平台上也会推一些团购商品，商品的供应商会给他们一定的费用，同时团购之后也会有一些利润，这些利润也都打入"友邻基金"。

万科物业也会组织一些活动，参加的业主比较多，活动费用还会有一定的盈余,比如他们组织的"乐跑"活动、公益活动等费用也进入到了"友邻基金"。"友邻基金"除了用于社区的微更新、修修社区广场的躺椅等,还用来支持做社区活动,包括社区文化节、社区邻里节等品牌活动,以及帮助一些社区困难居民,这样"友邻基金"就很好地运作起来了。

听完之后我就想,这就是一个典型的社区基金会,并且还是一个相当优秀的社区基金会。"友邻基金"的钱来自于社区,用到了社区,用于支持社区活动,还在活动过程中培育了社区团队,运营了"乐跑"这样的公益项目,而这些活动还可以用来筹钱,因而实现了基金的良性循环。这不就是一个优秀的社区基金会吗?

当一个物业公司所运作的"友邻基金"都到了这样一个层面,那政府大力推动的社区基金会建设怎么能够不扪心自问?

当然有人会说,物业公司是为了自己商业利益的最大化。这一点没错。社区基金会的最大目标是社会资本的最大化,同时要追求资金收益,如果没有收益,那么社区基金会就不可能实现良性运转,所以资金是它最核心的追求。

> 对于目前上海成立的 70 多个社区基金会来说,最重要的是要解决它的动力机制问题。可以说,社区基金会的源动力来自于政府,政府通过出台政策推动各个街道成立社区基金会。在成立过程中,其主要资金来自于政府或者国企,所以原动力的问题已经解决。但是,日常动力机制和后续的动力来自于哪里?

我觉得关键在于运营。**如何运营好社区基金会?从某种程度上讲,我认为一定要脱离传统的公益组织运营思路,应该具备一些像万科物业这样的商业化运营机制。**

虽然社区基金会是公益组织,但它内在的动力机制不应该和公益组织的运营模式完全一样。

这里有很多方面也需要说明:社区基金会毕竟是基金会,所以它的领袖可以是一些从商业领域中打拼过来的人,且这些人的执行力、效率以及对目标的追求可能会适合基金会;从对资金的依赖程度上来讲,社区基金会不应该过多依赖政府支持，而是要向社区寻求内在的激发和内在的触动，使钱主要来自于居民，再加之一些商业运作经验，借一些企业进入社区之机，实现居民得到便利服务、商家得到收益的双赢结果，在此之中收取合理利润，用于基金会。这些商业化的逻辑是可以用到社区基金会的运营中的。

事实上，除了万科物业之外，很多房地产公司和物业公司也在成立自己的社区基金会。比如，南方的桃源居成立了桃源居公益事业发展基金会，台湾地区的信义集团成立了信义公益基金会。信义公益基金会把大量资金运用到了社区营造，在房子没造之前，在规划时就已经将社区营造理念贯彻在了其中，比如他们会在几个楼栋留出一些公共空间，做未来的公共客厅，而公共客厅举办的一些小型活动，如跳蚤会、居民生日会等，信义公益基金会是给予支持的。

我们可以看出，对社区基金会这个事，好多房地产企业和物业公司是有兴趣的，这样的运作提升了物业的价值，可以让他们把房子卖得更贵，他们是有动力去做这样的事儿的。

包括万科的"友邻基金"等在内的这些基金会给予我们有关社区基金会的启发便是：

第一是要有平台。平台是基础设施，且一定是基于互联网的平台。在这样的平台上，有大数据，便于大家相互交流沟通，也方便活动的动员和组织。如果仅仅靠线下发通知等传统手段，是很难大量地、低成本地去动员居民参与社区活动的。而且这样的平台会对数据进行分析，有利于明确今后活动的定位和方向。这个平台也可以将相应的活动和数据公布在网上，可以很方便地实现公益项目的透明化，使居民对这些项目更加信任，也更愿意去参加社区基金会的活动。

第二是要有专业的团队运营。这个专业团队要有一定的市场意识。当然，我不是说这样的团队必须都是商业方面的团队，有社会经验、有公益意识的社工和社区工作者其实也应是核心团队成员。大家一起来确保社区精神的培育和社区共同体的打造，而不仅仅是举办了一个活动而已。反观很多社区基金会，很多是由政府公务员兼职在做，肯定是做不好的。

第三个是要形成良性的机制。包括社区基金会筹款机制、志愿者机制，还包括社区福利激励机制、议事制度等，以确保这些项目的公益性和可持续性。

第四个是社区基金会应该有多元的筹款机制,不能对国企和政府资金有过多的依赖。如果全是政府支持的话,社区基金会必然会沦入行政化陷阱。所以,筹款应该像万科物业那样,既要有一些收费活动和收费服务的利润,也要有一些商业化运作的团购活动产生收益,同时发挥好公益组织特长,组织一些公益募捐活动。多元的资金机制才能够确保社区基金会有持续的资金来源,才能够保证对社区活动的持续投入,才能够确保社区活力的提升,这才是社区基金会成立的重要意义。

◎ 情怀引领的"二手商店"

二手商店可能大家去过,有二手书店、二手电器商行等;在互联网经济之下,有的互联网创业项目就专门做二手奢侈品的线下门店。这些二手商店从商业模式上来讲没什么新奇,能挣钱,有需求,怎么称得上是"社区新业态"呢?

"情怀引领的二手商店"在这两年越来越体现出生机和新意来:民政部门支持、分布基层社区的慈善商店卖二手东西,虽然经营得不好,但充分体现"慈善"二字;还有一些公益组织和社会企业做的"美好生活商店"等,纷纷涌现,公益色彩深厚。之前我去北京参访众爱和同心互惠两家"二手商店",它们在北京已经运营了十多年;广州新开业了两家二手慈善商店;上海"善淘网"的线下门店已经有了 10 家。这些"二手商店"在店面设计、产品品类、运营模式等方向都和传统的慈善商店有很大的不同,让我深深感受到了这种"社区新业态"的特质,我称之为情怀引领的产业,不仅仅是在卖商品,而且是在卖情怀。

我认为,情怀引领的"二手商店"必是一个快速发展的新业态,因为社会文化背景发生了变化,此类型业态发展的大势已到!

第一,消费二手的习惯在养成。消费二手变得越来越时尚,成为一种新的生活方式。二手商店倡导的生活方式是环保、乐活、极简主义……就像在日本成为风潮的极简生活,一个人就拥有两三套衣服,有极少的家庭用品,骑自行车,一切在走向物质主义的反面。

很多人有国外留学工作的经历,习惯了去逛跳蚤市场,习惯了消费二手,回国之后会把这种理念带回来，所以北京、广州这些大城市出现了"二手商店"也是非常顺理成章的。同时，很多社区在开展跳蚤会和二手集市，这种文化的背后就是大家开始接受二手消费，传统观念在发生改变——二手脏、不入流，没钱所以才消费二手，以及二手不吉利，这样的心理要素在发生改变。

第二，浓郁的公益环境的形成。无论是慈善商店，还是像北京的众爱慈善商店，都要刻意营造公益的氛围，在最明显的位置都会有公益愿景的宣传和公益项目的说明，这个东西你买了后，会捐赠给哪个基金会，哪个群体将会受助，透明公益做得越来越地道。店员不少是志愿者。我去北京众爱超市的二手书仓库，一个老外志愿者在理二手书，他说他一天的时间在这里做志愿者。

第三，环保。在习总书记的倡导下，垃圾分类成为时尚。在环境污染恶果频现、垃圾围城的大势之下，大家对消费二手有了切身体会。消费二手是把这些资源重新利用起来，是对地球的关爱。

这些情怀要素的大势之下，可以得出什么样的结论呢？

> 我认为，二手商店会成为社区创业者的热点项目。二手商店直接带来低价的商品流，并且是可以赚钱的模式，所以如果你做社区服务和社区营造，或者做社区公益，那么二手商店都是核心项目。

英国乐施会除了通过"毅行"等活动公募资金外，1947年开业的乐施会慈善商店是全世界最有影响力的慈善商店之一，如今在世界各地都有分店，在英国本土已超过800家。日本生活俱乐部生协（日本消费生活协同组合，类似于国内的合作社）下面也有二手商店。我去香港看过一个国际组织救世军，在香港有15家生活商店（二手商店）。

二手商店成为很多公益机构和社会企业的核心项目，通过运营赚钱，赚钱之后再反哺到公益，并支持机构的公益事业，这成为了很好的公益闭环。国内也出现了这样的情况，如果你做社区基金会，做社区公益项目，做社区社会企业，经营一个二手商店是很好的选择。第一，二手商店扎根社区，针对的都是社区消费人群，地域上接近；第二，有强烈的社区情感因素，有公益色彩，有情感连接，旨在打造社区合作的共同体；

第三，倡导的是新型的、良性的社区关系，合作与共享的精神，合作消费、共同购买，共享物品，你服务我，我服务你，这是很好的社区互助。二手商店不仅仅是经济范畴，也是精神和物质的范畴。二手商店不仅仅是在卖东西，也是在卖情怀，在二手商店里买东西，心里会很平衡，觉得买了低价的东西，又支持了公益，何乐而不为；如果带孩子来，对孩子也是个很好的教育。这里打造的是新型的社区关系。

第四，二手商店运营的基础在于广泛的社区参与。里面的商品是社区居民捐的，而里面的东西是其他居民买的，里面的店员也有可能就是邻居，并且是志愿者。

所以我们看到，二手商店是一种典型的社区业态，而且是一种新型的社区业态。那么接下来分析一下二手商店现在有哪些运营者？第一，是政府的民政部门以及下属机构，包括慈善基金会等，它们运营了国内绝大多数的慈善商店（二手商店），这个我不说了，基层社区有很多了，基本上每个街道都会有这么一个慈善商店。第二是公益组织。很多公益组织，包括一些社区基金会都希望有一个自己的二手商店。在国际上也很普遍，乐施会、救世军等很多公益组织都有二手商店项目，这就不展开说了。第三是企业，尤其是这两年兴起的社会企业。这一次去北京看了两个典型的社会企业：一个是"同心互惠"社会企业，一个是把向农民工售卖二手衣服作为核心业务的二手商店，创始的三家公益机构对这个公司有绝对的控股权。

"同心互惠"还得到了易方基金的投资，这种投资就是典型的公益创投，他们创投的目标非常明确，就是希望领导人（企业家）要有公益精神和社会责任，在模式创新上要有社会性，而不仅仅是挣钱。它的商业模型也很简单持久，并且已经做了十几年，向农民工卖他们买得起的二手衣服，这个商业模式是非常持续的，所以他们获得了投资。

这个社会企业的董事会非常有意思，非常多元，总经理有互联网创业经验；还有京东的一个天使投资人加入；还有斯坦福大学一个教授是独立董事；还有中国著名的一个农业专家李昌平；还有公益基金会的一些人；当然还有项目的创始人"工友之家"。这样的董事会就充分体现了它的社会责任属性。

再举另一个例子，北京"众爱慈善商店"创办于 2008 年夏天，汶川大地震之后，一个不懂中文的苏格兰女士在自己住宅区附近联合了周围七家小型的孤儿医疗救助机构一同创办了一家二手店，叫众爱慈善商店。十几年以来，从不足100 平方米，发展到今天的 2000 多平方米的实体店（其中包括一个精品店，还有一个折扣店，里面都是新品，30％销售额捐给一个公益基金会）。这两年，它还租了一个 4000 平方米的二手仓库。

众爱二手商店早已经摆脱了传统慈善商店的面积小、东西乱、品种少、设计丑等特点，卖的东西不不仅是米面粮油和衣服，它里面的商品非常丰富，有家具，有家用电器，有床上用品，有宠物用品，还有文化艺术产品……。同时，它还在网上开了淘宝店，开了微店，筹款方式更加多元。2016 年以后，它每年都会捐出1000 万以上的救助款，规模效应已经产生，运营也非常良性。

分析一下，这些二手商店为什么会比较成功？

第一，地段好，人流量大。它们选的地方都是地段比较好的，而不是放在犄角旮旯的地方，即使你不要租金，或者免费捐给你，但是人都没有，有东西也卖不出去，那就失败了。

第二，东西品类越丰富越好，但便宜更重要。品类要丰富，并且品质要有，如果是中高档的东西更好，你义乌批发一批东西来卖效果肯定好不了，因为你比不过批发市场。你要想象一个场景，居民在逛你的二手商店，要给他什么体验，要让他有超出预期的体验，可以是好产品或好价格。英国乐施会的慈善商店就是一个好例子，你应该知道牛津街是时尚达人的必去之地，你多半也知道邦德街和摄政街是奢华的代表，但是你却不一定瞧得起遍布于伦敦大街小巷的慈善商店。如果你是这样想的话，那你可就大错特错了。相较于奢华名贵和时尚英伦，伦敦慈善商店出售的东西有的时候才是多少钱都可能买不到的珍品，有设计师的单一作品，有老古董。在乐施会的慈善商店，四五英镑就能买到品牌产品，还有 10英镑的 J. Crew 连衣裙、10 英镑的 Gucci 鞋子、20 英镑的 Chanel 手袋等。

第三，运营成本要低。慈善也是有成本的，把运营成本降下来才能挣到钱，才能可持续发展。虽然都是公益组织和社会企业，但店的租金和设计装修其实是不低的,所以运营上能降的必须要降下来,通用的做法是鼓励更多志愿者的参与,这在二手商店中成了普遍现象。二手商店里面应该有更多的志愿者、社区达人,或者社区合伙人的参与。

第四,形成公益号召力。一定要有公益或者情怀的引领力,唤起人们心中最柔软的地方。你要做的事和做出的公益产品要有创新,像众爱慈善超市,当初做了一个很小的项目,就是专门为那些孤儿买奶粉、买尿布,点很小,但很能唤起社区妈妈们的同情。每年99公益日,他们都会推出有特色和有感召力的项目。对于任何一个二手商店来讲,公益项目不可或缺,靠情怀吸引更多人的参与公益,能够吸引大家在这里买东西,来这里做志愿者,来这里理货、发东西和维持秩序。

> 再总结一下,我认为,二手商店是一个社区新业态,是很多社区创业者和社区社会企业的核心项目,在国内虽然有了较为成功的二手商店的创业者,但总体上数量并不多,所以这个新的社区业态还是有很大的发展余地的。所以,如果你有志于去做社区,无论是社区服务还是社区营造,二手商店都是一个非常值得大家投入的、有极好的发展前景的好项目!

第五章

聚力前行：社区营造的多方机制

第一节 社区参与

◎ 如何唤醒"沉默的大多数"？

何谓"沉默的大多数"？最初我在基层，在上海的一个街道做社区工作，与居民打交道。我发现，做社区服务和参加街道活动的人员主要以楼组长和居民骨干为主，参加"三五学雷锋""重阳节活动"和"迎新联欢活动"的都是一批人。

社区服务不能只单纯地服务这些人，可不可以影响到更广泛的居民？比如一些中青年和一些骨干，他们经历丰富、资源多，但是努力过后，我发现，他们很难参与到社区的工作中来。上门找到他们的时候，他们很客气，但当真的要参与活动的时候他们就以各种各样的事情和理由来推脱，所以我称这样的一批人是"沉默的大多数"。

导致他们成为"沉默的大多数"的背后还有一个原因，即有很多所谓的公共活动只是要求大家参加，而并不是邀请大家真正参与其中，活动的整体设计与体验都比较差，且没有太多意义。有些活动大家却认为，即使参加了，但都是简单无新意活动，无法带来实质改变，也正是因为这种习惯性失望,所以大家才越来越沉默了。他们并非不关心社区,而是选择了沉默。

后来到共青团工作后,我发现共青团也存在这样的情况。我们所服务的青年也只是青年之中的一小部分,一小部分人有参与积极性,喜欢和其他青年人打交道,对组织化的生活有一定的兴趣,而其他绝大多数的青年则成为了沉默的大多数。

在文广局做文化工作的时候,我也同样发现了这样的现象:公共文化服务的对象只是少数人,像扇子舞大妈队,一些免费活动和公益演出他们都喜欢参与,但一旦涉及到收费就很难吸引观众,比如一些话剧、演唱会、交响乐等。一些我们认为非常好的活动,例如读书会,参与的人也并不多,所以在公共文化领域里也存在"沉默的大多数"的问题。

多年来,我一直都在和"沉默的大多数"这一困境作斗争,直到今天依然困惑。在政府部门工作时,我也曾想过一些办法,我发现沉默的大多数人并不是没有兴趣参与到政府的体制之内,如果项目与活动很好,也会有很多人参与,就像白领话剧社。但同时,我也遇到了非常大的问题,一些人参加一次活动可以,但如何长期将这样一批人凝聚到一起实际上是非常困难的。参加一次活动之后,如果没有好的激励机制,那么这些人也难以成为稳定的支持者和参与者。离开体制社会创业以来,这样的困境仍然在困扰着我。这是一个必须要去打破的困境。

针对于"沉默的大多数"的服务是非常难的,就目前而言,以下三个方面都存有问题,是必须要改进的:

第一个方面是"沉默的大多数"的需求是多样的,并不是简单的活动和服务可以吸引的。他们有基本的诉求,比如就业服务,在基层就业服务的工作人员有一句口号叫"不挑不拣,马上上岗"。但"不挑不拣,马上上岗"只能满足少数人的就业,而对于"沉默的大多数"来说,就业的需求是多样的。以动漫社团为例,喜欢动漫是一个很宽的分类,可以细分,再细分成很多类,如二次元、动漫电影、Cosplay。按照地域划分,有人喜欢日系的,有人喜欢漫威,还有人喜欢欧洲的,各不相同。因此若只提供简单的动漫服务，那么只能影响对动漫有低端需求的人，而无法影响对动漫有更加细化与更加专业的需求的人。

第二个方面是满足需求的即时性。"沉默的大多数"对时间十分有要求，他们没有时间但有钱，因此他们希望需求能即时得到满足。反观政府的服务，要做到这一点比较难，一个项目从策划到推出，时间很长。在金字塔的体制内，效率是跟不上的，因此难以满足需求的即时性。

第三个方面是服务能力是否能跟得上。以往在做政府工作的时候，管理有很多节点，例如，很多材料要报给一个人，再由这个人布置下去，而这样的一个人就是一个管理节点。而管理节点的人的水平即决定了这个工作的水平。另外，服务能力与组织特点也分不开，一些好的项目大家都有需求，但是有些机构的服务能力却跟不上。如果想服务一些青年，组织他们到咖啡机企业参观，而这些咖啡机企业觉得接待一两批人可以，但如果批次多了可能就承受不了了，由此可见，接待能力很重要。近期原本想组织一次到海尔大学参访的活动，结果报价却是十万。曾拜访江苏淮安的一个水上办公楼，这个办公楼是由普利兹克建筑奖得主阿尔瓦罗·西扎设计的，而参观套餐是 150 元一个人。

上面分析的是政府层面，而公益活动也是一样。我们对公众参与公益活动的积极性持乐观态度，其实沉默的大多数人愿意参加公益活动。而如何做好公益活动对于我们做公益的人而言，挑战非常大。

首先是个性化的诉求是一件很难的事情，大家做公益，对时间段、参与人数、项目内容都会提出很多要求，这些要求是很难满足的。之前曾帮一个 500 强的副总裁推荐一个公益项目，这个项目花费了很多时间，推荐敬老院，这位副总裁觉得太传统；而推荐另一个由留英归国人员创办的日间照料的机构，联系之后他也不愿意去，他想参与的是一些所谓的"高大上"的项目，但是这些国际项目又没有档期，同时服务能力也是一个很大的瓶颈。现今的教育机构鼓励高中生做志愿者，但是倒过来看，能够提供志愿服务的机构的自身服务能力也是有限的。

市场领域同样遇到了"沉默的大多数人"的问题。但市场有一个好处，就是它的反应速度是极快的，可以快速地调整自己的服务格局，从而使自己的产品不再仅仅局限于低端的服务和低净值的客户，而是面向了那些"沉默的大多数"，那些有消费能力的大多数。全家在上海发展得特别好,里边的商品价格是高于大超市的,且30％为进口商品,即时商品更新换代的速度也特别快,每三个月口味可能会换一遍,所以全家能迎合一批对时间要求很高的人,因为这些人没有时间,所以对价格也不敏感。京东投资的永辉超市主打受青年人和职业人士欢迎的新零售模式。盒马鲜生也是阿里全资投资的社区生鲜便利体验店。通过这些,我们看到了这样一个趋势,即它们已把自己服务的重点转向了"沉默的大多数",在用一流的效率和一流的体验给"沉默的大多数"以更好的服务。

对于上海这座城市而言,城市在升级,产业也在升级,这样的结果就是不断淘汰一些低端的、只讲规模的产业。市区内的很多大菜场纷纷关闭并转而变成了生鲜超市,类似盒马鲜生这样的业态发展很快。消费也在随之升级,一些只拼价格的消费已经越来越无法吸引"沉默的大多数"的兴趣。一些小预算的高档品不断出现,舍得花几百块钱买一个可以用一辈子的杯子的人越来越多。技术也在升级,互联网带来的变化使"沉默的大多数"拥有了更多去找到节省自己时间、获得更好的体验、有一定文化特质的产品和服务的可能。

在这样一个全方位转型升级的社会中,公益业者也应不断转型与升级。我仍然在摸索,试图去破解这十几年来一直困扰我的困境。但直到今天,仍然没有答案,所以下面的三个观点是我今后需要努力完成的事情:

第一,重视"沉默的大多数"并服务于他们,即使是很小众的需求,营销也一定要面对"沉默的大多数"。为什么? 因为只做小众、只做内容,并且购买者只是单一的政府或被服务者的话,我们的事情做不大。所以我们一定要向"沉默的大多数"去营销,去做公益营销和新媒体营销,只有大家都重视这件事,我们所做的公益小领域才会有大影响,才会有未来。像瓷娃娃这个群体,只有当一些影视明星参与其中,并且拍摄公益广告片之后,影响才越来越大,才使整个社会关注到这个群体。

第二,在技术升级的今天,我们要有一个互联网的大平台,其能够真正地将公益需求和公益项目对接起来。正如前面所提到的,我花费了很大的力气,打了无数个电话可能还未解决一个志愿者的需求。如果有一个互联网平台帮助解决信息不对称的问题,那么就可以节省时间直接解决个性化与个体化的需求。而到目前为止,在公益领域,还没有一个像淘宝那般有影响力的供需平台,没有像大众点评那样的评价公益项目好坏的平台，甚至一个专业的、只做志愿者需求的平台也很少，而且不够好，与我们市场上所提供的互联网服务的产品无法比拟。

第三，公益要出产好的公益产品，一定要让"沉默的大多数"可以节省时间。因为他们没有时间，要让他们可以方便地参与到公益活动中。春节前，我买了一份春节人身意外险，对于我来说，买与不买两可，但整个操作过程却是非常快捷，只需 20 秒我便买完了一份保险，用微信或支付宝都可支付，甚至还有时间可以抽红包。类似这样的产品值得公益界学习，**正如随手公益和一些"微志愿"的项目就是帮助我们这些"沉默的大多数"节省时间，如果既能够节省时间又能实现情怀和真正参与公益活动，我相信这些"沉默的大多数"会变成支持的大多数。**另外，对于我们自身开发产品的一些公益组织来说，我们的产品要不断地快速迭代，不能同一产品一用就是三四年，要不断地根据客户的要求和参与度来调整我们的产品和项目，不能闭门造车，要唤醒沉默的大多数，让他们积极参与到我们的项目中来。

◎ 社区自治，自治了就会好吗？

我之前和一个朋友在聊天，他讲了一个事：他在自己小区停车，停车管理得很混乱，一个保安在边上指挥，业务特别不熟练。他对保安说："你们物业怎么管成这样，业务怎么培训的？以前的物业公司做的比你们强多了，车位划得很科学……"保安斜着眼回了他一句："以前物业公司那么好，你们怎么还联名罢免了它？"然后，这个朋友就无言以对了。

在第 73 期"社会创新群线下沙龙"上，一个朋友分享了成都的一个案例：一个社区物业服务得特别不好，业委会受到质疑，后来一些热心人私下里联合起来，成立了一个群，然后去找相关政策，多方联合，得到了绝大多数业主的支持，重新选举了业委会。然后，新业委会把前面物业给干掉了。换完之后，发现新物业公司真不行，还不如以前的物业公司。这个时候，又有一批人站出来质疑前面的流程，说表决有问题，流程有问题，维修资金管理有问题，这里有问题，那里也有问题！**这样一帮自发联合起来的人觉得挺委曲挺伤心的，一片好心怎么做成这个样**

子,还不被理解,感到很无力。今天再问他们"现在的状况和以前有什么区别?"他们觉得区别在于,如果今天再去提社区自治的话,可能更加难以推动了。

这两个例子讲的是同一件事。应该说,这样的情况很多地方都发生过,应该说是普遍存在的——通过居民自治,成立新业委会,把物业公司罢免,但后来的物业公司服务并不让人满意,导致居民对这些所谓的"捣乱分子"又有意见了。

如果只是看自治的过程的话,可能说成功了啊,有民主的程序,选出了新业委会,充分体现了民意。而自治的最终结果可能未必好!

所以,我们都谈社区自治,难道社区自治了,就会好了吗?

如果举不好结果的例子的话,随手都可以举出很多:上海普陀区有一个规模超大的楼盘,居民的民主意识和参与意识特别强,自发组织动员的能力也很强,也有一些民间领袖,通过网络动员起来,以前是 BBS 社群,现在是微信群。动不动就联合起来,网上签名,联合抵制,一签就是上万人规模,导致很多好事也办不下去。比如,小区边上要建一个综合为老服务中心以满足这个超大社区的老年需求,有人觉得为老业态不好,不吉利,所以就在网上呼吁,在网上联名抗议,最后导致这个综合为老服务中心的难产。

我想起了那本非常著名的书《乌合之众——大众心理的研究》,里面讲到的就是群体心理的一个特征,"人们在群居状态之下的心理道德行为特征往往会呈现盲目、冲动、狂热、轻信的特点"。所以在自治的过程中,有的人(一部分人)别有意图,带有倾向性引导民意,很容易使大家做出一些破格甚至出格的事,而后来想想都很滑稽。

呼应前面说的自治,自治产生不良的效果也是可以理解的。如果有一些人在里面煽动不良情绪的话,民主自治的整个过程和结果都会受到影响。

当然,社区自治是一个系统目标,其不仅包括**民主的程序**,就像前面讲到的,民主选举新的业委会或选聘任新物业公司,程序是民主的,过程是自治的。

同时,还要有**治理的团队**,确保是一批负责任、有公信力、大家都认可的团队在推动,成都那个社区业委会换届的事中的那批发动者为什么受到质疑? 可能他们自己在能力和影响上还真的难以服众。

当然,第三个目标就是**自治的机制**。社区自治比较复杂,参与者多,有党支部、居委会、物业、居民自组织等，都要协作，因此，自治的流程完成后，要形成良好的自治机制，新的业委会要和物业公司有更好的磨合，如果服务不到位，它要有一个机制去沟通。还有，居委会和业委会之间到底应该怎样协作？这都是需要一个完善的机制。对于社区自治而言，应该是一个系统目标，而不应该仅仅追求其中的一个方面，不是只有程序好就好了，就是好的社区自治了。

当然有的人会说："虽然结果不好，但是我们追求的就是过程，整个程序挺民主，大家的参与精神都激发出来了，不就可以了吗！"有些人会认为自治注重的是过程，因为在过程之中，大家锤炼了公民精神，开始关注自己的社区。但是，我们也不得不看到，如果只有好的过程，而没有好的结果，最终居民还是会过来质疑整个引导民主自治的一批人，倒过来反对你，哪怕你整个过程做得再完美，都会有人跳出来反对你。这个时候，你会觉得挺尴尬的，挺委屈，说："我是全心全意地在为社区服务，也没有任何私心，但是为什么你们这么对我！"

纵观这么多有好的过程而没有好的结果的一些事件，我有三个方面的建议：

第一，自治需要更好的技术。自治到底应该有什么样的程序，这里面是有技术含量的。我们通常讲的议事规则就很重要，在科学议事规则之下，大家形成共识会比较容易。如果你各方面都有漏洞，老是被人抓住小错误，那就有问题了。

我之前参加了一个团市委的"青年参与业委会建设"为主题的座谈会，一个青年业委会主任建了一个全国业委会主任的交流群，他说，上海业委会小圈子被全国业委会同行称为"技术流"，上海很多业委会里面人才济济，有律师，有会计师，各方面人才都有，他们专心研究物业条例，研究规则流程，对每一个条款较真，很偏执地要把规则研究得很清楚。如果是这样一批"技术流"推动的话，很难出现像成都那样的后来被人质疑流程漏洞的情况。**社区自治还是需要技术的支持，这样才能够确保自治程序的完美。**

第二，自治需要理性的、有能力的治理团队。治理团队特别重要的，推动社区自治的一批人应该是怎样的人？起码能够服众，大家都认可。当然，这种认可是全方位的 360 度认可，不光居民认可，居委会等方方面面都要对你认可。所以，治理团队应该有能力，更要有公信力。在这里面，就要把西方的技术性的东西和中国的人本性的东西结合起来，既要讲究流程，讲究程序，同时也要洞悉中国人对权威的习惯思维。在新的业委会中，一定要有德高望重的人，比如人大代表或知名律师，他就能压得住。像成都这样的例子，光凭热情，光凭你的小小影响力，对其他人缺乏引领和说服能力，这样可能就会吃亏。

第三，要有好的自治机制。什么机制呢？顶层就是我们经常讲的"党建引领的三架马车"。前面都讲到了，如果任由一个人（小部分人）在这里由着自己的性子去做，实现所谓的完全的自主和民主，或完全的自治，那后果真的绝大多数情况下都不会好，这也是中国国情。

不只中国，就像西方，像法国大革命时期，干掉皇帝，雅各宾派干掉吉伦特派，雅各宾派又被国民公会团灭，他们都在追求所谓的自由民主的理想，但又在以民主的名义将另一派人押上断头台，法国大革命充满了血腥。《乌合之众》这本书就深刻分析了当时西方政客非常善于利用老百姓的盲目情绪以实现自己阴险目的的现象。

社区自治的过程必然会产生利益，没有利益也有情绪吧，我就不喜欢狗，另一帮人一定要养狗，没狗活不下去。所以，必然会有一部分人（包括利益分子）利用民意，利用大多数人的盲目，煽动"乌合之众"，试图进入业委会实现个人目标，更有甚者想谋求管理物业维修基金的利益，在里面兴风作浪。**如果说有一个更超脱的人（组织），或者说更大的利益主体，其超脱了这些利益，它就会使社区自治走向良性的轨道。**

我觉得，应该有这样的一个比较超脱的利益体来统领这样的事儿。这样的利益体其实就是中国共产党，在基层就是社区党支部，好多党支部的成员还不是业主，所以会对这个事情抱有第三方的超然态度，再加上我党宗旨是"全心全意为人民服务"，所以说从利益上也会比前面的怀有各种心思的人更加超脱，所以由党建引领整个的社区自治非常有必要，从逻辑上讲也是说得通的。

> 在党建引领之下，社区自治团队和物业要有更好的协作，和居委会有更好的互动，这样才能够真正地发挥更好的作用。今天我们看到的**任何一个好的社区自治的典范，几乎都是党建引领的"三架马车"的机制发挥良好作用的地方。**

◎ 如何进行有效的社区动员？

在当下社区中，有两个方面的问题极为严重。

第一个严重的问题是在社区里，只懂行政化的管理和运动式的发动，不知道真正地动员社区居民的参与。

很多白领会抱怨说他曾经想过加入社区党组织，结果发现就他一个年轻人，剩下都是拄着拐杖来的。他还说，社区里的党员活动就是传达文件和读读报，这个形式对 60 岁以上的老党员还可以，但对于 80 后和 90 后的青年基本上都无感。这些活动的方法单一、形式单一，从而导致居民不愿意参加社区活动，行政化的社区动员导致的恶果是非常多的。我曾经不止一次听到过这样的案例，有的居委会为了吸引居民来活动室参加活动，就组织打麻将或发点肥皂、毛巾等小东西，否则人家就不来了。这样的社区参与像笑话一样。

第二个严重的问题是由第一个问题所引发的，因为活动单一，行政化的手法太强，所以导致社区参与意识非常弱。参与活动的人老龄化严重，基本上都是老面孔，并且有年龄越来越大的趋势。在基层社区，楼组长年龄也逐渐老化，这是个非常普遍的问题。

我经常在市区一些老小区的门口看到一些带着红箍的平安志愿者，自己走路都不利索，如果真有小偷，他们能追得上吗？说到楼组长，我想问大家一个问题，你见过你们家楼栋的楼组长吗？楼组长是你选出来的吗？大家都知道，现在即使是非常严肃的政治选举，居民的参与率依然比较低，包括涉及到他们利益的，像业委会选举等，参与度也不高。就像我居住的小区，住了上千户人家，但是涉及我们自身利益的小区停车费涨价这件事，我看了一下它的公示结果，投票的居民也只有 80 多个人，现在这已经是一个普遍的现象。

这两个严重的问题都指向了一个问题，就是如何动员社区参与？

我分享一个南京雨花区翠竹园的例子，翠竹园社区是由两个高档的住宅小区组成的，居民 3000 多户，有 8000 多人，其中以知识分子居多，来自于全国各地以及全球的 24 个国家。翠竹园的社区设施非常完善，有这么好的社区资源条件,如果居民动员不起来,这些资源就白费了。

2009 年,一个网球爱好者在社区论坛上发了一个帖子约大家来会所打网球。第一天没等到人,第二天也没等到,第三天等到了五个人,后来他们六个人就成立了社区的网球俱乐部。经过一年多的发展,会员达到了 300 多人。这后来发展成为全国规模最大的社区网球俱乐部。除了网球俱乐部,各类兴趣组织也越来越多。

在这样的情况下,他们联合起来注册成立了南京最大的社区公益组织,叫翠竹园社区互助会,下辖 43 个社区俱乐部。现在,互助会牵头组织各类活动,比如每个月举办一次跳蚤市场,拥有 300 多名会员;他们是全国最大的社区网球俱乐部,经常举办少儿自行车赛和无敌少儿团轮滑赛;还有瑜伽俱乐部、松风竹韵合唱团、义工俱乐部等,他们有 43 个社区俱乐部制度。这里的居民说,以前在小区里谁也不认识谁,但现在散步的时候,很多不认识的居民都热情地和他们打招呼,而网上的虚拟社区也特别热闹,他们有三十几个 QQ 群,大家聊得非常火热,从少儿的武术培训到网球老手的活动,从家政信息的交流到烘焙交流,社区的活动非常丰富。

翠竹园的互助会无疑是一个社区动员的绝佳例子,通过这个例子,我们可以总结一下,如何进行社区动员?

第一,分析社区资源。社区的资源非常丰富,而且人是最重要的资源。可能你会说,在翠竹园这样的小区里,居民来自 20 多个国家,知识分子特别多,所以社区资源比较丰富,但实际上即使在一些动迁小区,我们也可以找到很多热心人和有各种兴趣爱好的人。所以社区不是没有资源,而是缺少发现。动员社区参与的第一步就是分析一下自己的社区资源来自于哪里,翠竹园就是非常重视四类资源的发掘。第一类就是社区居民的资源。第二类是积极参加公益活动的居民的亲朋好友,他们把这个也列为资源。第三类资源是社区内外的公共活动场地,即公共空间,他们把公共空间都充分地利用了起来,还搭建了一个网上平台,让居民更方便地知道哪个场地在办什么样的活动,并且还可以预定场地。第四个资源是一些外在的支持资源,比如媒体的支持,政府和公益组织等。

第二，找到共同的利益点，主要有两个方面，第一个方面是问题导向，就是看看居民在关心什么问题，比如停车、乱设摊等，这些都是具体的问题。第二个方面是兴趣导向，看看居民有什么样的兴趣，从这些兴趣出发来组织兴趣活动，然后动员居民积极地来参与。翠竹园从兴趣出发，首先把喜欢打网球的居民挑出来，组织网球活动，在这个基础上成立了网球俱乐部。这样就很好地把居民从不认识变到熟识，将居民连接到了一起。

第三，形成稳定的动员机制。当参与的居民多了之后，会形成一些微型的组织和自组织，比如群众文化团队等。这些群众文化团队也要形成稳定的工作机制，这个工作机制可以是居民的公约，也可以是组织的自律条款，当然不一定成文，只要大家都认可就可以了。比如翠竹园的网球俱乐部、业委会等，这些都有非常完善的工作机制。大多数居委会都有各种各样的制度，但这些制度一定要真正地坚持和贯彻执行，像翠竹园因为坚持得非常好，所以它的效果就体现了出来。

第四，形成稳定的整合性组织，社区的活动团队比较多，好的居委会会有上百个自组织。但是如何将这些松散的自组织整合起来，这就需要组织化的渠道和平台，比如形成社区委员会、文体联盟、志愿者联盟等组织。翠竹园就形成了翠竹园互助会，它还朝前走了一步，成为了一个正式的 NGO 组织。

后来，我研究了一下互助会的职能，有 15 项，非常丰富。比如为俱乐部提供平台，提供能力提升的培训，调研与发布居民需求，为潜在的社团发觉领袖人才，为外部的公益组织对接落地社区，为有志愿做专职的公益人士提供途径，还有社区公共空间的托管等。它的职能非常丰富，都和社区密切相关，都是在不断探索的过程中稳定发展下来的。所以，自职能如此丰富的居民自治组织产生之后，居委会省事不少了。

第五打造平等协商的平台。居委会、业委会和物业公司有着天然的矛盾，和谐的很少，所以在很多方面，业委会，包括一些居民自发组织，都成为了社区工作之中的刺儿头，在政府眼中是个风险点。这也导致基层政府不愿意太强调社区动员。

> 但就我们而言,需要去解决这样的问题,需要实现**社区动员的可控和有效**,这非常重要。翠竹园也给了我们一个启发,他们的居委会成立了一个四方会谈的平台,包括互助会、居委会、业委会、物业公司这四方。那么,在多方会谈之后,大家相互之间更加理解,居民交物业费更主动了,物业公司的服务质量也提高了。**这样的四方会谈平台就是一个非常好的平等协商平台。**

前面讲了如何动员社区居民参与,那么如何动员社区单位的参与呢?

这里简单强调两点,第一是让社区单位参与也有好处。很多街道社区将共治做成了单向性的工作,只是向社区单位化缘,化缘使社区资金更丰裕,帮助解决了一些特困家庭的困难等,这是比较好的。但如果只是这么做,它对社区只能起到很小的作用。事实上,如果一直单向式化缘的话,久而久之,社区单位就不跟我们玩了,比如外企,你次次都去化缘,他们就会离你远远的。所以,我们要把社区的共治做成一个共赢的事。比如有些社区单位对街道还是有要求的,就像解决停车难的问题,如果街道帮助想办法解决了,那么我相信社区单位对街道会很感恩的。在这样的情况下,参与共治的积极性就会提高了。

第二是要发挥好社区基金会的作用,因为上海很多街道都成立了社区基金会,企业资助的钱不是像以前一样进入街道,而是进入基金会。基金会是一个社会组织,是第三方,它有公信力且运作透明化,这可以使社区的单位和社区企业有更好的名声。另外,社区基金会也可以给予企业捐赠以更大的回报,这样就可以鼓励更多的企业积极地参与社区活动。

◎ 如何激发特定群体的社区共同体意识

参加一些座谈会,或者讲课之后,或者做项目督导时,很多社会组织与社区工作者经常问到这样的问题:如何激发特定群体的社区共同体意识?比如,这个社区老年人参与的特别多,那么怎么样让年轻人也能关注社区和支持社区?

再比如，有的社区里租房子的租客特别多，而他们的社区意识特别淡薄，如何激发这些外来创业务工租房者的社区意识？这些问题我归结为"激发特定群体的社区共同体意识"。

浦东新区金杨新村街道东方知音苑小区有一个项目叫"老漂驿站"，项目开展了两年多，已经把社区里面数百位老人激发出来。这些老人有一个共同的称号叫"老漂一族"：他们离开家乡，在上海帮着他们的孩子带孩子，在这里实在住不惯了，待一段时间就回家住一段时间，再到这边来再住一段时间，像候鸟一样，所以称他们为"老漂一族"。

"老漂一族"在上海这个城市里特别孤独，语言不通，社区也不熟悉。孩子下班回家，终于可以找他们聊天的时候，又怕孩子工作累，可能说不上几句话，所以更觉得孤独。居委会把"老漂一族"归结为四个特征：第一是到居委会来的机会几乎为零，除了办居住证等事情。第二是从来不参加居委的各种活动。第三是走在小区里面时表情冷冷的，总有心事的感觉。第四是除了接送孩子上课下课之外，一般见不到他们。

金杨新村街道东方知音居委会在金杨社区基金会的支持之下，开展了"老漂驿站"项目，将这样的一批人"喊"出来，聚起来，把他们的兴趣、爱好和资源挖掘出来，使他们积极参与到社区活动之中，进一步扭转了他们"把这个社区当成候鸟迁徙地，而不是家"的想法，激发了他们对这个社区的认同感，应该说在这样一个特定群体里培养了社区共同体意识。这个案例对我触动也特别大，我们来分析一下金杨新村街道"老漂驿站"项目是怎样做的。

首先就是**找到痛点**。这个痛点就是社区的痛点，在这个社区里面有这么一批人，他们是一群沉默的被忽视的群体，社区融入度特别低，社区的认同感也是特别低，这样一批人的心理状况，包括身体状况都可能因为孤独而不好了。这就是痛点，这个痛点就是这么一个群体，就是"老漂一族"，社区找到了这么一个痛点。

针对"老漂一族"，进入到第二步，就是**深入调研**。调研结果发现，这一个群体身上有六个方面的问题：第一是各种生活的不习惯；第二是孤独，在上海没有亲戚朋友；第三是各类福利政策享受不到，感觉到挺失落的，社区里其他老人出去旅游去了,他们享受不到;第四是与子女及第三代的隔阂,即使在家里其实也说不上什么话,也不好意思去打搅他们;第五是老夫妻两地分居,内心痛苦;第六是因漂带来了各种心理问题,他们在社区里都比较冷漠,感觉挺难相处,这就是调研的结果。

第三步就是**建立社群**。针对这样一个群体,东方知音居委的党总支吹响了寻找老漂的号角,他们贴出了一个寻人启事,这个寻人启事特别感人,我看了后感动得差点流泪。寻人启事说:

> 小时候妈妈总说妈妈在哪,家就在哪!
>
> 长大了,父母也老了,儿女说,我们在哪,父母就在哪。
>
> 可是又有多少人能体会父母的这种漂泊孤独,没有熟悉的亲人,也没有可说说心里话的老朋友,父母好想跟晚归的儿女聊聊天,可是看着儿女一天忙碌,回家疲惫的模样,看着他们不耐烦的表情,憋了一天的话又咽了回去,明天又开始了"学校、菜场、家里"循环的生活,生活似乎一直画着圆,不知不觉成了老宅男、老宅女。
>
> 我们要找的就是你们!
>
> 为了儿女的幸福和安定,背井离乡,漂泊在上海的老漂们。

寻人启事就贴遍了社区,感动了很多"老漂一族",他们从小区的四面八方赶来报名。看看有多少人报名,一下子就吸引了70多人。社区里有同感的老人还真的是不少。然后把这些人召集到一起,第一次的破冰现场,很多老人泪流满面,十分难忘,这些老人感动,推进项目的社工也特别感动。"老漂驿站"的社群就建立了。

所以在后面的社群建立之后,根据问题导向和需求导向,然后进入到了第四个阶段,就是**开展项目**,**提供服务**,统称为"老漂驿站"自治项目。包括语言关项目,办"知音老漂课堂",教给这些老漂们学上海话,学完之后,每次都要根据反馈来调整课程难度。

针对他们的生活难关,有一些熟悉周边社区的志愿者会带着他们去看周边的菜场、银行和医院。针对他们的兴趣，开展了像手工课、外出旅游、篮球赛等活动。针对他们的情感关，他们以前经常宅在家里，社区组织了包饺子活动，包括为一些单身老人组织相亲活动。针对夫妻之间的理解，社区开展了这种心理沙龙，举办了"爱要大声说出来"这样的活动。通过这样的活动，"老漂一族"就爱上了这个驿站，因为有了熟人，有了社交关系，有了社群，他们对社区的认同度更加深化。

在此基础上，通过各种各样的活动，一些骨干就浮现出来，所以进入第五个阶段，**发掘达人**。这些能干的骨干，有的组织能力强，有的有吹拉弹唱能力，他们在居委会的支持下，成立了一个"老漂班委会"，进行了自治与共治。

有了骨干之后，老漂驿站就进入到第六个阶段，**成立自组织**，成立了"老漂驿站志愿队"，这个志愿队开始反哺社区，为社区提供了文明楼道、社区清洁、文艺表演等服务，组织各类活动，同时他们也成了新老漂的动员者，吸引他们加入。"老漂一族"的小社群和自组织变得越来越大，活动也越来越规范，真正地实现了一个自主和自治。

通过这样一个案例，我们发现，激发特定群体的社区共同体意识有六个步骤：

> 第一找到痛点，第二深入调研，第三建立社群，第四提供服务，第五发掘达人，第六成立自组织。其中的关键之处是要让特定群体的需求得到尊重，让他们的能力得到激发，活动能够自治，组织实现自主，资源实现共享。那么通过这样的深度融合，他们参与社区的积极性得到了很大的提升，社区共同体意识在他们身上已经形成了。

◎ 用商业导流思维引导农村老妈妈参与社区活动可行否？

之前妇女社会组织专题培训，我就"社区治理前沿探索"做了交流。讲座结束后，一位来自郊区的社会组织代表问我："现在在郊区农村的都是50岁以上的老年人，年轻人都到城里居住了。政府委托我们开展一些活动，来的人都是固定的那几个人,每次活动都要发点肥皂啊什么的小东西奖励一下人家才肯来。这样的活动做多了之后,做得非常没有成就感。"她想问有什么好招能够吸引这些农村老妈妈积极参与到社区活动中。

我问:"这些老妈妈喜欢跳广场舞吗?"

她说:"这些老妈妈连广场舞都不喜欢跳,因为大家住得有点儿分散,过来都不太方便。"

我问:"她们日常非常喜欢的活动是什么?"

她说:"打麻将和打牌。"

她的问题比较难回答,这些老人的学历都不高,各种需求的层次不高,也容易满足,兴趣爱好也比较狭窄,社区参与意愿比较低的;同时,她们的参与能力也比较差,这真是比较难解决的问题。

我说,在基层社区,自益类组织很多,其实没有必要都要发展成为他益类组织。这种自益类组织,即自娱自乐的组织,像打牌、打麻将的活动,如果她们喜欢,丰富了生活,其实就够了。而不一定非要把这些自益类的、自娱自乐的自组织转化成他益类的、服务社区的组织。

转化成"他益"组织是需要契机的,需要强大的外力推动或者触动。比如村里遇到一件大事,或者像汶川大地震那样的大事,可能会有一些有爱心的老妈妈出来做劝募和做志愿者。像在迎世博会那样的大环境下,她们的荣誉感也容易激发出来。知名的梅陇三村"绿主妇"品牌当时为什么发起了"绿主妇"这个项目? 就是因为在世博会之后社区面貌有了巨大改变,她们特别想把这种面貌继续保持下去,这就成了她们发起"绿主妇"的初心。

培训后的讨论过程中,有一位学员的回答就讲到了商业引流,包括会员制、老带新等商业策略的引入。这一下子触动了我。针对这样的农村老妈妈,如何吸引她们参与社区活动,可不可以将商业导流的思维引入到这些活动中来。本文想专门讲一讲这个话题。

第一,场景营销的概念。"场景"这个词是商业词汇,通过好的场景吸引这些老妈妈过来消费(参加活动也是消费公共服务)。第一个要注意的是要打造一个好的公共空间。农村文化活动室、老年活动室、老年球场等公共空间如果整理得稍微精致、整洁、漂亮一些，又比老妈妈家里宽敞，那么我相信，这些老妈妈是愿意到这些空间来活动的。

上海基层社区治理创新了不少这样的"场景"——鼓励热心居民拿出自己家的客厅，向居民和周边邻居开放。在这个客厅里，大家可以做活动，聊聊天、喝喝茶、看看书，甚至可以做点文化排练的这种小活动。事实上，上海郊区很多地方都推进了类似创新，奉贤区叫"四堂间"，嘉定区叫"客堂间"，金山区推进的叫"睦邻客厅"等，这些都是好的场景。

第二，把活动打造成品牌。一个社区有一个社区的文化特质，肯定能够挖掘出文化物质，能够吸引大家。对于这些老年人来讲，一些非常时尚的东西她不一定喜欢，但是一些老的，像大集或地方戏种演出，她们肯定是喜欢的。郊区的很多基层社区开展的评弹等演出，几乎场场爆满。

商业上也是这样，很多商场定期专门做商业导流的文化活动。比如说"阳光100"商城，有一个品牌叫"凤凰市集"，在商场里面做非遗体验、手工艺品体验、乡土农产品售卖等文化集市。这个市集活动就是社区居民的社交派对，把一些地方文化的特色，包括一些民俗活动都放在这里，吸引了很多周边老百姓来参与，进而就成为它一个极具爆发力的 IP，成为一个吸流的品牌活动。对于农村也是这样，可以开展传统的文化巡演、文化大集等活动，靠传统的乡土文化活动吸引这些老妈妈的参与。

第三，找到这些老人喜欢的兴趣爱好。农村老妈妈们除了打麻将和打牌之外，其实还是可以捕捉到其他方面需求的。比如，好多人喜欢养花，她们可以在一起交流养花的技艺。有的老妈妈毛衣编织得好，为孩子织秋冬穿的衣服，她手艺好，也愿意显摆，喜欢去教其他不会的老妈妈，让她们挺有成就感。如果在社区里举办这样的活动，我相信还是能够吸引她们参与的。

接下来，我想讨论一下导流机制的创新。商业导流有很多技巧，分成了四个层次：

第一，通过利益可以很方便地把她们从家里吸引出来。当天讨论上，学员们也觉得光靠利益和小恩小惠是不能长久的，一定要靠真正有价值的东西把她们吸引住，从而形成长期的粘性，这才是终极目标。如果都是小恩小惠，而每次活动内容质量很差，最终她们的胃口越来越大。今天发块肥皂，明天发条毛巾，后天发袋洗衣粉，这样能吸引她们，但这样的成本是特别高的。在导流机制创新上面，要重视利益导流。可以发一些小的免费体验券或体验卡，做一些免费体验活动，他们拿到了这些免费的东西后心就痒痒着要来。体验了可以带些东西回去，比如说如果来参加DIY小活动，像插花，只要过来学了这个小课程，体验之后自己插的花可以带回去，这就是一个小的利益引导。之前还看到一个社区活动吸引居民加群，宣传稿是这样的：为扩大××社区"美好社区"交流群的规模，让更多的胜兴居民加入，促进居民之间的交流沟通，凡邀请本社区居民入群满3人者奖励草莓购物袋一个，可到社区二楼服务大厅领取。

商业营销还有会员制、老带新等技巧。有些公益组织也会采用这样的途径。有一个公益学院的招生规则是这样的：学费比较贵，要八九万，但是如果一个人能够带四个学员过来，那么这个人自己的学费就免掉了。有些商场发"邻居卡"这样的会员卡，如果自己成为"邻居卡"会员，那么可以享受比其他会员卡更低的折扣，还有一些免费的体验、免费上门送货等优惠。这个技巧也可以用到社区活动导流中。比如说对社区中一些比较积极的人，可以给她们"好人卡"这类的卡，持这种卡会有更多优先权和便利，也有更多的优惠或者体验机会，可以领一些小礼物，这样可以鼓励她们更多地参与，并且更愿意拉居民来参加活动，她们自己也觉得光荣。

第二，一定要促进她们的自我管理，就是社群化管理。一定要发现这些老妈妈中的能人。在一个社区里面，即使是条件最差的农村，人们素质或者学历再低，也都能发现她们之中有相对比较有能力的人，要善于发现她们，并给她们机会，让她们成为编织社的社长，成为扇子舞队的队长。促进她们的自我管理，给她们机会，其实老妈妈们的潜力还是无穷的。如果再对这样的一些能人和热心人进行培训、支持、引导，那么这样的自组织培育过程会非常顺利。

第三，要形成激励体系，一个闭环的激励体系。激励不能光靠物质的奖励，而是要形成一个多方位的激励机制，像会员制、积分制等，积分换东西都是好的办法。农村老妈妈组织的活动也可以引入这样的机制，参加活动积分，积分多了可以拿到一张电影票或者什么其他奖励，这一下子就激发了她们参与的积极性，也使她们参与的频次得到了提升。

最后，想讲一下农村老妈妈的自组织从初建、成长到核心的三个阶段分别应该注意的事项。

在初建时期，我们的策略是完全开放，我们的措施是招募和拉新，我们的目标是招募到一定的活跃用户。活动对她们来说是完全开放的，还要给她们一点儿小的奖励让她们过来。在拉新的过程中，老可以带新，在这个阶段，快速把这个群体做大。

在第二个阶段，就是成长阶段，我们的策略是扶持，我们的措施是活动和活力，目标群体是社区的骨干老人。对这样的组织，我们要不断地扶持它们长大，创造一些条件，多做一些活动，因为活动越多组织活力就越好。在活动过程之中，我们要发现骨干、能人、达人，让她们成为这个自组织的领袖。

那么接下来进入到了第三个阶段，就是核心阶段。**我们的策略是维护，措施是资源倾斜，目标是核心骨干。**

> 我们要促使在这样的组织之中能够产生我称之为"他益"的这类人。在这之前还都是自娱自乐，从在自娱自乐的过程中发现的能人里面挑一个人，这个人的"他益"精神，或者她的能力是比较强的，我们就把她扶持成为一个比较正式的社区自组织或者社区社会组织的**领袖**。措施就是资源倾斜，给她一些奖励，或者推荐她做村理事会的成员，或者推荐她当镇里的人大代表。给她更多的肯定和激励，这样她的积极性就得到了激发，我们也培育了一个**乡贤**，而乡贤的引领又成为一个正向力量，从而使这个社群得到了更稳定的运营和成长。

◎ 社区的参与式设计：从形式到实质

社邻家和大渔营造在浦东新区潍坊新村街道"竹园睦邻中心"举办了一个参与式设计工作坊。目标是对潍坊新村街道竹园社区里的一个公共空间进行改造，这个公共空间本来叫"市民休闲中心",现在想把它改造成一个"家门口的睦邻点"。

第一期工作坊主要是梳理居民对这个空间存在的问题和建议。通过工作坊,居民形成了一定的共识,即认为这个空间太小且不少空间没有被充分利用,可利用的空间又非常拥挤;空间运营的时间比较短;到这个中心来的年轻人少,这个空间成为了老年人活动中心。这些问题在我们预料之中的,通过工作坊,这些问题也引起了居民重视。

第二期工作坊设在了室外的休闲广场上,是一个非常开放的工作坊。我们对这个公共空间功能的设想,包括上一次所讨论的内容都在这里向居民展示,邀请走过路过的居民进行补充。同时邀请各个年龄段的居民利用我们所提供的一些游戏道具来对未来该中心的新功能进行畅想,并最终确定它的功能定位。

第三期工作坊在前两期基础之上,将中心的未来功能和未来设计,包括运营的难点都摊开了,让居民继续讨论。讨论内容包括:怎样设计一个能够促进这个社区共融的多功能空间;怎样实现室内空间和外广场的和谐;怎样共建这个社区新空间。

"参与式设计"说起来好像也没什么。但总的看来,四期工作坊还是非常有深意的,每一次工作坊的着眼点不一样,四期工作坊中老百姓参与的程度一步一步加深,从最早的征求意见的会议,到对其中非常具体的功能提出意见,最后决定最终呈现什么样的空间、如何设计等。

> 我们希望通过这样的工作坊,能够将关注这个空间的一批居民留下来,成立"社区营造社",这样就使老百姓的参与从随意的参与变成了成立一个社区自组织以在社区里长期发挥作用。

我们这个"参与式设计"借鉴于日本佐藤滋教授以及他的同事所推动的"参与式设计"实验。《社区规划的设计模拟》一书详细介绍了他们的经验,佐藤滋教授在社区规划的现场与居民、专家、行政职员一起经历了无数次的失败总结后形成了一套"参与式设计"的操作系统,该书也成为社区规划实用领域的操作手册。

在第二期工作坊上,我们还邀请日本京都大学的学者专门来进行了非常具体的指导。"参与式设计"在日本已经摸索了十几年，他们积累了非常丰富的经验。日本学者参加完我们的工作坊后十分惊讶，他认为中国和日本虽有不同的文化背景和不同的社区发展阶段，但是中国的老百姓对"参与式设计"的接纳度非常高，参与的积极性也非常高的，所呈现出来的效果也还是比较不错的。

我们第一次将这种源于日本的技术运用到了上海社区，既有继承，也有创新。中国老百姓和日本居民的参与习惯，包括对规则的认识还是不太一样的。**相同点是我们抓住了"参与式设计"的精髓，就是让老百姓参与整个过程，通过一些游戏道具，提高了活动的趣味性。**比如我们把麻将改成一个道具，通过打麻将的方式，对空间的优缺点进行了非常有趣的讨论，同时吸引大家对未来改造后的功能进行了展望，大家畅所欲言表达了自己的观点。当然，通过工作坊，大家虽然有不同的观点，但也形成了共识，这个过程也充满了趣味。以上例子是"参与式设计"在社区领域的应用。

"参与式设计"在北欧和北美已经兴起了几十年，尤其是近十几年来，其在工业设计领域越来越普及。最早兴起时，是对产品用户的"参与式设计"，倡导用户能够深度融入到设计过程之中，培养用户的主人翁意识。像诺基亚、摩托罗拉等都是用户"参与式设计"的倡导者。这背后体现了西方设计界的一种理念，以用户为中心的理念已经深入人心，他们更加强调参与性，让管理者接受公众的观点，让公众的声音加入到决策的制定过程之中。"参与式设计"自上世纪60年代从北欧兴起以来，逐渐被运用到了城市设计、景观设计、建筑设计、软件开发和产品开发各领域。

从"参与式设计"工作坊可以看出，"参与式设计"从一个小小的商品和产品出发，已经扩展到了社区的空间，就一个空间的功能、外观、活动方式、生活方式等征求百姓的意见，并由设计师最终体现到设计中去。

日本的佐藤滋教授所推动的社区"参与式设计"是把一个大社区作为一个标的，看这个社区里面有哪些不足，又有哪些优势，这个大社区的功能到底需要怎样调整，绿地、活动室、大的公共空间，还有文化要素等如何体现，实际上是对社区整体的"参与式设计"。

之前和一个台湾朋友聊天，他说近来台湾房地产行业出现了"参与式开发"

的现象,几家对社区营造特别热衷的房地产开发商已经在尝试,在开发第二期房产的时候,他们会召开很多第一期住户的议事会,让第一期的业主来讨论要把第二期房子建成什么样子。在房子设计的过程之中,人就成了第一位的,接下来才是专业人士(设计师)的意见。

我对这种方式特别感兴趣,大陆房地产开发出现了很多畸形现象,一年就能从拿地干到房子开卖,开发出的房子怎么可能体现出对人的尊重? 这种尊重居民,让居民参与房地开发的模式,我相信在不久的将来会为越来越多的房地产开发企业接受。

> 我们看到,"参与式设计"从 20 世纪 60 年代走来,从一个小产品的设计,到一个一个大的公共空间的设计,再到一个大的社区的设计,甚至我们要造一个什么样的社区,"参与式设计"都成了其中的关键词。对于我们目前推动的社区的"参与式设计"而言,遇到的核心问题是到底是形式主义来做一做,走过场,你说你的,我干我的,老百姓的意见并不会得到最大的尊重,还是实质性地来推动"参与式设计"?

老百姓对我们的活动当然心里有异议:你们以前都没有征求过我们的意见,说干就干了,为什么这次征求? 我们参与了那么多征求意见的会议,又有几个落到实处了呢? 所以,如果没有实质性地把这些事落下来,没有解决老百姓的实质性问题的话,"参与式设计"就是走在形式的表面上。

对于政府相关部门而言,这种"参与式设计"也有一个从不接受到接受的过程。最初他们可能会把它当成形式的东西,认为我们要做,那么就做一下,走过场就可以了。对于他们而言,如果老百姓能通过深度的参与而成为支持社区工作的整体,那么这也不失为一件好事;当然,如果"参与式设计"的会议召来了一些极端的居民和老上访户等,他们利用这个机会来表达他们的积怨,甚至直接把设计话题引到上访内容上去,这也不是不可能,这对于政府相关部门来讲就是挺麻烦的一件事。所以,很多政府官员对做这样的"参与式设计"还是持保留意见的。

那么，社区里的"参与式设计"最终是不是有实质性意义取决于两方面：

第一是要不要碰实质性内容。比如，有的居民就在工作坊上说："我们这个会这么虚、这么空，讨论来讨论去什么都定不了，有什么意义，如果不讨论小区那个乱设摊的事的话，我就不想开了。"旁边的一个老大妈说："你不开就卖小菜去，谁让你来的。"两个人就争执起来。对居民而言，要不要碰实质性内容是议事的关键点。对于"参与式设计"的推动者而言，我是支持一定要去碰这些实质性内容的，没有这些实质性的内容，就不可能引起居民的参与兴趣。当然，对于这些不同观点，要通过一定的议事规则，让大家理性地议事，并且能够在议事过程之中和议事之后形成共识。

第二是有没有实质性结果，老百姓的这种参与说了算不算。当然，老百姓的很多观点和意见不一定都是合理的。所以可以进行有限议事和有限决策，最终有一些肯定要被接纳，而有一些不符合专业的以及不符合政府管理政策的也要向老百姓说明。

> 总的来说，一定要有实质性的内容能够落地，这样"参与式设计"才能够真正地从形式走向实质。"参与式设计"体现了人本主义理念，现在的社会越来越尊重用户、尊重居民，尊重他们的意见和建议，人成了第一位的，而专业人士成了为实现人的需要而行动的人。

总结一下，"参与式设计"的领域也会越来越广，从小小的物品到大的社区，甚至到造大房子，影响的领域也会越来越广。"参与式设计"应该真正有作用，这样才能够从形式变成实质。社区的"参与式设计"应该留下一些东西，这些东西不仅仅是大家参与设计的空间和社区，还应该留下软性东西，比如"社区营造社"这样的自组织，它可以使居民参与成为一种社区文化。

◎ 如何达成社区共识？

社区共识的最高理想就是完全靠共识形成社区。在这个共同的理念下，建设社区是最高理想,如果再发展下去,那就有点宗教的味道了。比如以色列这样的发达资本主义国家中却有许多真正吃大锅饭的公社,叫基布兹,曾是当今世界最成功的工友社会运动。

在计划经济时代,我们选择听政府的,但现在的情况已经发生了翻天覆地的变化,即使政府也不愿意主动参与私人领域,因为社区的事不大又繁琐,一个不小心使居民不满意了就上访,所以政府将这些事都交给了居委会。现在,社区中的各类意识机构非常多,比如卢湾区在本世纪初就在社区管理之中探索议事会、听证会、协调会等。后来很多街道也成立了社区理事会、民情气象站等名称各异的议事机构。

但我们常常把议事和开会混为一谈,开会是行政管理,议事是平等协商,开会是布置工作,议事是形成共识、决策问题、促进行动。但是社区共识的形成是非常难的。开会是自上而下你不能不听,但是议事就不同了,它是一个团体对另外一个团体,一个观点的人对另外一个观点的人,他不听你的,你拿他没办法。很多人认为,中国人是"不会开会"的,或者说只会开布置工作的会,不会开议事会,所以,即使在当前有那么多的议事机构,议事会还是流于形式,议而不决,决而无效。

那么,如何通过议事形成共识,这是一个非常重要的话题。我想从以下几个方面来分析:

第一,议什么?我认为议题要和每个议事者有利害关系,并且利益的相关度要大。在基层实践中,议事的议题大多由政府发起,当然,居民个人发起的也不少,但对公共事务,由于没有决策权,所以议了也白议。那么自己议来议去,只不过是一个话题组织,意义不大。所以议题一定要姓公,往往为公共事务而设立,可以解决的事优先议。比如环境卫生的整治、小修小补等,因为这些议题议了还可以执行。如果议题过大,政府都解决不了,那么这样的议题没有实际意义。

第二,谁来议?即议事员由谁组成?在当前的社区实践中,议事员由谁组成没有一定之规,不像西方议事模式所认为的,能力是可以培养的,有共同诉求最重要。但在国内,议事员的身份比较多样,"是不是利益相关方"并不是评判标准,有的纯是一类人的代表。所以现在议事会的成员主要由三种类型组成,一是精英型，就是成员有一定身份、议事能力和代表性。议事员有一定的社会地位、经济实力和空闲时间。二是资源型，这点政府比较看重。比如企业家、社会贤达、媒体、官员律师等，他们有资源，所以就经常会被社区邀请过来，加入到议事会。三是代表型。类似于人大政协，一个楼组出一个代表，一个单位出一个代表。

第三，议事的流程。其中最重要的是认清我们议事到底是在追求过程还是在追求效率。理想模式认为，议事会最重要的是议事的过程，但在国内，我们的基层实践中认为议事效率和议事成效才是最重要的。大多数的民众没有议事的意识和习惯，大家习惯于听别人讲，习惯于听政府的，所以大多数开始都只是旁观。最可怕的是老百姓对公共事务的麻木不仁。有些刺儿头经常提意见，反而是个好事情，说明他的参与意识还是比较强的。第二个要注意的是政府不应该拔苗助长。政府对议事是推动而不是取代，议事会总体上不应该成为行政化和经营化在社区的又一体现，而更应该成为草根本色和社区特色的充分体现。所以不要把议事会搞成一个政绩工程。

> 还有一个观点是，我们要追求这个议事的过程，在过程中达成共识才是最有效率的事。当前，大家对结果追求过多，议了赶紧决，决了赶紧做，但因为大家不会议事，只是通过议事的整个过程而让大家更加参与了社区的各项工作，提升了参与意识。参与意识多了之后，最终会提高决策事务的执行效率，我认为这是一个非常好的结果。

第四，议事规则非常重要。国内的好多会议上经常出现这样的情况：有人嗓门大，并且拼命地讲，整个座谈会都是他在讲，剩下的人就没有时间发言了。在争论的过程中，谁的嗓门大就压倒了另外一方，所以导致出现一边倒的情况。出现这样的情况说明这个议事规则没有发挥好的作用，所以我们要制定科学的议事规则。

我每年都组织几十场各种各样的讨论会，后来形成了十二条议事规则。这里重点提以下几条：第四条，发言前要举手，得到主持人允许后方可发言；第五条,不能打断别人发言;第六条,只能面对主持人发言,参会者之间不能直接辩论,否则辩论起来时间就控制不了;第七条,控制每个人的发言时间和发言次数;第八条,发言不能偏离当前议题,否则划来划去,时间又控制不了,等一个议题表决之后再去讨论另外一个议题,主持人应该随时打断跑题的发言。

所以,形成共识真是一个技术活,而这些共识要真正取得实效是需要很多先决条件的,比如政府要有宽容的好领导,议事会要有好的领袖,议事要有好的规则,成员要有好的参与,决策要有好的执行,这样才能成就一个完美的议事过程。

> 我认为,在议事会的建设上,政府可以有如下作为或理念:第一,将议事会当成志愿者组织。议事会的成员应该有鲜明的社区特点和志愿性,有无议事能力不应该成为议事成员的检验标准。要重视团队的建设,使其能自然产生领袖以及自然的分工。第二,做好议事会的助手,政府可以帮助找一个好的议事会主持者,帮助议事会形成规则和制度。第三,帮助议事员提升能力,因为议事能力是可以训练的。政府可以通过引入第三方机构进行培训,帮助议事员提升议事能力。

第二节　青　年　参　与

◎ 青年参与社区的生态逻辑

关于青年参与,这里分享两个案例。第一个案例是杭州滨江有一所名叫"阳光家园"的养老院,养老院大家都觉得死气沉沉的,近来突然来了一批青春昂扬的年轻人,那一声声活力四射的"早上好"让院里的老年人既惊讶又惊喜,给老年人的生活增添了很多色彩。年轻人还和老年人一起做游戏,帮助老人解决他们的困难。你可能会问，为什么会有这样的一批 90 后愿意住进养老院呢？背后的动机何在呢？

第二个案例是静安区一个社区的案例。大家都知道，很多社区，尤其是老社区，都有晚间摇铃队，晚上大家可以听到"注意防火，小心火烛，关好门窗，防贼防盗"这样的吆喝。摇铃队的成员都是老年人，一两个老年人吃完饭后，溜弯时恰好为社区做一点事，这就是我们常说的"小脚侦缉队"或"朝阳群众"什么的，大家一想就知道，他们肯定都是大妈级以上人物。而静安区的这个社区却出现了青年巡逻队，这些青年巡逻队晚上也是做社区安全宣传，和大妈们做的事都一样。那么你可能要问，为什么在这样的社区，青年人愿意参加青年巡逻队？

这两个案例给了我们很大启示：大家原本都觉得青年参与社区是一个很难的事，为什么这两个案例里的青年人却愿意参与呢？本文中我们一起来讨论一下这个问题。

先来讨论第一层境界：青年作为被动参与者，为什么愿意参加社区事务？

一个社区青年人参与多了，这个社区才有活力，这是一个定论。我和很多居委会书记和街道书记聊起时，大家都有一个共同的感觉，就是社区老年人参与多，大家都希望青年人能够参与进来，要从单一人群到多人群。青年作为被动参与者，他们为什么要参与到社区中来？前面的两个例子给了我们很多启发，一定要研究青年动机，青年参与社区主要有以下四个动机：**第一是利益，第二是兴趣，第三是情感，第四是情怀**。上面两个例子很好地回答了这四个方面诉求。

第一，利益。年轻人为什么要住进敬老院？因为利益，敬老院里的标间的住宿条件还不错，却只向青年人收取月租 300 元。300 块钱能够住进条件不错的标间，虽然是和老年人住在一起，但是切实地解决了他们的住宿问题。

第二，兴趣。兴趣是什么？这可以从静安区青年夜巡队说起。这个项目结合青年人的夜跑活动开展。现在，很多青年人晚上需要锻炼，跑步已经成为了一种时尚。所以这个项目就是让他们夜跑时穿上专业装备，戴上黄色警示灯，再带上宣传喇叭，他们也不觉得有什么突兀。这样的一个活动也是结合了他们的兴趣。

第三，情感。还是以静安区的夜巡队为例，这个活动和居委会青年工作骨干分不开,他们发起夜跑活动,并和这样的夜跑者交朋友,然后再组织公益活动。这里面的合理逻辑就是先在情感上和他们交朋友,然后再吸引他们参与社区活动。

第四,情怀。杭州养老院的例子可以看出,青年人住进养老院,除了月租便宜之外,还有一个重要原因就是他们也是志愿者,每个月要奉献 20 个小时的志愿服务时间,自愿陪老人聊天,给老人表演节目,发挥专长为老人服务。这可以更多地上升到情怀这个层面去理解。

这四个方面告诉我们,一个社区项目该怎样吸收青年人的参与,但是青年在这里面还是被动参与者。

接下来谈第二层境界:如何在社区里发现更多的主动参与者?这也是社区营造的一个大难题,即在社区里面如何发掘青年达人?

> 青年达人对于社区而言特别必要,有这么一句话说"青年需要社区远比不上社区需要青年"。在当前社区治理创新和社区营造的大潮中,成都、上海、南京等地已经有了丰富的实践,大家共同所要突破的一个难点就是如何发现更多的社区达人参与。青年本身资源比较丰富,有很多的技能,所以重点是要发现社区里面的青年达人,并且让他们成为主动参与者。

在这一方面,大家也是各显神通,好多创新都发生在这个领域。当然,吸引他们的参与也不外乎上面所说的利益、兴趣、情感、情怀。要强调的是,要让这些达人在社区里面有成就感,即要有合适的项目能够发挥他们的专长。若我是一个律师,那么去参与社区邻里调解会好一些;若我是一名设计师,则参与到社区规划里会更好一点。所以,社区创新的重点就放在了这两类青年达人。

第一类就是有技能的青年达人,有自己的专长。这方面最重要的是要给他们搭建一个实现专长的舞台,让他们成长为社区的一名专业志愿者。当然,要看他们的参与意愿以及参与时间,可以利用一些松散的、碎片化的时间参与社区工作,并且是他们力所能及的事,大多数的青年人还是愿意去做的。

第二类就是社区里有动员能力的达人。他们本身就是我们所说的"社群人"

和"社会人"，他们已经组织了各种各样的业主活动，或者是社区的意见领袖，我们要善于利用他们的动员能力。一方面可以给予他们更多荣誉，这样的青年人喜欢做社区活动，不辞辛劳地动员大家做事情，他们是有参与意识和参与能力的，也是我们通常所说的具有"公民意识"的这样一批人，所以他们也格外看中社会对他们的认可。我们要给这样的有动员能力的达人一定的参与舞台，比如给予他们街道团工委兼职委员等这样的认可，或者一些荣誉鼓励。只有把社区达人动员起来，社区的活力才能够体现出来，因为他们是自己在动员自己，自己在组织自己。

第三个层次的境界：**怎样使青年参与成为制度安排，即不仅是个人参与，而是群体参与；也不仅仅是青年群体，而是一个完整的社区生态体系。这就是我们讲的"青年社区"或者"青年共享社区"。**推动这样的社区建设，以及推动以青年为符号的社区，有如下很多模式：

第一种模式是商业模式。在上海、北京这些大城市看到很多所谓的"青年社区"，其实就是青年公寓的升级版，青年人在这里可以交友、创业、娱乐和共享办公，也可以在这里的公共空间搞社区活动。他们的宣传点在于，这里除了能居住之外，还有社交，能在公共空间和社区活动里很方便地找到同好。这是商业运营模式，背后有可以讲得通的逻辑。因为大家都在这里住，年龄差不多，有共同的消费，共同的文化，可以形成共同的爱好的社群，有些活动是收费的、高端的，所以能够在彼此之间形成更强的连接。有的青年社区已经成为比较纯粹的青年创业群体的小聚落。

第二种模式是由政府、共青团等推动的青年社区。这些青年社区由专职或者兼职的团干部推动。青年社区有制度，有一系列指标和标准，鼓励青年创新项目，吸引青年参与。这里面更多的是自上而下的动员，自下而上的参与也是他们的追求。

第三种模式是理想模式的青年社区，是我们所谓的有理想情怀的共享社区。一批青年艺术家在大理的湖边聚集，一批青年对自给自足感兴趣，他们就聚集到一个地方，共同打造社区，运营社区，大家一起修订这个社区的公约，然后以自己理想化的方式去生存和生活。这是理想情怀的青春社区。

> 这三种社区虽然出发点不一样，但是最终诉求是一致的，无论以什么样的逻辑走，商业的、政府的或是理想情怀的，最终还是希望这个社区能够真正地让青年感兴趣，所以难点就在于打造社区共同体。如果没有这样的共同体打造，最终出来的都只是一个牌子而已，政府可以在一个社区挂 N 多个牌子，商业模式也只是号称"某某社区"，实质上就是个公寓。

所以，最重要的是真正地在这些社区里面把青年参与社区的生态逻辑，包括内在动力等弄清楚，如此才能最终使这样的社区可持续。

◎ 社区如何吸引青年人参与？

近来和政府一些官员交流，大家都有一个共同的思考：社区的工作，包括社会创新、基层党建、公共空间，甚至是业务会，都很难吸引年轻人的参与。

比如，有个高档社区，房价特别高，里面住的都是中产白领和社会的精英。居委会就很难进去，门禁系统非常高大上，只能输入密码或者刷脸才能进去，或者跟着物业才能进去，居委会做工作就不可能像传统小区的居委会一样"进千家门"，特别费劲，成本比较高，这对社区管理提出了挑战。这个小区的网上论坛社区干部也很难进去，进去后倡导些什么的话也容易被业主论坛负责人提出质疑和进行辩驳。大家不一定跟着居委走，而是跟着业主论坛网上的领袖走。

这个问题以前不是特别严重，因为这样的高档社区毕竟是少数，但随着城市的发展，这样的高档社区越来越多。而且，今天的社区治理等社区工作已经进入到了精细化的阶段，以往可能这样的社区你进不去就不进不去了，政府也不会特别的在意，因为街道有大量的事要做。但是在今天，无论是社区党建的全覆盖，还是社区工作的提升以及公共服务的升级，都需要进入到这个新层面，社区治理创新也要求我们啃这样的一块硬骨头。

所以社区如何吸引青年人的参与就成为了一个绕不过去的话题。接下来的话可能大家就不爱听了，因为青年人不关心社区的事务，是自然与客观的情况，难以改变。可以问你一句,如果你是社区的一员,你会不会关心你的社区工作?你参加过的社区活动有多少?

通过这种对比,你也可以想象出来,中国的社区不像西方的社区,都有教堂等精神之所,西方在社区共同体这一块构建得特别好,大家对社区有归属感。而**我们国内的社区更多是居住意义上的社区,精神上的连接是不强的。**

我们靠信仰连接在一起的,最强的精神连接就是党。很多党员的关系是挂在社区的,有一些外企和两新组织的党员关系是挂在社区的。但是我与很多这样的青年党员交流过,他们到社区去开展党的活动时觉得特别不自在,不是说他们不愿意去,而是去了几次之后发现里面都是老年人,大家没有共同话题,所开展的党员活动觉得不对路,没有吸引力,去过几次就不太愿意去了,经常请假。

没有很强的精神连接,这是很难吸引年轻人去的。因为年轻人有很多现实的困难,打拼事业、养家糊口,年轻人是夹心层,上有老,下有小,可能没有时间再去关心社区的公共事务。就像很多专家提到的,我们的公共意识比较差,所以大家不愿意去关注更多的社区事务,这也非常正常。

如果青年是一个大范围的话,从传统意义上就是 18 岁到 45 岁的都是青年。在这个年龄跨度中间,有一类人其实是极难影响的,就是 18 岁到 25 岁结婚之前的这批青年人,几乎是不可能影响到他们的,因为他们刚离开组织化的生活,大学刚毕业,一下子进入到社会,新鲜感还没有过去,他们有大量的时间关注社会上的热点,到社会上去活动,社群交友、唱歌娱乐、听演唱会,这些占据了他们所有的业余生活。社区在他们眼中是无所谓的、枯燥的,他们也不太可能把时间放到社区来,很多商业企业和社区 O2O 企业对这一点倒看得极为精准,他们消费客群的重点从不是这批人,从不把 18 岁到 25 岁的这批人当成重点客户,宣传重点也不在这类人身上。

> 对于社区而言,如果要鼓励年轻人参与,我认为 28 岁到 45 岁这个年龄群体是可能的,因为他们在家里待的时间是比较多的,要照顾老人和孩子,所以,他们业余生活中的很多时间是在社区度过的,如果要论最能有效地吸引这批年轻人参与的方式,亲子是最好的途径。

我们看到,很多社区的亲子活动做得好,往往会吸引很多年轻家长带着孩子一起参加这样的活动。这样的工作做得好的社区是比较多的。

吸引更多青年家庭参与社区活动有四个方面是值得注意的:一是参与的空间,即做亲子活动的空间要小而美,像居委会的很多活动室就比较单调,所以大家都不愿意去。因此,在这一次的社区微更新之中,会更新出很多小而美的空间,这样的空间不是为居委会设计的,而是为亲子活动设计的,要干净、整洁、安全。比如,一些社区的图书角可以更新成为绘本馆,方便家长带着孩子在这里一起读绘本、一起玩,铺上一些色彩鲜艳的塑料地板,孩子安全。周末搞一些故事会或亲子绘本课程,成本也不高,类似的这些活动都可以开展起来,这些空间要有一定的颜值。

二是参与的机制要有趣,就是能够吸引大家都来参与,很多亲子活动都可以采取积分制,这种积分对小孩子来讲是有吸引力的。积分可以让大家参与其中,乐在其中,再加上小小的精神激励或者小小的物质激励,这就是好项目了。另外,项目要吸引孩子参与其中,在参与的过程中提升社交能力和发展潜能,这一方面家长是极其看重的。有个小区招物业行风监督员,居委会干部灵机一动,说不能再去招那些老太太了,他们虽然有时间,但是他们已经参与得够多了。他想到要招小小行风监督员,然后就在居民群里发出了这个消息,发出去之后,大家反应极其热烈,用了半个小时就把行风监督员招好了。因为对于家长而言,孩子参与到社区事务之中是有利于提高他们多方面的能力的,家长是特别支持的。

三是参与的项目要有创新,要能够把孩子调动起来,就像我前面讲的小小行风监督员,这样的项目就很好。而社区的很多活动,比如像社区跳蚤会等这样的项目,其实都是挺好的,有利于孩子参与,家长一边帮助孩子理东西和摆摊,一边鼓励孩子和社区居民交流,这就是一个非常好的社区共治项目。

四是宣传要有新意,传统的如在门上贴张纸,告诉大家有什么什么活动,这样不一定能够真正传达到很多家庭中,所以像微信群或公众号,以及像一些兴趣类社群,这些宣传渠道很厉害,要利用好。宣传渠道要更丰富一点,可以结合很多业主论坛进行宣传与招募,在宣传的口吻上一定要亲民,而不是像政府发的通知一样,有些包装还是有必要的,否则很难吸引家长和孩子的参与。

◎ 如何让青年在业委会有所作为？

以往我们将业委会称之为维权为本，更多地把它看成社区问题，十多年以来，提到业委会，就是业主维权、业委会和居委会的矛盾、业委会和物业的矛盾。而近年来，相关主题变成了以建设为本，即怎么共同努力把业委会建设得更好。

黄浦区半淞园街道推进了在业委会里面设立党小组长、推出《住户公约》等创新举措，已然成为"全街道高度重视业委会建设，体现党引领下的社区共治"的典型，还在全市工作会议上作了交流。不仅仅是街道层面，相关的社会组织以及自组织的发展也是突飞猛进、日臻成熟。很多社会组织已经在梳理业委会相关工作细则，多个区已经推出"业委会建设指导手册"。

从总体上来看，这些年以来，业委会建设已经从初期的维权为本发展到了现在的建设为本。

上海业委会建设在全国处于什么层次呢？座谈会上，青浦区有一个青年业委会代表叫韩冰，他建了一个全国层面的业委会交流平台，在业委会圈里有一定的影响力。他认为，上海的业委会建设做得全国领先，并且领先的还不是一点点。上海被其他圈内人称为"技术流"，非常讲规则，已经在死抠一些细节，维修基金的使用、业委会相关法律的解释等都有触及实践。而其他地方，即使是北京和深圳，做得还都比较初级，正在走上海十几年之前走过的路，还处于维权的早期阶段。所以他认为，如果中国要探索中国特色的业委会之路，上海的实践是方向。

这样的判断非常有意思。上海的业委会建设如同上海的社区建设，其已经从前台创新走向了后台创新，已经不太重视形式的东西，而更加注重背后的实质——机制、流程、规则等内容，而这些内容真正地体现了上海的精细化管理。上海的业委会建设在全国领先这一结论是站得住脚的。

我和很多的社区一线工作者，包括业委会专家交流过，大家都发现有这样的规律：但凡一个社区的业委会和居委会或者物业有矛盾，处不好，那么深究下去就会发现一个现象，即业委会绝大多数都是老年人。大家认为背后原因有两个：第一就是老年人舍不得花钱，把业委会的钱当成自己的钱，认为不花就是好；第二就是这些老年人都经历过"文革",极具斗争思维,遇到问题的时候,首先想到的是用斗争手段解决问题。

还有一个现象非常严重,即老年人自身能力的局限性决定了业委会工作水平的局限性。**最突出的问题是老年人对理财的忽视。**在座谈会上,有人举了这样一个例子,有个老公房小区有 400 多万的维修基金,存了 10 年活期,业委会的这些老人甚至想不到把它存成定期,只是利息就损失了 100 万左右,这 100 万可以帮这个老旧小区做好多事情。对于理财,第一他们不会,第二他们不敢,怕自己的决策影响到维修基金的保值增值,不动是最好的,不用是最好的。

其次,老年人比较怕用也不会用现代化手段。老年人怕用微信和互联网,这些手段不用,动员业主参与的方法就比较老套,动员就有了局限。

还有老年人其他能力的局限。比如,他们对当前的业委会的相关法律、复杂的管理制度、需要写的总结材料等都有能力上的局限,这些都限制了业委会功能的发挥。

所以,我认为业委会真的非常需要年轻人。这一点也在团市委进行的"青年业委会委员情况的微调研"之中得到了进一步的印证。

现在要问:社区这么需要年轻人,但是为什么年轻人不愿意进业委会呢?

我现身说法一下。6 年前,我去竞选过我居住社区的居委会委员。第一年我还挺积极,经常参加居委会的值班,参加会议,年底还参加了年会,看了居委会文体大妈队的表演。到了第二年,我因为工作等原因而淡出了居委会的工作。内因是因为这个居委会主要还是老年人团队。作为年轻人,好多事情插不进去,也融入不了。这是老年人的项目,老年人喜欢,年轻人就不愿意参加。这是老年人的文化,老年人的审美,总之对很多事有不同的看法。比如对社区里的木栈道,居委会大多数人认为木栈道要修成水泥的,又平整,又省钱。而我从设计与美观的角度反对了他们的决定,当然最终还是胳膊扭不过大腿。外因是因为在居委会没有多少事可以做,也没有必须要完成的事。假如当时居委会布置给我很多事情做,那么可能结果不一样,因为做的过程也是融入的过程。这些阿姨和大叔非常关心我,觉得年轻人特别忙,居委会的事儿就少做一点儿,因为少做了一点,后来就越做越少,直到最后淡出,这是外因。

我进居委会的这些感受和青年人进业委会的感受都差不多。所以鼓励更多青年人进入到业委会，使业委会从以老年人为主体变成青年发挥重要作用就显得尤为重要，因为这可以鼓励更多青年人进入到业委会。从某种意义上讲，鼓励青年进业委会是一个社会倡导项目。通过媒体宣传，以及团市委等部门推出的鼓励机制，吸引更多年轻人进入到业委会，形成良好的参与氛围，使年轻人在业委会里有更多的同辈群体，这样的业委会才会变得更加健康和有活力。

> 我认为，青年人进业委会是一个典型的社区治理项目。这个项目是立足社区、多方参与、促进社区共治的典型项目，也是一个解决当前普遍存在的社区问题的、有针对性的社区治理项目，所以要把青年人进业委会当成一个典型的社区治理项目去打造。

青年人进业委会一定要有开放的理念，鼓励各类社区主体的多元参与。既要鼓励青年人以个体身份加入到业委会，期待很多在法律、规划设计、宣传策划等上有专业才能的青年人进入到业委会，发挥他们的专长；又要做好社区动员，呼吁更多的社会组织参与业委会建设事业，越做越专业。当前一些活跃的业委会自组织也未必非要成为正式组织，在网络平台上交流经验，组织线下活动等，只要发挥作用就行了，未必非要成立正式社会组织。我只有一个愿望，就是希望这样的社会组织能够确保第三方地位以及专业性的持续提升。

> 目前，青年人参与业委会建设的大趋势只会越来越好。青年人更关注产权，关注自己房产的保值增值，也关心自己专业能力的发挥以及家门口的邻里社交，他们有更多理由参与到业委会的建设之中去。

除了这种自下而上的多元参与和社会组织的培育成长之外，政府部门和群团组织也应该不断完善此项工作的支持体系，强化青年进业委会体制机制的创新。我有三个方面的想法：

第一，一定要激发大家的动力，形成引导与参与机制，让每一个青年人想参与到业委会这个事中。有一些区县鼓励社会组织参与业委会建设,社工等骨干加入业委会,对这样的社会组织给予购买服务等经费支持,对社工给予人才政策等激励。对体制内的参与者给予行政认可,对体制外的给予荣誉强化引导,这都是好办法。

当然这是外因,如果要进一步激发青年人参与业委会的内在动力,最重要的是激发他们的成就感。青年人拥有很多技术特长,有的是规划师、设计师,有的是律师、会计师,他们在市场上的拼杀能力未必强,但这些能力用在社区,用在业委会建设上已经游刃有余了。所以,在业委会里面练手,激发他们的成就感,这是非常有效的。台湾地区的社区规划师中有很多是初阶的设计师,在社区中练手也是大家都认可的事,并且取得了双赢的效果,因为虽然技术不行,但认真啊;虽然不挣钱,但两三个月更新一个空间,有成就感啊!

第二,如果没有动力,也要给予压力。这是我做居委会委员的切身体会。人都是有惰性的,如果给一点外力,逼着自己做,最后也会起到很好的融入社区的效果。所以,团市委,包括相关部门可以推出这样的项目包,都是方便易行的社区治理的小实事,比如社区微更新的小项目、"一平方米菜园"项目,或者社区公益跳蚤会等活动,或者文明楼组建设,让这些青年骨干有事可做。

如果他们的的确确在社区里把这些事做成了,在业委会里面的威信就会提升,老百姓也会更加认可他们。这些小项目落地的过程,也是他们认识社区的过程,同时也是自身能力得到提升的绝佳锻炼机会。

第三,不仅要有动力,也要有压力,同时更要有激励。当然,这种激励不一定是物质的,对青年人来讲,精神的激励或者参与本身如果能够带来成就感和愉悦,那么对于青年来说这就是激励,并且是非常好的内在激励。

青年进业委会这个项目就是一个绝佳的志愿服务项目。进入业委会的青年就是一个个的志愿者骨干,所以激励要引入一些志愿者激励的手段,比如说每年评优秀志愿者,进行服务时间积分,开展志愿者沙龙,组织公益活动等都是好办法。

对于这些青年业委会的骨干,要建好社群,强化团队意识,使他们抱团取暖。虽然他们在各自的业委会里面是孤军奋战,但是他们的不安与孤独可以在这个大的社群里面进行缓解,所以要重视全市层面的青年业委会骨干的社群建设,让他们在社群里面找到志同道合的同伴。

当然,这样的社群也可以进行项目化的运作,让这些有共同爱好的青年形成不同的小的项目组,从而加强内部的互动,同辈群体的相互激励对他们内在动力的形成极有裨益。

第三节 社区营造

◎ 迎合需求还是引领需求,社区营造的重点是什么?

之前,一个社区空间经过更新后开业,我到了四楼乒乓房外,听到一群老人在吵,声音很响,有的说"你们政府有问题,现在都老年社会了,你们怎么都不考虑我们老年人的需求";有的说"我们乒乓房以前是三个桌子,现在变成两张,你们怎么考虑的? 你们是不是执政为民";有的说"我要上访,我要投诉,我是 40 年党龄的党员,你们的党性哪里去了!"。十几个老人步调一致,嗓门特别大,解释半天,还是不依不饶。

这样的公共空间里,乒乓房到底是谁的乒乓房? 作为公共空间,乒乓房应该是公共的,属于大家伙的,这个毋庸置疑。但用下来的情况却很讽刺,在大多数地方,乒乓房往往成了一部分人的专属,并且往往成了老年人专属,因为老年人有时间,这个地儿他只要占下了,就不走了,你拿他也没办法,因为这是国家的、公共的,所以往往就成了特定的老年人的空间,就是说,事实上成为了一二十个老年人的乒乓房。

这样的公共空间到底应该满足什么样的需求? 就以打乒乓为例,如何面对打乒乓这样的需求?

在空间规划或者更新过程中,有没有调研过到底有多少人愿意去打乒乓,或者打乒乓的群体是什么群体,是老年人,还是年轻人,还是想学打乒乓的孩子?

这种需求到底是平时玩玩,切磋切磋技艺,还是要组织一个班,让乒乓球爱好者提高技艺? 是不是可以培养青少年打乒乓的兴趣? 如果在社区里面就积累了打乒乓的爱好和初心,成为乒乓球国手,也不是不可能的。

还有,打乒乓到底要不要收费? 完全免费好,还是收一点费用有序管理好。如果免费,谁有时间谁就过来,过来之后没有好的管理制度的话,很难管,往往会出现前面说的情况,成为一小拨人的乒乓房。

其实,公共空间的初衷是希望满足更多人的需求,不会是想让这里仅仅满足一小拨人的需求。如果让这里满足更多人打乒乓的需求,到底有什么办法? 这就是空间运营和空间治理的课题。

那么,再回到社区需求,社区治理以人为本,工作目标就是要满足社区居民的需求。实际上,针对居民的需求的满足有这么两个阶段:

第一个阶段就是从无视需求到满足需求。这个空间包括提供的服务到底应该是什么? 可能以前不会强调老百姓的诉求,只要上级规定要建个文化中心,就建一个,上海的文件要求要建个乒乓房,就建一个,就可以了,不会主动要去征求大家意见。

近年来,随着社区治理意识的提升,已经从无视需求到了要重视居民需求满足,要征求居民意见。当前的社区治理创新中出现了很多参与式的创新,社区很多事物、很多工作我们在倡导居民参与,如参与式治理、参与式协商、参与式设计等,这充分说明居民的参与成为社区工作的重要内容。

接下来进入另外一个阶段,**就是从迎合居民需求到引领居民需求。**我们通过调研、座谈、12345 热线等各方途径知道了老百姓的需求,那么在工作过程中就要去满足这种需求,这就是"迎合需求"。而"引领需求"就是站在更广的视野,创新服务方式,丰富服务手段,引领居民能够爱上社区新服务,参与社区新事务。比如,在社区空间里做书房,其实就是在引领"品质读书"的需求,以往的图书馆没有这种私密性的书房。如果仅仅迎合老百姓需求,就弄个传统图书馆就行,有地、有书就行了,即使调研社区干部和居民,他们也不一定会想到要建一个舒适的书房的需求,不一定能想到举办亲子阅读会、开办亲子绘本馆等需求。而如果真的建了书房、办了绘本课程,可能会大受欢迎。这就是从迎合需求发展到了引领需求，这就到了一个新阶段，这是一个进步。

今天社区工作发展到了深度治理阶段，已经不再是单纯地去迎合需求，或者满足像养老、社区卫生、便民服务等这样的单一目标，而成了追求整体性目标与综合施策，满足居民多样性与提升性需求。**今天的深度社区治理出现了很多新名词，像科学化、精细化、智能化，习总书记在上海调研时提出这样的要求。改革向纵深发展，社区治理也在向纵深发展，向纵深发展体现出来的是社区总体营造的概念。今天，社区总体营造成为社区治理创新的主命题。**

社区总体营造就是一个整体概念，一个综合施策的概念。社区总体营造的目标到底是什么？

第一是全人群。希望各方面的人群都能参与进来。为什么应该是全人群？如果一个社区都是老年人参与，这样的社区是没有活力的。老年人在社区是强势群体，经常要去挤压其他人群的活动空间。只有老年人的业委会，因为他们的节俭意识，以及从"文革"年代走来的进到骨子里的斗争思维，容易和物业与居委会都搞不好关系。只有全人群共同参与，才能够把社区的中坚力量激发出来，才能有真正的社区活力和社区共同体意识，这是第一个目标。

第二是多样服务。那么这种多样的服务就超脱于咱们政府所讲的这些基本的共同服务。基本的公共服务国家是有标准的，都是保基本，那么基本也代表了一个低的层次，就是国家不太可能为老百姓提供各种各样的他想去满足的这样的服务，而我们的社区营造在提供这样的多样服务，这种多样服务的主体不光来自于政府，还可能来自于市场，来自于社会组织，就像读书一样，我们提供的不仅仅是让你能读书这么简单的服务，而是要对你这种读书社群满足包括像一些比较私密的、安静的或者喝着咖啡读书的需求，这就成了多样的服务。所以今天咱们社区的空间，包括社区治理社区营造，其实都在提供更多的这样的多样化的服务。

第三是多方主体。社区治理的原则就是党的领导、多方参与、共同治理，所以，参与社区营造的主体是非常丰富的，以前的单一主体变成了现在的更加多方的主体。以乒乓房这样的公共空间为例，以往都是政府的，由政府下面的事业单位来管，而今天，管理的可能是第三方社会组织，里面引入的咖啡服务可能是便民商业企业，今天，可以说各方面主体都在参与。在这个空间里搞活动的也不仅仅就是老年文化团队了,变得更加丰富多彩,很多社会组织在这儿搞活动,很多企业员工也可以搞活动,一些志愿者团队也会在这儿搞活动,在一个空间里面,参与主体越来越多元了。

第四是多样目标。社区营造的目标是多样目标,对于党和政府来讲,希望党的领导能够延伸到最基层,希望小康社会目标的实现;对于老百姓来讲,希望自己的生活更加便捷和人性化;对于企业来讲,希望生活在一个好的社会资本的社区,讲诚信,有良好的社区氛围,生意更好做,大家的目标更加多样。

社区总体营造的关键词是整体与总体概念。在社区治理创新和社区总体营造的前提下,公共空间到底应该是什么样的空间?就以打乒乓为例,乒乓房不能只是老年人霸占的空间,它本应是开放的,针对全人群服务的空间。

在这样的空间里面提供什么样的服务呢?以乒乓为例,不仅仅就在于打打乒乓,消磨时光,而是说和乒乓球相关的社群是不是可以引入,乒乓爱好者的志愿者团队可不可以对空间进行自治管理,也包括是不是可以办亲子乒乓球趣味比赛,或者组织一些小型乒乓球比赛,让青年人在社区周边就能够有机会培养兴趣,这些服务就是升级型服务。

所以我们看到,社区里的需求就分成了迎合需求,即迎合老百姓的低层次的诉求,以及更重要的引领需求,像乒乓球这个项目就可以引领这里面的乒乓爱好者的自治管理,还可以引领乒乓球趣味化活动的需求,还可以引领乒乓球青年群体的需求,这样的引领才能使乒乓房这样的小空间变得更有活力。

所以,只有引领需求才能真正地实现居民更多的获得感和满足感的目标。好多需求,你不去激发,老百姓就不会过来参加。社区里如果全是传统的乒乓房,没有高颜值的空间和舒适的空调,没有更好的服务,在里面打球的全是老年人,其他人愿意来这里吗?他不会来的,大家都不来,社区就少了一类群体的参与,社区活力就难以体现出来。

社区里面经常有社区跳蚤会这样的项目,跳蚤会的参与者基本都是家长带着孩子来练摊,来培养孩子的财商和综合能力,这些社区的中坚群体多参与,社区就会产生更加多的共振,共振之后他们会对社区产生更多的感情,之后才会有更多的获得感和满足感。而社区跳蚤会这样的需求也是在引领需求,因为这样的项目很复杂，要靠居民的自治，并且涉及到收费，如果居委会做反而会容易受到质疑，居民自发来做也就做了。

> 对于居民生活而言，十九大提出了"美好生活"，在社区里去创造和营造美好生活必须引领居民需求，让大家在社区中有条件参与更加丰富的活动，更好的社群，更好的社区生活，而不是很单调，全部都是很基本的、国家提供的、单一的迎合需求的那些服务。全是打乒乓、看书这样的基本服务是吸引不了全人群的参与的。社区要有更多多样性的、引领需求的项目活动，这样才符合"人民日益增长的美好生活需要"。

希望有更多的、更丰富的项目在社区培育，就像阅读，有的专门做亲子阅读和绘本阅读，有的做"拆书党"活动，还有的带着孩子去画绿色植物地图，这样的项目恰恰是更丰富生活的组成部分。如果在我们的社区里能够提供这样的美好生活项目，就没有必要再带着孩子去很远的外区去参加活动了。这些服务都是引领需求的，而不仅仅只是满足了需求。

◎ 如何进行社区总体营造？

我在和许多业内人士交流时发现，大家都有这样一个共识，就是在社区治理这项工作中，能够称得上技术的，业内普遍认可的就是社区总体营造。

中国的社区建设走过了这样的路，从上个世纪90年代的社区建设到本世纪初的社区管理，再到今天的社区治理和社区营造。总的方向是从自上而下的管理，变成了自下而上的参与，社区从政府一方主导变成了社会多元主体参与。如果说社区治理解决了社会各方主体参与的问题，搭起了一个制度框架，是社区发展的开始，那么社区的总体营造触及了前两个阶段都没有触碰过的内容。一是产业，关注市场化力量的参与，关注社区的可持续发展；二是文化，社区总体营造充分体现社区文化特色，模式越来越人性化，社区总体营造的理念是自下而上，民众参与，凝聚社区意识，发掘地方文化特色。

社区总体营造源于日本的"造町运动"，就是日本的老街保护计划，它的文化意义非常大。台湾地区的社区总体营造源于上世纪 90 年代，一开始有两种力量，后来变成三种力量，使社区总体营造成为成熟的社区发展模式。一开始的两种力量是上世纪 90 年代初期一群年轻人南下返乡、重回部落等行动，有点社会运动的味道，他们作为知识分子坚持在地方经营，发动群众参与，并且在全球发出声音，总结创造了北埔经验、美浓经验、三地门经验等。第二种力量是地方文史工作者，他们在历史悠久的宜兰、淡水、三峡、大溪、鹿港等地吸引了一批像乡村教师、民间学者、作家、医生等对地方有感情的人，共同参与到了地方文史的调查工作之中。他们以无比的耐心投入到村内改革的行列，参与到古迹的保存、生态的保育和社区的重建工作中来。

后来产生了第三种力量，就是政府的力量，不管是激进的还是折中的乡村治理工作，后来都被政府以民众参与为名，整合到了社区总体营造的政策之中，政府成了购买服务的主体。所以，前两种民间力量和后一种政府力量共同合作成就了台湾地区的社区总体营造计划。

几年前，台湾同仁开始到内地工作，内地有了"乡愁经济"等咨询企业和社会组织，它们带来了鲜活的台湾经验，社区营造已经成为了创新热土。经常会看到上海的同仁参访台湾的桃米"青蛙村"、宜兰等地。成都已经邀请台湾地区的同行为全市的干部进行培训，浙江的丽水、奉化，上海的嘉定，都已经开始了多年的社区营造实践。2016 年，成都市拿出 800 万的财政经费，委托社工组织启动了成都市社区可持续整体营造行动。

所以，今天的社区总体营造不再只是一个概念，而成为了具体的工作实践，在实践过程中应该注意这样的几个方面：

第一，社区总体营造重要的是"总体"两个字，它是总体的、全面的、全过程的社会参与，它的目标是社区的可持续发展。我们理解总体就是要扩大对社区工作的理解，以前我们讲到社区工作，只是谈人和人的连接，谈组织资源关系，今天我们谈总体营造，就要谈社区的空间、社区的产业、社区的文化，工作的聚焦点和关注点都扩大了。

第二，社区总体营造的内容包括五个要素。这五个要素在社区工作中朗朗上口——人、文、地、产、景。"人"是社区的主体，要激发人的潜能，使每个人都能成为终生学习者。"文"是指要营造良好的社区文化，培育良好的社区特色。"地"就是要强调地方特色，要培育和地方环境相共生的意识。"产"是指社区产业和经济活动的集体经营，只有社区产业的升级和持续发展才能促成社区的永续经营。"景"是指社区公共空间、生活环境、独特景观的营造，包括居民社区意识的凝聚，社区环境的重新评估和规划，废弃空间的再利用，全面提升社区生活环境的质量。所以，社区总体营造是这五个方面的系统性营造。

第三，政府的总体参与。台湾地区的社区营造，最早的推动力量是 1 个部门，后来扩展到 9 个部门，到 2005 年又扩展到 13 个部门。对上海而言，总体营造涉及到了街道几乎所有部门，对于行政力量主导的社区建设来说，总体参与这一点还是比较容易做到的，但最重要的也是最难的一件事是总体推动的形式主义，各个部门都重视，但是资源依旧分割，无法形成整合，这是值得注意的。

第四，社区居民的全过程参与。社区居民要参与到总体营造的整个过程之中，包括决策、执行、评估等。全过程参与说起来容易，但组织起来挺难，在做的过程中往往会疏忽民众参与这一块。比如全世界都在探索参与式预算，最多的案例集中在了巴西和委内瑞拉，比如巴西渔港参与式的预算，这都是知名的案例，我相信不久国内也会有相应的试点。社区微更新就是参与式预算的雏形，比如大家一起决策，如何做一个花坛，做成什么样，如果决策定了也就决定了要花多少钱。

社区营造是社区居民自己的事，不能只靠外力，台湾地区就有这样的教训：台湾社区重建协会一开始是自己到社区里替居民做社区营造，一开始效果挺好，但后来发现不行了，因为没有居民的参与，他们对这个事没感情，只要重建协会一撤出，这个地方的试验就失败了。所以，要建立起全过程参与的平台，并且发挥好作用。

台湾地区普遍建立了社区发展协会，它是一个居民的议事组织，在国内就是居委会，从制度设计上大家的想法是一致的，但是在具体的操作过程之中我们却走偏了。因为居委会太行政化了，虽然名义上是自我教育、自我管理、自我服务的群众性自治组织，有法定职能，但行政化任务太多，去年调研结果显示，居委会有180多项行政事务,这直接导致居委会成为行政末梢,自治功能缺失。所以,上海的街道居委可以建立起其他的居民自治平台,比如居民议事会、居民理事会、社区委员会等机构,但一定要让这样的机构从行政化的运作之中脱离出来,成为居民全过程参与的好平台。

第五,社区总体营造一定要凸显可持续和凸显文化,这也是关键的两点。可持续是一定要考虑"产"这方面的要素,自从社区里的招商功能取消后,社区的企业都换为区里管的企业,街道对于经济和产业这一块关注度降低。但降低并不意味着社区不关注推动支持社区相关产业的发展,所以要大力地鼓励各类社区服务行业相关的企业,积极地引入。另一点是社区文化的凸显,社区文化是一个地方特色,也是一个社区区别于另一个社区的重要方面,文化是最能凝聚人的力量的,所以要重视社区中的文化特色,比如老房子、老艺人、老社区商店、老咖啡馆等,这些都应该成为社区的文化特色。在社区总体营造之中,要充分地将这些标志性的文化机构、建筑等体现出来,这样才能更好地吸引社区居民,让他们以社区为傲,对家园有更多的归属感。

◎ 社区营造,先来创造一个故事

我在北京参加了北京设计周"朝阳门论坛",主题是社区营造。论坛上,台湾华梵大学萧百兴教授分享了《地域文脉与社区营造》,他认为,公共空间是一个社会生活与文化认同的凝塑器,一个凝聚和塑造社区精神的容器。他讲到,在这样一个流动的世界、陌生人社会、钢筋水泥的丛林中,我们更需通过对公共空间的社区总体营造,打造出一个抵御疏离的空间。社区要抓魂,文脉要进行挖掘,这才是社区可持续发展的基础。

> 所以,任何一个地方都要探寻地方性的文化特质,并且要动员民众共同发掘这个地方性文化,找出这个地方连接大家的故事。任何一个故事的背后都是一个有意义的共同体,而这个有意义的共同体组成了社区的归属感、社区精神和社区共同体。

萧百兴教授分享了台湾地区和浙江省的社区营造的例子。在台湾地区，社区营造更多的是指乡村营造，乡村总有一些历史性和文化性的东西，他和他的团队要做的就是将这个地方的故事挖掘出来。一些很平淡的小乡村，即使没有什么故事，萧百兴教授和他的学生也会通过对空间、地势、历史的梳理，将文化提炼到非常有意思的层次，最终会先营造出一个故事。

因此，萧教授所推进的社区营造的过程是一个提炼故事，并让大家去认知这个故事，从而共同去打造这样一个社区文化符号的过程。比如，对马祖北竿乡文脉的挖掘，萧教授进行了淋漓尽致的演绎。他的团队创作了一幅画，通过图绘的方式，将北竿乡文化风貌一一再现。他们还结合了该村的文旅产业发展，规划了一个"原味漂流"，再现了特殊文化氛围和场景，整个地貌绘成了图画，上面有牛头山、青蛙、虎、妈祖漂流等人神交汇的传说，完全将北竿乡特殊的神秘原始空间氛围发掘了出来。这样的发掘使它的旅游文化特质凸显，尽管受到了渔业没落等很大的冲击，但通过这样的规划，这个地方实现了再生。

萧教授还讲到了浙江省温州市泰顺县的竹里畲族乡，他把畲族的文化挖掘也做到了极致。他提出了十六个字，叫"篁间山居、竹凤吭鸣、龟蛇相会、火种高存"，他的团队绘制了一幅文化地景结构图，将里面的仙池山、龟山、长蛇山，以及蓝氏祖居遗址、雷氏祖居遗址等都展示了出来，真正地体现了这个地方"绿竹漪漪，在水一方，畲歌篝火庆仙乡"的氛围。

萧教授团队对地方文脉的挖掘不仅仅局限在为这个村的文旅产业进行规划，作为一个团队，更多地是在这个地方继续推进社区营造，并且通过各种各样的活动，唤起村民对于所挖掘出来的故事的认知，比如他们就推出了三月三畲族风情节，在公共空间举行的舞龙、祭祖等活动唤起了大家对村落文化的向往。

根据我多年对社区营造的观察，以及与台湾地区、成都等地同仁的交流，我深切地感受到：**社区营造的最高层面就是文创，一个地方如果没有文化的引领，是很难形成社区共识的。**当然，如果缺乏文创和文化产业的收益，那么这个地方也没有可持续发展的后劲。

近几年，台湾地区也在进行反思，如果单纯提社区营造，那么资金主要来自于政府，这个地方很难可持续发展。所以，这两年台湾地区正在兴起另外一项运动,就是"地区创生"实验。2016年起,台湾地区"国家发展委员会"推动"地区创生"计划,主要目的是挖掘在地的文化底蕴,促进一些有地方特色的产业的发展,所以被称为"设计翻转,地方创生"计划,希望通过"创意、创新、创业、创生"的策略,深度开拓地方的产业资源,引导优质人才回乡服务,回馈故乡。该计划通过地域、产业和优秀人才的多元结合,以设计的手法实现当地产业的赋能和增值,从而将产业带动起来,提升文化特色。同时,又可使社区、聚落和偏僻的乡村重新再生,展现出地方美学的价值。

> 近来,来上海交流的台湾学者频频谈到"地区创生"计划。其实,这一计划和大陆地区推动的"双创"以及特色小镇建设有异曲同工之妙。
>
> 各地几乎不约而同地在推动同一类创新,特色小镇于2014年在杭州云栖小镇首次被提及,在2016年,经住建部等三部委力推,特色小镇已经成为了一个创新经济模式,成为从浙江推出来走向全国的一个实践项目。

再回到社区营造的话题,我们发现,无论是"双创"、特色小镇,还是"地区创生",最重要的一点就是今天讲的主题,即"先来创造一个故事"。这样的一个故事,目前更多的是政府的故事,倡导某个产业,创建文明城市,打造文化品牌,政府要讲故事,这是自上而下讲的故事,往往都是政府主导,老百姓参与不够,所以这样的故事最终能不能化为大家的社区共识,就要画一个问号。

我们同样可以看到,如果仅仅讲特色小镇和双创,那么出来的往往是硬件,门面非常漂亮,但是内在的软件和应该有的文化的激发,尤其是老百姓的参与,都比较差。我们去一些所谓的"特色小镇"参观,人气旺的少,有人气的也多是旅游团,外地人远远超过本地人。"特色小镇"更多地成为旅游小镇,成为没有人、没有社区精神的小镇,离真正意义上的社区营造、在地文化的培育,以及当地老百姓的参与差距比较大。同样谈社区营造,台湾地区讲的更多的是乡村营造,乡村有特殊的地理特点,特殊的住宅,悠久的历史,有很多文化的东西是容易挖掘的。

"古村之友"的汤敏在全国推动古村再生、社区营造,重点也是先挖掘这个地方的文化。这些文化的载体可能是一个祠堂、一个老屋，或者是当地特产、非遗手艺。而这样的文化是连接人的精神层面的最好载体，可以将对这些文化有感情连接的人很方便地动员进来，而其中的能人达人就是"新乡贤"，这些新乡贤既包括"在场乡贤"，也包括已经外出创业、就业、就学的"不在场乡贤"，还包括一些"外来乡贤"。

什么才是让这样"新乡贤"行动的力量？就是文化，是祠堂和古村落这些精神连接的符号。只有将这样的文化认同激发出来，才能够达到像"古村之友"所倡导的"五捐"：领捐、配捐、智捐等，有钱出钱，有力出力。因此，"古村之友"也是先把乡村文化挖掘出来，创造一个故事来讲，吸引大家共同参与。

反观大陆地区推进的社区营造，更多的不是乡村营造，而是城市化地区的社区总体营造。城市社区是陌生人社会，来自五湖四海，这样的新村没有太多故事可讲，也没有太多文化可挖。那么，在这样的城市社区推进社区营造，到底该怎么做呢？**我的观点是：一定先要创造一个故事，这是最重要的事，也是社区营造的第一步。**

先来创造一个故事，这个故事到底是什么？

第一，先创造一个和居民密切相关的故事。当下，我认为可以讲的最好的故事可以和公共空间微更新有关。我们共同改造一个小广场，共同做一个小活动室，以往可能都是政府讲故事，现在我们通过邻里合作，通过议事会，大家共同努力，有钱出钱，有力出力，共同打造一个邻里共生、社区营造的故事。就像刘悦来老师所做的"都市农园"项目就是一个非常好的社区故事，大家共同改造了一片荒地，做成了家门口的自然教育的场所和社区纳凉的公共空间。

第二，有了一个好的构思和好的项目，有了一个故事和一个意义共同体之后，接下来要做的事情是形成居民的共同关切，让大家都认同这个故事，都愿意去参与。所以，议事会、协调会、沟通会，包括一些文化活动就变得不可或缺，其推动居民全程参与。通过这些密切的活动，可以让老百姓意识到这样的故事不仅仅是故事，它还可以发生在我们身边。就像"都市农园"这件事，本身是一个充满童趣的故事，在我们的家边，有这样的一个菜园，晚上可以听蛙鸣，可以看星星，可以听故事，这对社区家长和孩子是有吸引力的，大家有了向往，就更愿意捐种子和花盆，共同打造这个场景。

第三，接下来要做的是利用更少的成本使这个地方的公共空间更生。华梵大学的萧教授认为，把当地文化的故事发掘出来以后，更新改造的成本要低，不能过度，成本太高会使项目夭折。对于社区而言也是这样，大家共同参与，成本不应过高。低成本，大家共同投入，通过大家共同的投入，使这个地方的面貌、文化符号，或者文化的场景能够再现。

第四，经常在这个公共空间举办公共活动，使这些文化符号重复出现，出现多了之后，大家就会更加认同这个符号、宣传这样的符号，从而成为这个意义共同体的一员。很多公共空间再造后，要经常举办活动，"楼顶花园"结束之后，等葡萄成熟的时候可以举办"葡萄节"，一个楼栋甚至周边邻里一起来品葡萄，带菜来吃"百家宴"，表演节目，这样的社区故事就圆满了。

再总结一下，通过台湾、上海、成都等地区的实践，我认为，**社区营造最重要的是要先创造一个大家共同认同的故事，这样的故事应该是自下而上的，即使由专业人士激发，最终也要由居民共同参与，在参与中形成对这些有意义的文化符号的认同，使社区精神再现，从而形成社区共同体。**

◎ 对付社区营造这个复杂大坑的道与术

2018年10月中旬，华东理工大学举办了一场"社区治理"论坛，成都市民政局的江维书记来到了上海，她做了一个分享，她把成都市十年来对社区营造的摸索进行了毫无保留的分享，将所发生的事及其背后的逻辑，以及政策出台的背景都作了细致剖析。

我一直有不少疑惑：成都社区营造为什么能发展成今天的样子？为什么会被市领导接受，尽管这个术语来自于台湾地位？为什么社会企业最早会在成都推出？成都还有一个重大举措，它在全国率先也是单独设立了一个部门叫"社区治理委员会"，类似的非常超前的政策和非常创新的做法，为什么会在成都出现？江维的分享给了我答案。我经常去成都，每次都会进行深度的参观，和当地机构、社区书记，以及委办局领导交流，所以我对成都市社区营造有了自己的感受：

成都市的社区干部做事的主动性和积极性特别强，做事认真，求知欲和投入度都非常强；成都市自市委书记到各级干部都非常重视社区营造，成都的社区建设特别有活力。

苏州市姑苏区举办了"社会组织与社区治理发展前景对话"，一些国内大咖参加了活动，他们不断对我的社区治理认知进行了密集冲击，所以这次专门就社区营造来谈谈我的看法。首先，说起社区营造，我想用三句话来总结一下：复杂系统的复杂工作；复杂机构的复杂博弈；复杂团队的复杂事务。

第一个，复杂系统的复杂工作。社区营造是一个整合性的事，有党建引领，有街道和各级政府相关部门的参与，也有社会组织和社区群众文化团队的参与，还有社区单位和企业的参与。近来，社区多元主体不断培育，像社区基金会等不断发展。社区营造肯定是一个复杂系统，这就决定了社区营造是一个非常复杂的工作。任何的单一思维和简单思维放在社区营造上都不合适。越简单粗暴的事情对社区营造越是损伤，这是各地实践者的切身体会。

第二个，复杂机构的复杂博弈。涉及社区营造的部门很多，既有党的组织部门和社会工作部门，还有新成立的像成都市的市治委，还有民政和工青妇。这些部门也在博弈，到底由谁来推动哪些事情？这个部门的举措有没有影响到另外一个部门的权力？这些都很复杂。同时，自上而下，从市级部门、街道到居委会，也是复杂结构。如为居委会减负，本来居委会作为群众自治组织，其是最基层的，不应承担太多行政职能，但上级条线和部门，包括街道，都习惯性地将行政事务压给它，上面千条线，下面一根针。所以居委会的减负年年减，但越减越"负"。这里面就体现了非常复杂的博弈，既有上面的条令到下面的执行，也有下面的利益怎样影响到上面的决策，如何争取更多支持。这就体现了非常复杂的自下而上和自上而下的关系，这是复杂机构的复杂博弈。

第三个，复杂团队的复杂事务。现今，参与社区营造的团队不仅有居委会，还有越来越多的团队参与进来，主体越来越多元，深入到最前线的可能有居委会、业委会、物业、社会组织、群众文化团队，还有社区能人、达人、志愿者团队，任何一个主体想推进社区营造，那就要和各类复杂的机构进行对接和协调，有大量的事务性工作要做，这就充分体现了复杂团队的复杂事务。

上面，我对社区营造总结了"六个复杂"，可以看出，社区营造真的是世间最为复杂的一件事情。做社区营造的机构从踏上第一步开始就会面临很多抉择，每一个抉择都有可能影响最终的结果。

第一步，要不要在这个社区做社区营造？对此会有如下的一些问题：

一、到底是做好的社区还是做差的社区。好的社区群体的基础好，骨干和达人发育得多，工作也比较容易推。但不好的社区，老百姓的呼吁和需求更大；不好的社区也更加容易做出成绩，对比比较强烈，从 0 分做到 50 分，比较容易。

二、要做的事，即社区议题是来自于政府还是来自于老百姓？一座高层楼房需要微更新，做文明楼道、和谐楼组或者楼道绿化，街道特别支持。为什么街道很支持？因为这幢楼里面有几个老上访户，所以希望通过"和谐楼道"等工作，能和这些老上访户建立感情，让他们不再上访。所以，这件事的议题就是来自于政府，而不是来自于老百姓的共同议题和诉求。

三、社区营造的目标到底是什么？只是做一些活动，还是真正地为老百姓提供公共品，通过大家共同协商形成共识以解决自身问题。

四、要选择一个什么样的社区，才能更好地做出成绩？同样要做，有时间成本，就需要对这个社区进行深入的了解，并进行权衡。

有的机构就总结出来以下四个标准，满足这四个标准就做：第一，街道领导有思路；第二，社区书记有干劲；第三，社区各类组织有活力；第四，社区居民愿参与。符合这些标准，在这里做社区营造可能会取得成绩。

第二步，和政府进行协作。社区营造必然要争取政府领导支持，和政府相关方面进行协作，而这种协作也会遇到很多困难。比如，居委会不配合怎么办？一个机构在社区里做活动，这些项目要落地，居委会不配合是经常遇到的事。居委会会觉得，你们拿了项目经费，你们来做这件事情是天经地义的，干吗要来找我。做社区营造，追求的到底是上级官员的政绩，还是居民的获得感？配合官员去做政绩，官员特别喜欢。如果很多官员对社区营造没概念，依着官员的要求，半年就要出成果。而我们知道，社区营造要真正有成效起码需要几年时间。所以，你会特别纠结，这活儿怎么办，这样下去还做得好吗？

还有，推进社区营造，注重的到底是结果还是过程？比如更新一个广场，注重结果意味着只要把广场搞得焕然一新就可以了，而注重过程就复杂多了，也烦多了，对自己的要求会更加严格，比如老百姓有没有全程参与社区营造过程？居民的参与意识、参与习惯和公民精神是不是得到了培养？

接下来进入第三步，整合各方资源。这一步也会遇到很多复杂的问题，比如更加注重引进外来资源，还是培育内生资源。而内生资源是社区营造的灵魂。

任何外来的资源，如果没有把当地的团队和当地的参与激发出来，那么最终的可持续就是问题。我们看到很多这样的现象，一旦第三方社会组织撤出，这个项目就难以为继了。我们还要格外强调，不能完全依赖于政府资源支持，必须要去寻求社区单位、公益基金会、企业等外部资源支持。有了资源后，如何形成共识，并把这些资源用到该用的地方，也是一个挑战，所以，有很多基金会都在抱怨筹款难，花对钱更难，花好钱难上加难，社区营造也是如此。

接下来进入到第四步，如何使社区营造项目持久发展。一个项目做成了，有了一定成效，形成了品牌。那么，到底怎样才能更好地坚持；项目在这个小区做好后，如何拓展到其他小区？就像生产模型车和量产车，完全不是一个等量级的事一样，在一个社区做成，和能够复制推广到更多社区，遇到的也不是一个等量级的困难和挑战。一个点可以讲情怀，十个点就要面临你的生存问题和你的团队的生存质量的问题了。对于机构来讲，社区营造不太赚钱，做一个是情怀实现，但是持续地做这样的项目，实际上很难生存。一个人觉得没问题，但是团队却需要更好的生存。

另外，社区营造成功之后该怎么宣传，怎样形成更好的品牌效应，实现更大的影响，这都需要更多资金投入，那么在这个时候，自身能力的问题就会暴露出来。

当然，这个项目在这个地方做得好，在其他的地方能不能复制？这不像工厂线上的产品，不是标准化的，其更强调当地的资源、当地的人文禀赋和当地的骨干人才。所以，社区营造给人更多的是理念的启迪，是方法论的启发，社区营造很难标准化和流程化，很难产出像流水线一样的产品。

前面列数了众多复杂,其结论就是:**社区营造是一个极其大的坑,但是为什么还是有那么多人愿意跳进这样的坑?** 我觉得这也很正常,人的思想本多元。有个流行的所谓心理学的理论是"九型人格",其中就有一个"助人型"人格,这样的人追求"服侍别人"的欲望特质,一句话讲解此类人格特征就是"我若不帮助人,就没有人会爱我"。所以,一些人去做帮助别人、服务别人、服务社区的事是有内在动力的,有心理学理论可以解释。

现在,参与社区营造的人越来越多,有的是学界,有的是互联网创业者,有的是政府官员下海,有的是公益组织,各种各样的人纷纷投身社区营造事业,八仙过海,各显神通。正如前面所讲的复杂性,其实任何一个神通都有可能对社区营造产生促进,有时候误打误撞还能产生非常好的作用。

苏州姑苏区的论坛上,大家争论"社区营造的道和术的问题"。什么是社区营造的道?什么是社区营造的术?很多社会组织经过这么多年的探索,已经积累了很多术,这些术还称不上技术,只是小聪明、权术、机警一类的东西。比如,可以走上层路线,把上级领导搞定,再推这个区的社区营造就容易了;如何读懂政府工作报告,帮助官员做政绩;当然还有,如何加领导微信,如何在适当的时候巧妙地搬出领导以实现自己目标;如何借领导参观考察抬高自己身价;多长时间和街道沟通一次才更有效等,这样的道道还是很多的。

> 和社区营造的复杂性与慢效性相比,这些速效的手段,或者说比较草根和江湖的手段是需要的。但大家更加一致地认为,社区营造不是一个短期行为,是一个长期的系统性工作,只有这样才能激发活力,成就社区共同体,最终"术"的层面仅仅是一种补充,更多的要在"道"的层面上有所坚守。把握社区营造的"道",就要去关注社区营造大规律。

这种大规律是什么?乐仁乐助的魏晨分享了一个案例:最终能够完全解决留守儿童这个问题的机构并不是社会组织,而是淘宝村,是淘宝公司。因为淘宝推动了农村创业,推动了农村生产方式的变革,让留守儿童的父母回归乡村,在乡村创业挣钱,当然就不存在留守儿童了。这才是大规律,是"道"。

在社区营造方面,都有哪些大规律是需要我们注意,需要我们坚守和坚持的呢? 我觉得这样的大道,有以下六个方面:

第一个就是党的领导。现今,**党的领导是一个前置,是一个旗帜,是一个符号,是一个国家的顶层制度设计。**参与社区营造就必须要深度认识,调适自我,去把握和适应这样的规律。

第二个是机构自身能力。如果专业性不强、能力不足,最终就不可能做下去,"打铁还得自身硬",社区营造对机构全面素质能力的挑战极高。

第三个是价值观。社区营造的价值观绝不是行政思维,而是社会创新、社区治理、社会工作的价值观。大家可能都觉得这些价值观已经入脑入心了,但要和工作真正地结合起来,落实到每一项工作中,落实在每一项具体项目和具体事务中,还是需要专业素养的。这种价值观就是平等、尊重、助人自助,我们要做的是帮助居民提升他们的能力和潜能,相信老百姓有自治、自我管理和形成共识的能力,这就是我价值观层面的坚守。

第四个是可持续。社区营造最终要形成稳定的、开放的资源支持,要有项目的可持续发展和团队的可持续参与,而不应该把社区营造过多地依赖在一个机构身上,激发社区内在活力和内生动力,这是一个大道。

第五个是要重视意识和能力。这是社区营造的最重要的目标,不仅包括社区工作者的意识和能力,拥有开放与多元的思维,有整合资源、激发参与的能力;同时还包括居民意识和能力的培育,培育有能力的、有参与意识的居民。只有将居民的参与设定为重要目标,我们社区总体营造的活力才会产生。

第六个是社区共同体。社区要有共同的故事和共同的文化,如果没有故事,我们就造一个故事,让大家都愿意参与、能够参与,从而形成归属感。这里面要注意的是怎样议事,怎么协商,怎么形成共识,怎样让各方面复杂的团队和复杂的多方能够形成共识,形成对社区的一种认识和一种共同理念,这就是社区共同体。

在这六个大道的坚持之下,社区营造才能真正地取得成效,社区活力才能形成。

◎ 社区治理的创新项目来自于哪里？

近期，"垃圾分类"很热很热，这在上海是规定动作，一线社区工作者站在一个起跑点上都要做这个事，为了突出成绩，都在绞尽脑汁地想如何创新项目。社区创新项目的动力有的来自于上头政府部门的要求，有的来自于下面居民的共同诉求，有的来自于社区工作者的内在动力。

一个社区越有活力，此类创新项目就越多。推动项目的主体是谁？到底是居委会推动，还是居民自发做，还是社会组织等外来力量做？创新项目的动力机制是什么？本文中我想聊聊这个事儿。

根据我在社区工作近 20 年的经验，从长时间周期看社区创新项目的发展，有这么四种类型：

第一，原生态内生型的项目。一个新社区刚成立，最早有的就是这些原生态项目。这些项目是什么？是基于居民兴趣发展出来的项目，比如扇子舞、读书读报，或者夜间摇铃、便民服务、老年关爱等原生态项目。这些项目满足了居民的一些兴趣类的要求，提供了基本的社区公共服务。

这些项目数量不少，类型多样，每个居委会都说我这里有多少多少支队伍，主要指此类队伍的数量肯定没问题，但是质量有问题，人群比较单一，基本都是老年人。凭经验也知道，这些热心的老年人都是老大妈。之前参加了静安区社区公益创投大赛，有一个机构提交了一个提高男性老年人社区参与的"茶会"项目。这些原生态项目有一个共同点，就是参与者多是老年女性。这类群体的参与导致了项目的刻板保守，创新性想法出不了，出来了做不了，应对不了社区发展的新需求。

第二，落地社区的外来项目。当然，不一定所有社区都有这个阶段。2009年，上海启动了社区公益创投大赛，培育了一大批民间的社会组织，支持了一大批它们发育的创新项目，像比较出名的"老伙伴计划"，低龄老人和高龄老人结成"老伙伴"，一对一地守望相助。还有"垃圾分类"等项目，都是这些专业的社会组织推动培育的。

　　社区公益创投项目都要落地社区，过程中出现了很多问题，好多项目都是初创，没有实践过（所以称为创投）。讲起来挺好的，有的是国外引进，有的是商业项目转型研发，但是落到社区，并不都那么美好，社区也并不都欢迎。很多基层居委书记都抱怨过，这些外来项目，钱是你拿的，活应该你做，但现在项目压下来，你的工作让我配合，我的工作量又增加了。对于居委会和居民来讲，他们是被动的。很多社会组织说起来很专业，做起来不专业，在怎么动员居民、怎么做项目，以及怎么激发各方面参与积极性方面并没有说的那么专业。

　　极端的情况是，有的内容执行不了，就弄虚作假，填个表、做个假账什么的都有，算是走到了公益的反面了。所以说，外来的和尚未必念好经。还有，这样的项目落地社区成本是比较高的，就像瓶子菜园，很多居委会出不起这个钱。总体上，市、区公益创投大赛的项目落到社区是受欢迎的。但普遍问题是，内生资源的动员和当地居民的参与不足，项目做完了，社会组织一走，这个项目也就废弃了。上当的次数多了后，好多社区挺反感这些外来项目。

　　第三，街道和居委自己组织项目大赛培育创新项目。很多街道和居委做社区公益项目大赛，创新项目的支持力度都不大，一个项目也就几千块钱。有的居委会做的自治金项目大赛，钱更少，也就是一两千或几百。主要意图是促进自治项目的发育，挖掘社区能人达人和骨干志愿者。这样的项目挺有意思，如果真正地发挥作用，把内生资源挖掘出来，把居民参与积极性激发出来，项目也是成功的。但最关键的是，如果居委和街道动员的还是以前的老年女性为主的项目的话，这些项目的层次并没有因为给了钱而有了质的提升，创新性还是体现不出来。

　　第四，专业培育和社区内生相结合的创新项目。近年来，很多专业机构（包括社区基金会）专门做支持型社会组织，为社区赋能，鼓励社区工作者利用社区资源，发掘社区能人，创新推出内生型的创新项目。

　　分析一下这四种情况：后三种算是产出了创新项目，但第二种情况的效果并不好,第三种情况也不理想,第四种情况是最好的。

> 总体上,社区治理的创新最终还是要内生,关键要解决项目的活力、可持续和创新性的问题。如果内生之后,出来还是层次特别低的,其实还是没有走出死循环。

只要是社区创新项目,都要解决这么几个问题:

内生型的人才怎么样挖出来? 这个人才不仅仅是传统老年女性,社区中坚群体要挖掘出来,一些中坚群体、大中学生,以及社区企业里的人才,要能挖掘出来。

创新项目的资金怎么运作? 资金不能完全来自于政府,应该有更多的居民参与,而居民为什么愿意捐钱,这就涉及到社区基金(会)的运作,社区志愿者的参与等诸多事宜。

机制如何创新? 内生型项目的创新不应该都是由居委会推动的,而是多方参与的事,有的居民想去做宠物项目,有的居民想利用维修基金做一个小花园,有的居民想做一个社区影像史等,激发这些参与积极性的机制到底是什么?

还有,社区工作者如何赋能? 如何让一线社区工作者具备社区营造的能力,这很关键。专业做社区事儿的人只有这些一线工作者,其他的人时间上是有限的。如果他们的素质不提升,行动不配合,再多的外来力量和专业机构也都激发不出内生动力。对于一线工作者来说,在各类政策解读、各种专家、各级领导的"洗脑"下,社区意识基本养成,社区治理创新的思路也都比较清晰。

今天,最最重要的事是行动力! 是激发更多的内生型创新项目!

这些项目肯定不是原生态,肯定不是纯自上而下的行动要求和社区动员,应该是专业化的创新,有标准流程,有工具可以使用。如何培育社区达人、如何管理项目、如何运筹资金、如何创新机制,都有一定之规;要有一批成熟的头雁项目示范给大家学着做;要有在线导师和线下的工作坊和大家一起推动更多的创新项目的培育。

第六章

兼容并包：社区人才的培育之道

第一节 公益人才

◎ 陈行甲的意义：谈公益人才的缺失

曾获得全国优秀县委书记的湖北恩施州巴东县的县委书记陈行甲辞去了公职，正式公布了最新去向。2017 年 5 月 6 日上午，陈行甲在朋友圈中称中场休整结束，下半场的公益人生开始了。他将正式从事公益事业，在深圳的国际公益学院从事公益社会政策研究和教学工作。同一天他还通过公众号发表了《你好，我的下半场》一文，文中指明了当前乡村社会发展中的一些难点和痛点，党和政府已尽了最大努力，但是仍有不尽如人意的地方，因此他常常思考问题的症结在哪里。他认为，转场到公益领域可以做的事情有很多。陈行甲经过近半年思索，决定投身公益领域。这一点我非常理解，因为对他来说，他认为他的人生价值能够在公益事业里得到最大的展现。

近期投身到公益领域的政府官员越来越多，我身边的一些朋友包括在某些重要部门工作过的政府官员都纷纷转行到志愿服务、基金会、养老等行业中从事公益事业。政府人才纷纷参与到公益事业之中，这是不是意味

278 ► 社区治理方法论——社会创新者说

着公益领域特别有吸引力？这是不是表明公益事业发展已经成熟，公益人才的结构已经健康合理了呢？有了这些高端人才，各方面的人才是不是就不再缺失了？

这两天还有一个热点，在社工界影响也比较大，大家的朋友圈和微信群里纷纷讨论一个话题，就是中山大学取消了社工本科这件事，还有人发起了给中山大学的公开信。大家觉得取消社工本科这件事有悖于国家政策和社会发展的趋势。

中山大学取消社工本科，自然有它取消的道理。教育部发布的十大预警专业中也有社工专业，社工专业为什么会走到今天这样一个地步？根源在于教育和后续实践的脱节。全国有几百家高校开设了社工专业，但是这些社工专业和高校生最后就业的岗位还是有一定差距的。很多人在自己专业的领域找不着工作，有的也不愿意从事服务于别人的社区服务工作，这就导致了高校培养的专业对社会真正的推动作用十分有限。不能说社工方面人才缺失，首先在教育领域是不缺失的，拥有着社工知识或者公益知识的人才是比较多的；社工的脱节在于实践领域，拥有着丰富社工经验的人才是有缺失的。

社工毕业之后，绝大多数到了街、道、镇基层的社区，包括一些公益组织，到了社区服务的第一线和社会服务的第一线。每年大量的毕业生被输送到这些地方来，这是不是意味着在社区中这样的公益人才就过多了？

近年来，到基层工作的社工数量越来越多，有时候到居委会聊天，到一些社会组织聊天，发现学社工的越来越多。几乎有一半以上都是学社工专业的，或者是学社会学的。但是在负责人层面，社工专业的人是比较少的。近期我接到很多求助，请我推荐社会组织服务中心负责人、某某基金会秘书长等，所以基层社工人才并不缺乏，缺的是公益组织和专业社会服务机构的负责人。

在公益领域，这些负责人他们主要来自于何方，这也是我们需要考量的。陈行甲于此就有示范性的意义，很多政府部门的一些领导和官员，他们纷纷投身到了公益领域。很多外企的高管也跨越了市场来到了社会领域，并且做得都特别好。因为他们引入了市场机制，他们把市场效率和营销手段用到公益的一些项目上，发挥了重要作用。这些跨界的人才，他们本身拥有资源，拥有跨界的优势，所以他们给公益事业的发展带来了新风。随着社工近 20 年的发展，今天的公益人才，尤其是一些专才已经不缺了，但是缺一些跨界的人才。

还有一个现象值得关注，大量的社工进入到社区基层从事一线服务。但是由于种种原因，比如他们有专业优势，他们觉得一些专业的东西居委会不认可，专业很难和现实结合，导致这些人在具体的工作之中到处碰壁，他们的感觉并不好。再加上工资低、生活压力大，所以他们就纷纷离开一线的服务岗位，其中包括了街道公共服务机构，就像社区服务中心等里面的社工和居委会的社工。

这些流动中，很大一部分人往事业单位和公务员方向流动。我调研过一些专业社工机构，每年至少有 10% 的人员流动，绝大多数都考到了事业单位和公务员部门。有社工背景的人到了街道或者民政、社工委等部门，或者到了政府的其他部门，因为有社工的价值观和理念，他们自然会和没有做过社会工作的以及没有学过社会工作的人有不同的价值观，会更加平等、更加包容地关注到个人的特点。而这样的一批人，实际上是有利于政府更好地去做社会领域的事情。

陈行甲为了情怀、为了更大的社会责任，他转场到了公益领域。已经在公益领域的一批人放弃了情怀，去追求一种非常务实的生活，又进入到了体制内。进入体制的这批人在达到更高层面的时候，我相信会对整个社会服务、社工事业等的发展产生很大的意义。我们已经看到，很多社工专业背景的人在体制内得到了很好的发展。

在公益领域，其实我们是不缺知识型人才，而是缺实践人才。我们不缺一些基础性的公益人才，我们缺的是领袖型的公益人才。我们不缺的是一些有专业知识的人才，我们缺的是跨界的人才，当然在政府体制内我们也不缺官员，我们缺的是懂社会的人才，陈行甲就是这样的跨出政府体制并熟悉政府运作的跨界的一个领袖型人才，这样的人才是非常稀缺的。

◎ 公益人才缺卖保险的乞丐？

近期和庄爱玲老师聊天，说公益圈的一些朋友们在热聊的话题是公益人才。这个话题在一号社群里也聊得挺热的，所以本文聊一聊公益人才这个话题。

首先，我认为，公益行业真是一个比较烂的行业，为什么说它烂？

因为这个行业是天难的一个行业，别人创业都有策划书，有盈利模式，先想好怎么赚钱。公益行业不是先想好怎么赚钱，而是先想好赚了钱去做什么。先想到的是解决什么社会问题，比如解决孤寡老人的居家照顾问题，孤寡老人在家里饿死的人间惨剧不应再发生，这就是原始驱动力。

有了这个动力后再去想该做个什么项目，有了项目再去找其他企业和机构要钱。**支持企业创业的领域内的投资机构非常多，PE 多如狗，基金遍地走，投资的多过创业的，好项目特别难求。**

在公益行业是不太可能出现这样的事情的。公益行业谈不上增长率与回报率，今年做到多大规模、影响多少人次、服务多少人群，这些都比较空。能够说我们今年的项目融资达到多少以及覆盖率达到多少的社会组织是非常少的。

> 我听过很多人吐槽，说公益行业真是一个烂行业，这个行业一旦进去，就陷入到了无限的麻烦之中。今天有个困难，明天有个坑，相信每一个做公益的人都有过这样的吐槽。而公益行业凭什么能够吸引人才？恰恰是因为公益和其他行业的不同之处，虽然缺钱，但是钱并不是唯一追求的东西，这个行业离心最近，是一个抚慰心灵的职业。从某种意义上来讲，它需要一个人投身其中，是用一辈子来修行的职业，它也不是一个玩票的行业。

公益人才的流失率特别高，这是个客观事实。背后的原因是因为**很多人把公益想得太美好了**，认为这个活儿是升华人生的事，进了公益行业，人生一下子就更精彩、更丰富、更完美了，想得很美。但是，他进来后才发现，外面所拥有的矛盾这边都有，外边该有的江湖这边都有。

有的人会觉得做公益很容易，因为没有指标、没有 KPI、没有考核，公益组织基本上也很少开除人等，所以他们觉得很容易，但是进来之后却发现，特别困难，也不过如此，不是想象的那样。

还有一些人在企业里忙得要死，在政府部门被管得很紧，他们认为公益行业会很清闲。所以就抱着这些想法进入到了公益行业，进来后发现，期望有多大，失望就有多大，所以好多人待不够三个月就走了。很多公益组织，尤其是一些社工机构，人才流失率是非常高的。公益逐渐形成了围城的效应，而人才成为了一个悖论，外面的想进来却进不来，里面的则留不住。

> 想进入公益的人要想清楚，正如我前面提到的，这是一个要用一辈子来修行的职业，真的不是一个玩票的行业。它是一个事业化的职业，不是职业化的职业。这就决定了进入公益行业的最好是那些对收入无感的人，比如财务自由的人、全职妈妈等，还有一些宗教人士。

事实上，在公益领域最有影响力的就是这样的人。比如比尔·盖茨、扎克伯格等，他们都在影响整个公益的大格局。国内很多企业家也在纷纷投身其中。还有宗教界的人士，这种例子就更多了，比如特蕾莎修女，还有推动人间慈善的慈济会的证严法师等一批人。

前面举的这些例子都是公益领袖，而真正要推动公益行业的发展，不仅仅需要行业的高度，更需要行业的深度，这意味着需要很多人去投入，去做执行的事。

创业圈也同样如此。一个成功的创业企业既要有讲故事的人，也要有做事的人，所以大家笑侃，一定要有复旦大学的，也要有清华大学的。复旦大学擅长讲故事、讲家国情怀、讲格局，同样需要清华大学的，要把这些格局和情怀落到地下，干成事。所以一个企业有了这两个方面的人才就成了。

引申出去，一个园区的企业之中，有的是讲故事的，做策划、包装、咨询、中介这些行业，同时也要有执行、操作、设计、运维等的企业；既要有清华人做老总的企业，也要有复旦人做老总的企业，这个园区肯定就会火起来，因为这是一个很好的组合。

再引申到公益圈也是一样，**公益圈不能只有讲故事的人，也要有做事的人。**目前，公益人才最缺的是一些"卖保险的乞丐"，大家不要觉得这是玩笑话，我觉得这很有意思。说是乞丐，实际上我们做公益的本身就是乞丐，你想想我们有什么？我们不像创业企业，它有原始的投入，还有挣钱的套路和有钱生钱的思路，而我们公益事业是没有这些的，我们只有情怀、只有忽悠、只有让大家意识到我们做的这些事特别有意义，或者说特别能够唤起别人的同情心。孤寡老人在家里饿死了，我们也有父母、有老人，我们今后都会老，也都会遇到这些问题。这个问题如此严重，所以我们要行动起来，不让这样的惨剧再发生。这就是我们的套路，我们希望更多的人能够认识到这个事、重视这个事。只有同感了他们，他们才会支持你，进而能够给你钱。

我们和乞丐唯一不同的是乞丐是为了自己而去讲自己可怜，而我们是在讲别人可怜，是在为别人要饭。为什么说是卖保险的乞丐？其中一个共同点就是人才流失率都特别高。保险行业也是这样的行业，好多人都可以进，门槛特别低，但是进去之后发现不好就又出来了，有点儿像我们的公益行业。公益行业大家都觉得很好，拼命要进去，但是很快又觉得这个不好就出来了。

在这里举一个"优才"计划的例子，这是敦合基金会推动的项目，他们发现公益组织的专业人才，比如筹款、传播、营销这样的公益人才是特别紧缺的，公益组织自己没有钱雇这种专门人才，所以"优才"计划就是希望公益组织能够以市场价聘到这些专业的人才。基金会给予一个机构十万块钱的费用来聘请专业人才，连续支持两到3年。我认为这个项目特别好，经过几年运作下来，突然发现有一个现象是值得关注的，就是那些跨界过来的专业人才，有的以前是做互联网的，有的是做电商的，一年后再调研时，有一半已经走了。

公益的门槛也是比较低的，并不是说只有社工师资质的或学过社会学的才能进入，它的入口是特别宽的，只要有一颗心，有初心，有发心，就可以投身其中，甚至没有行业经验都可以。比如有人愿意为西部的孩子做支教这样的事，于是他就创办了一个支教中国的项目，这很正常。好多人就是因为一个念头的触动而去了某个地方，或者冥冥之中觉得喜欢这事，就投入进去了。前面我们也分析到了公益的流失率特别大，现在有了优才计划这样的项目，使得一些专业人才的收入可以和这个市场持平，即使在这样的情况下，公益的流失率也还是特别高。

为什么要以卖保险来比喻公益这件事，还有一个重要的因素，即保险业是个参照，我们要对公益人才提出期望。卖保险是一个非常专业的事，任何一个卖保险的人都会经过非常专业的培训，他会跟客户讲得很清楚，比如风险、回报、未来，他会帮客户做筹划，保险是一个非常专业的咨询服务的行业。

> 以卖保险的乞丐来说公益人才是个类比，希望更多的公益人才能够用卖保险的思维去做这件事，能够用一种专业化的思路去做这个事。同时，卖保险的乞丐也是一个愿景，我们公益组织的高度不用担心，因为有大量各方精英现正在纷纷支持、参与和投身公益，王石也进来了吧。

公益领袖这个层面我们不缺，也不用担心，但是在公益做事的人这一层面是缺很多卖保险的乞丐的。公益领域的公益人才不缺高度但缺深度，公益行业到今天是没法和保险行业比的，保险行业有一个庞大的就业人群，中国人寿有一百万的职工，而公益行业中没有一个公益组织能够达到那么大的规模，但是任何一个公益组织都需要能够做事，有专业能力和专业特长的这样的执行团队。

我们真正缺的是公益方面的专业化人才，这些专业化的能力细化出来就是几个方面的能力。一是项目策划的能力，涉及产品的研发，做出来的产品要能卖得出去，就像乞丐一样，你讲的故事要足够可怜；二是营销的能力，怎么样通过互联网，通过各方面的渠道，把项目传播出去；三是跨界合作的能力，就是要有能力保持开放度，能够和政府、企业等形成有效的合作，而不是不肯低下专业的头颅，比较犟，总是对别人表现出道德优越感；四是执行力，要让项目能够落地。公益领域缺的是这样的人才。

再对比保险行业，保险行业已经有上百年的历史，而我们的公益事业，尤其是国内公益事业的发展只不过是近十几年的事，所以从专业度和行业的深度来讲，公益事业是无法和保险业相比的。所以以卖保险的乞丐作为一个发展目标，我觉得不丢脸，在这里自嘲一下，希望我们虽是乞丐，但能够为整个社会的发展争取到更多的钱，使公益行业能够像江湖第一大门派丐帮那样强大。

◎ 公益人不能钻牛角尖：从徐永光、康晓光之争说起

现在在公益圈，徐、康之争已经成为热点，因为徐、康都是公益圈的资深人士，徐永光是"希望工程"的创始人，在业界是教父级人物，康晓光是中国人民大学中国公益创新研究院的创始人之一。徐永光先生写了一本书叫《公益向右，商业向左》，大力倡导社会企业，而康晓光先生则就徐永光先生这本书发表了一篇"驳'永光谬论'——评徐永光《公益相右，商业向左》"的书评，引起了公益圈的轩然大波。

我们发现，公益圈的这样一件大事的影响力还是仅限于公益圈内，我搜索了一些网上数据，一个公益圈非常有名的大号转发了康晓光先生的书评，但是只有一千多的阅读量。我以前一直说公益圈子化，是指我们出去参加一些活动、沙龙、演讲等，只要是涉及到公益，参加的人基本上都是公益圈的人，很少有政府、媒体等专业人士的参与。这就导致了公益圈的自娱自乐，都是公益圈自己的人在关注、在玩。公益圈子化的另外一个表现是公益影响力的圈子化，像这么有名的一个事件，在大众媒体上的影响力是非常有限的。看很多新闻网站的热点新闻都看不到这个事件，即使这个事件在公益圈的影响力是非常大的。

在互联网时代，类似这样的媒体积弊只有愈演愈烈之势。罗振宇曾经引述过一个观点，你手机里看到的一些新闻热点都是有幕后推手的，反过来，如果没有经过网络营销和幕后推手的推动，即使你的内容再好，互联网软件的算法也不会将你推向前端，你的影响力也上不来。我在一个音频内容平台上看到过一个著名音乐艺术家发的音频内容，但是听众也只有寥寥几百人，并且点播量连 3000 都没有超过。当下的互联网社会颠覆了权威，颠覆了很多我们所认可的一些传统价值判断。

在这样的互联网时代，倡导公益就必须去挑战传统观念，观念要更新、要迭代，媒体和互联网并不是对所有的公益事件都不感兴趣。前一阶段无障碍艺途WABC 的"一元捐画"事件在 99 公益日期间成为了一个极热的热点。苗世明作为无障碍艺途的创始人，近来被媒体包围了，事件也在网上发酵了。大量的人参与了这场公益风暴，拿着显微镜来看公益，怀疑公益人的初心，质疑公益项目的运作。媒体蜂拥而至，纷纷找苗世明采访，苗世明的一句话让我颇有感触，他说，这

个事儿我都干了八年了，你们这些媒体为什么不早来。公益也同其他领域一样，做好了应该，没人讲，而有一点纰漏就会成为媒体揭批与大众语言暴力的对象。

前面谈了公益的圈子化以及公益影响力的圈子化，这是我们这一代公益人不得不面对的。它的背后是互联网产业的发展和社会发展的大势。在这样的情况下，如果要将我们的公益事业做大，那就不应该继续圈子化，钻一个又一个的牛角尖；而应该转型去适应，并且引入更好的一些手段来将公益的成效扩到最大。我们的视角是从公益这个圈子出发，还是从大众的视角出发，这是思考的一个原点。在价值观层面，我们不应该将我们的价值观凌驾于大众的价值观之上。我们有自己的特殊表达方式，有自己圈子的公益语言，但不应该要求公众也这样做。

我们的公益同仁对初心是极为看重的，特别怕我们的公益初心被日常生活和繁重的工作所磨灭。所以，好多公益同仁不断地在群里和圈子里相互鼓励，让大家不能忘却初心。交流不忘初心的心法，比如到十方缘去做义工，去感悟十方缘机构的感恩教育，使自己的心灵得到净化。

> 对于大众来讲，这样单纯的公益和纯粹的公益其实并不是所有人能做到的，仅仅是个别人能做到的，所以不能用我们的初心去要求别人也有这样的初心，更加不应该用道德的优越感去评判别人。而有一些像随手志愿、随手助人，利用业余时间来体验一下，甚至是秀一下，都是值得倡导的。

对某些公益符号也不要太过于执着，有一些公益人对别人谈公益比较敏感。有人问，你们机构的股东是谁啊？他马上就会说，我们不是股东，是出资人。对方会说，这不是一样吗？随后，我们就会批判别人，说你这是外行话，出资人和股东大有不同，且有本质的区别。这样的争论对于公益人来讲是顺理成章的，但是对于外人来说就会觉得有点儿莫名其妙。

民间公益探索之路的实践时间并不长，并不需要太多的理论指导，更多的是需要大家去实践。像徐永光先生的康晓光先生的争论，好多都是理论层面的，他们非常理性地提出自己的观点，反驳对方的观点，然后再反驳，再提出，真理不辨不明。在这两个大佬级人物的争辩背后，我们看到了公益是一个目标，而商业是达成这个目标的方法之一,其实两者在很多方面是可以结合在一起的。作为一个公益人,在各个领域不断地探索,无论是商业手法还是志愿手法,只要有利于公益的都是好的。

公益在今天这样的社会大势中应该更加包容,不应仅仅是单纯的公益,出自情怀、自愿参加、不拿报酬、不收任何费用;通过企业化的经营实现合理的利润,使社区得到了发展,使特殊群体得到了帮助,这也是公益的一方面。

所以我们的公益人不应该钻牛角尖,要克服圈子化,克服语言的圈子化,克服影响力的圈子化,将公益这张大饼做得更大,这样才能使更多的人受益。

第二节 社区工作者

◎ 社区工作者的新特点与赋能创新

2018 年 8 月 30 日,社邻家和徐汇区天平街道共同打造启动了天平社邻学院,服务对象是一线社区工作者、街道工作人员、社会组织、社区单位等,主要目标是要提升大家的社区治理能力和水平。社邻学院实质上是社区治理和社区营造学院。街道层面成立社区治理学院,天平走在了上海的前面。社邻学院已经不只是社区工作者的一次性培训,也不再仅仅是一个创新培训项目,而是一个以"学院"为名的社区教育平台。

我们希望社邻学院能够真正成为社区治理的大学校,对于一线社区工作者而言,不止是多上几堂培训课,而是像上大学一样,有三年的时间大家一起成长,知识和能力有较强的训练和更大的提升,从而在 3 年后可以成长为一名可以毕业的合格的社区工作者。

作为新鲜事物,类似的这种社区营造学院有很多地方在推进,比如南京市栖霞区和四川成都郫都区。成都在推进三级社区营造学院,从市到区到街道都会有相应的社区营造学院。成立类似的社区治理学院和社区营造学院已经成为基层社区治理的创新点。

上海天平社邻学院不同于区社工委推动的社会建设学院，其对象更加专注于社区，更加接地气。南京、成都和上海都纷纷成立社区治理学院和社区营造学院，既针对新一代社区工作者的新特点，也能应对新形势下的社区治理的新要求。2018 年 7 月，上海居委会换届选举已经完成，新上任的这一批社区工作者都具备哪些特点呢？

第一个特点，年轻化和职业化。我们曾对某街道的社区工作者进行了深入调研，发现 2/3 的一线社区工作者年龄都在 35 岁以下，而 45 岁以下的书记主任也超过了 50％。因此，关于居委会干部的一些固有印象——小脚侦缉队、居委会大妈等需要改变了。上世纪 90 年代末，由于纺织厂等纷纷停产转制，一大批企业中层以上管理干部转岗社区担任居委会书记主任，这一批干部被称为"黄菊干部"。这两年，这些干部基本上都已经退休。这次换届，新上任的社区工作者年纪都特别轻，社区工作者整体年龄下降幅度大，居委会已成为年轻人的天下。这些新的社区工作者的学历都比较高，80％以上都是大学以上学历，有的甚至是硕士或博士，其中有很多是社会学或社会工作专业毕业生。由此可见，社区工作和居委会工作作为一个岗位，吸引了一大批大学毕业生，这样的岗位已经非常职业化，而不再像以前那样，居委会工作者大都从其他岗位转过来，来的时候年龄都比较大，不少还是退休干部，这些都改观了。

第二个特点，职业化与社区情怀的缺失。社区情怀的缺失也是由职业化带来的。我和很多街道领导聊到过这一点，现今，社区工作者岗位的职业尊荣感还没有树立起来，绝大多数从事这项工作的人并没有把它当成一份事业。这一方面充分体现了"二八原则"——80％的人把它当成工作，只有 20％的人把它当成事业。很多新社工并没有把居委会工作的优良传统保持下来，比如"串百家门，听百家言，知百家情，解百家难"等，到了下班时间就回家。对于培训，很多人也是当成工作，能应付就应付，培训根本就没有动力，上课打瞌睡、看微信、刷朋友圈。因为没有培育出对社区的情感，更加谈不上什么情怀，这样的不投入也在情理之中。

　　有一次，一个街道领导给我举了个例子：街道鼓励一线社区工作者考社工证，有了社工证，工资还会加几百块。为了鼓励大家考社工证，街道提供了许多便利条件，组织专门学习班，可以脱产学习，报名费街道可以报销。但后来发现，没有多少人有学习考试愿意，考出来的也寥寥无几。后来，街道很失望，就把社工考证这个项目取消了。从这一点可以看出，虽然一线社区工作者的学历提升了，但是工作积极性还存在很大问题。

　　第三个特点，专业知识与现实工作的差距。新上岗的社区工作者普遍都有较深的专业背景，有的是社会学背景，有的是法律背景等。对社区工作的认识，有专业优势，也有固定观念。我们姑且先不管这些固有观念是不是有利于一线的社区工作，只是大多数新的社区工作者对传统的工作方法看不上眼，如何将所学知识和新形势下的社区工作结合起来，对他们来说是一个挑战，对培训机构也是个挑战。

　　很多从大学里教的和书本上学的知识，其中绝大多数和本地实践离得很远。目前，各类社区工作的理论书汗牛充栋，即使出了一些案例书，也多是来自于香港、台湾地区、日本，本土案例的总结研发还是很不够的。2018年上海书展，一个日本社区营造专家飨庭伸的书《社区营造工作指南：创建街区未来的63个工作方式》发布了，这本书里收录了访谈很多日本社区营造专家的观点，他们如何想的，如何做的，有什么经验，一本书其实就是一个案例汇编，这本书在日本亚马逊网站上面排名很靠前。

　　国内在社区治理和社区营造这一方面的实践特别丰富，很多案例并不比台湾地区和日本差，但很少有像飨庭伸以这样的方式总结成书的，即使有也都是偏工作交流和工作总结式的案例，都是个性化的工作实例，不可学，也很难复制推广。针对新社区工作者的新特点，如何更好地开展培训工作，或者用一个新词是如何更好地"赋能"？让他们更好地适应新形势下的社区治理工作，养成好的意识，提升实操能力，就成为了摆在我们面前的一件非常重要的事。

要做好这件事，我觉得主要有三个挑战：

第一，培训方式的挑战。这些年轻人已经是 85 后和 90 后，已经广泛地接触并使用新媒体，接受知识也非常碎片化。如果还是用非常老套的满堂灌的方式授课，那是引不起他们的兴趣的。

第二，培训内容的挑战。当前社区工作者的培训内容主要有两方面：一是理论，主要请高校专家教授讲社区是什么，社区治理是什么，社区营造是什么。能够讲这些理论课的教授特别多，主要以讲座等方式授课；第二个方面是实务，比如说如何做好居委会工作，就请居委会的书记来讲。

这两个内容一个高大上，一个太接地气，而中间缺失的内容是案例。MBA有案例教学，很多成功企业和失败企业的案例，上课会有专门的案例课，结合理论使学员能够快速地了解企业管理的实战策略。现在培训的内容，讲理论的，讲实务的，都容易操作，但是缺案例教学，这一方面是痛点。

第三，培训机制的挑战。如何调动大家参与培训的积极性？怎样激励大家？如果这些新的社区工作者没有培训动力，那么怎样通过好的制度设计给他们施加压力，或者给他们激励，让他们有意愿参加培训，并且有所收获？这就需要培训机制的创新。

做好新社区工作者的培训，或者"赋能"，我认为可以从如下四个方面进行创新。

第一，拉长培训时间。一线社区工作者的赋能不可能通过一次几天的培训就能实现。社区工作非常复杂，不同社区会遇到不同困难，不同的工作阶段遇到的问题也不同，因此，一个阶段会有一个阶段的培训需求，所以一定要拉长培训的时间。天平社邻学院就把项目时间拉长为 3 年，把课程有针对性地分布到了3 年时间中，一个月一次针对性的培训，每周都可以通过网络研习、通过微信学习社群进行交流。

第二，培训要和工作紧密结合。天平社邻学院将提高实操能力作为重中之重，所以培训结合每年的社区创新项目大赛一起推动，让新社区工作者参与其中一个项目，在项目的实施过程之中，结合课程学习，结合互动交流，从而提高他们的实践能力。每个项目还组成项目组，形成微信群，有了问题就随时可以相互交流。以团队的形式参加项目大赛,有利于激发大家的团队荣誉感,提高他们的参与积极性。

第三,不断丰富培训形式。培训既包括小班化的教学,还包括一些网络在线课程。同时针对碎片化的学习习惯,录一些音频短课程,有的让学员结合自己的实践来录一些短课程,进行案例分享。我们还推进研学创新,到做得好的地方进行实地参观学习,甚至挂职。同时,组成各种学习工作坊,有主题性的,有案例分析的,吸引大家开放自我与提升自我。

第四,不断创新培训机制。针对居委会书记主任、骨干社工和一般的社区工作者制定不同的培训方案,提高培训的针对性。对于没有培训动力的人,给他们施加压力,参与培训的情况以及参与项目大赛的表现与年终绩效考核挂钩,和后备干部挂钩。同时不断创新激励手段,参与案例研发的社工有署名权,学习积极和有成效的给予评优评奖或者提供出访的机会,手段不一而足。

◎ 社区工作的培训盲区

2018 年,居委会 3 年换一次届,上海即将迎来第 12 次居委会换届,届时将会有一大批新的、年轻的社区工作者踏上社区工作岗位。一茬一茬在基层的社区工作者像"小巷总理"一样,在社区挥洒汗水,共同打下了上海社区工作的扎实基础。

我经常去居委会调研,欣喜地看到居委会干部的年龄越来越小,很多专业背景好和综合素质能力强的年轻人成为了社区工作骨干,他们的加入提升了社区工作的专业化水准。社区治理、社区营造等新理念引入到了社区青年群体的文化活动中,包括一些时尚文化活动,年轻人是有优势的。

当然,社区工作不仅仅要靠自带的专业背景和过往的工作经验,仅有这些是不够的,很多系统性的社区治理和社区工作知识需要培训。对于这些新的社区工作者来说,对他们的培训是非常必要的。对于那些老社区工作者而言,他们的知识也需要迭代和升级。因此,社区工作者的培训非常重要,尤其在 2018 年换届年,这更是成为街镇相关部门的一项重要工作。

对于社区工作者而言，要接受的培训内容有很多：

一是党的理念，这毋庸置疑，因为社区工作是在党的引领与统领之下推动的。二是政府的规范，就是政府推动社区服务和民生服务这些规范性的事务。三是社区知识，即所在社区的区情，其中也包括老百姓的特点和社区文化的特色。四是社区工作者所做的条线工作或者具体工作的知识要点。这四类通过一些大课，甚至网络教学就可以让他们掌握。这些都是知识点，掌握了之后就可以了。

我认为，社区工作者的培训有一个盲区，这个盲区就是社区工作的实务培训。

社区实务恰恰是社区工作者的核心能力。比如，群众工作该怎么做？怎样做通上访户的工作？群众文化团队该怎么建立、怎样培育、怎样和他们打交道？还有社区治理到底怎么做？居民的自治怎么做？楼道自治怎么做？社区难题怎么解决？这些就是社区的实务。这些实务对于新的社区工作者来说挑战特别大。社区工作者该怎样掌握这些社区实务知识呢？可能大家会说，这个难不倒我们。因为这么多年下来，我们都是这么做的。我们有传家宝，就是"传帮带"。前人带着后人干，老书记带着新书记，老员工带着新员工。这就是经验主义的培训，这些新社区工作者跟着经验丰富的人一起做，干中学，学中干，当然，这是必要的。但是，仅有经验主义是不够的，尤其在今天社区治理能力现代化的要求之下，仅有经验主义是远远不够的。

这两年社区工作发展的背景发生了很大变化。对于上海而言，已经进入精细化治理阶段，无论哪个层面的领导都对社区居民的参与、社区需求精准服务等提出了更高的要求。《15 分钟社区生活圈规划导则》的推出使社区服务的系统性提到了很高层面。社区工作已经从前台创新走到了后台创新，仅仅靠硬件、活动、项目支撑起社区工作高度的做法已经过时，基层街镇都在大力探索后台创新。什么是后台创新？比如，智能化、智慧社区的推动，整合型的睦邻中心的服务模式创新，议事规则指导下的社区自治机制等，这些探索对于社区工作者来讲都是新课题。一些以往可能也不太关注的社区难题，比如文明养宠、流浪猫狗的管理、老旧公房装电梯等，以往没提上日程，这两年都提上了议事日程。

针对这些新工作和下决心要解决的社区难题，仅仅靠一些老的经验是不够的。对于新社区工作者的培训，既应有知识的传授，有社区实践的"传帮带"，更要提高其专业能力。社区工作专业能力的提升就成为了培训的重中之重。专业能力的培训，怎么样进行才更有效呢？

近来，我和很多基层的社区工作者聊天，也和一些专门做培训的社会组织聊过，大家都有共识：

第一，今天的培训，理念培训已经不是问题，大家的理念基本都已经转变，已经从管理思维走向了治理思维，这一点几乎已经不需要再用理念灌输的方式进行培训了。

第二，理论培训成为当前培训的重点内容，就是到高校或专业机构请一些老师来讲。而这些老师所讲的内容，大家普遍感觉不接地气，太空，具体的指导能力不强。社区工作者参加培训之后还是不会做。

第三，经验主义培训不少。比如请哪个居委工作做得好的居委会书记来上一课，讲讲怎样做居委会书记；请社会组织来上课，讲讲怎样做好项目等。这些经验主义的培训也不缺。

但总体感觉是，这些经验主义的培训太小、太个性化。知道了这个居委会书记是怎么做的，但是又学不了，因为他有个性化的特点和个人禀赋，比如他曾是个厂长，管理经验是比较丰富的，这些还真学不了。有一些做过老师，天然和居民打交道就比较顺畅，这些也学不了。教授专家讲的那些内容又太大，讲的是正确的废话。在和这些基层居委会书记、这些干部，包括社会组织的交流过程中，我就形成了本文要讲的主题的观点。

我感觉到，中观层面的培训是大的空白点。这个空白点就是案例培训和案例教学。工商管理 MBA 的培训有专门的案例教学。会针对一些案例，通过像 SWOT 一样的工具进行分析，会给受训者很多启发，给了他们很多直观且有效的工具可以借鉴，效果特别好。反观社区工作的培训，案例培训这一部分是缺失的。这一方面可以引入像 MBA 培训这样的手段，引入大量案例，通过案例提升社区实务的能力。但是，目前社区工作的实务案例稀缺。很多社会组织，包括一些公益学院都说，我们已经搜集了大量案例，但这些案例大多都是国外的案例。我看过一个知名公益学院的案例库，有大量美国和英国社会企业营造等案例，这些国家和地区的社区工作已经持续经年，达到了一定程度。

这些案例缺少本土化的过程，这些是不能拿来直接用的，正如 MBA 案例，不可能全部都是讲通用或苹果的案例。北大光华管理学院的案例集里面已经有了像海底捞这样的案例，在社区治理的案例之中缺乏像海底捞这样的有特色的案例。

这一点大家可能会觉得挺冤的，因为中国的社区那么多，社区的实践这么丰富，各种各样的例子特别多的，怎么会没有案例！但我感觉到，这些案例的丰富度还不够，都太简单了，分析多了会发现这样的逻辑：存在这样的社区问题——领导—重视——资金—加大——合力—形成——机制—理顺——这事就解决了。这样的案例是国内社区治理工作的普遍的案例模式。

但这类案例对于社区工作者来讲，不要说可读性了，连可分析度也不够。如果借鉴此案例，我们在这里面看不出哪些是我们能做得了主的。因为政府是否重视、是否提供资金，这些我们都说了不算的。对于"我们能推动的事，我们的能力可以影响哪些领域？怎么影响？如何整合资源？"这样的分析都是不足的。

还有一些案例和个人禀赋密不可分。很多典型中会产生很多"某某某工作法"，而这些工作法和这个人的独特经历和独特经验，与当地独特的资源与禀赋分不开，这样的案例搬到其他地方是没有说服力的。所以，社区工作领域缺少大量的真正能够称为案例的案例。

如果要去填补社区工作培训的这个盲区，我觉得可以有如下几个行动：

一是政府要以购买案例研发服务的方式，鼓励更多机构研发出更多的社区治理案例。

我有一次和某省管这一块的民政局领导聊天，他说现在政府在购买服务上各种方式都有，有的是购买岗位，有的购买组织服务，有的购买项目服务。那么现在有一笔钱想去推动这个领域创新，还能去购买哪一类的服务？我说，购买案例研发服务啊，这是一个非常重要的方面。

案例研发其实不需要太多的钱，但是意义特别大。这些案例形成之后，社会组织可以拿来借鉴，并在实践之中丰富案例。基层社区可以拿来培训社区工作者，结合课件使社区工作者的专业能力得到很大提升。政府做这样的事是特别合适的，对于公益组织或者基层街镇而言，是没有专门的经费去做这样的事的。而且，这个事费力不一定讨好，机构不愿意做。所以，由政府通过购买服务的方式,以公益创投的方式,让一些机构参加竞赛,积累更多更好的案例。这是一个非常好的社区治理项目。

二是对于高校和学术机构而言,要去重视社区治理案例集的研究。在今天的中国,还没有做社区治理案例集的机构。即使有这样的机构,也基本上都是以国外的案例为主。所以这是社区工作领域的一个空白点。

三是**对于社会组织而言,要在实践之中借鉴案例、印证案例、丰富案例、提升案例,使一个个案例变成生长的案例和活的案例。**社区治理的实践在不断发展变化,这是鲜活的实践。每过一两年,案例就需要更新。

四是对于培训机构而言,要善用案例。这些培训机构包括街道,也包括一些专业培训机构。在课程安排上,要重视案例教学。像 MBA 教学一样,学习案例教学的手段,研发和案例配套的课件,使课程更加生动、更有针对性、更能落地,也期待有这样的专业的培训机构能够研发整理出这样的社区治理案例集,并通过互联网平台去运营这样的案例库,使案例为更多的社区工作者所用。

◎ 社区规划师,社区属性和规划属性孰轻孰重,low 下去更好些?

2018 年 2 月举办的第 57 期"壹号社会创新群"线下沙龙做了一个主题分享活动,主题是"从空间建设到社区营造",讲的是社区规划师。我们请来同济大学教授、上海社区花园促进会的创始人刘悦来老师。在分享中,他拿出两张证:其中一张是浦东新区人民政府颁发的,叫"缤纷社区"规划导师;另一张是杨浦区人民政府颁发的,叫"社区规划师"。近来,社区规划师成了社会创新领域的一大热点。杨浦区政府为每个街镇配备了一名社区规划师,这些社区规划师都来自同济大学。

社区规划师在台湾地区已经推行了很多年,经验比较丰富,制度也非常完善了。在上海,社区规划师终于落地,实现了从 0 到 1,从无到有的突破,应该是社区规划和城市更新这个领域的一大突破。

社区规划师并非杨浦区政府或浦东新区政府的首倡。早在两三年前,一些历史风貌保护区的街道就已经有了社区规划师,这些社区规划师由市规划局派驻,主要是避免社区更新影响历史文化风貌。天平街道、杨浦和浦东的社区规划师都是非常专业的规划人员，有的是知名建筑师或设计师，他们强调的是社区规划的规划属性，是专业性。

如果真朝专业方向深究，还不一定符合专业细分。目前杨浦区的规划师来源有三个方向，一是学规划的，一是学设计的，一是学景观的。刘悦来老师就是学景观的。社区规划的领域是比较复杂的，如果摊上他们不熟悉的领域，那么其实他们也称不上是专业的。

再朝下分析，社区规划师到底要规划什么？

首先就是规划硬件。社区里有很多公共空间，像邻里中心、社区服务中心等。这些中心的更新是社区规划的应有之意，因为要符合社区的整体风貌，要有规划的指引。当然还有一些微更新，像社区的小亭子、跑道等都是需要规划的内容。规划的复杂之处还在于不仅要去规划硬件，还要去规划软件。如一个公共空间要更新，不仅外观及内部要装修，还包括公共空间服务的人数，达成 15 分钟生活圈到底有哪些功能，老百姓的需求是什么，怎样实现社区治理的广泛参与等。去年，中央下发了《关于加强和完善城乡社区治理的意见》，武汉等很多城市，以及一些区、街道等也在纷纷推出城乡社区规划。城乡社区规划其实也是社区规划师应该参与推动的内容。

那么，对于一名社区规划师来说，到底应该偏社区还是偏规划？

应该说，偏规划、偏硬件、偏专业是主流，尤其在社区更新领域。上海城市空间促进中心这两年一直在大力推动社区微更新的行动计划，他们评估了近几年工作，发现很多社区更新项目，颜值高的投入都超过了 50 万，并且都是设计师的自 high 项目，居民的参与是比较少的。这些以硬件为核心的社区更新仅仅只是简单的设计，只不过设计的对象是社区而已。

> 让优秀的设计师参与社区规划这个事，本身就值得推敲。社区规划这个事是戴着脚镣跳舞，既受到空间的限制，也受到资金限制，还受到政府和社区各方面要求的限制，是一件极烦极烦的事情。同时挣钱又少，挣不到什么钱。所以如果一个好的设计院专门做社区微更新的项目的话，我担保，他们招不到优秀的设计师！

　　这两年为什么很多设计师愿意参与社区规划项目？客观上讲,因为整个设计行业不景气,大的项目不多,所以他们去做这些小项目。政策上来看,市里相关部门和街道会给一定的奖励。主观上来讲,有很多有情怀的设计师愿意为社区服务,把公共空间的更新作为他们的理想。同时,这种更新不像一些大项目,投入也不是特别大,周期也不长,可以很快见到效果,对于设计师来讲,成就感还是比较强的。

　　社区规划偏软件,偏向社区治理、居民参与、议事协商,这是居民、街道、政府都喜欢的另一个方向。刘悦来老师认为,一个社区的规划更新,在硬件方面投钱越多,居民的参与越弱;如果钱不够,但是梦想大,反而能够激发大家参与的积极性。社区更新都是居民身边的更新,居民本就是有原动力的。如果在整个过程中,居民没有获得感,那他自然不愿意参与其中。所以在当下社区更新的诸多项目中,社区动员深度是成功与否的关键。

　　以刘悦来老师的"都市农园"为例,这是一个非常典型的社区规划项目,就是将社区里废弃的空地,或者一些脏乱差的地方,整理成为都市的一个农园,成为自然教育的项目,也是老百姓可以参与的社会治理项目。在"都市农园"之中,很多花盆和种子可以由居民捐,一平方米菜园等可以由家庭认养。这个项目是硬件项目,因为要进行硬件改造,但更多的是软件项目,老百姓共同参与才能做得更好,才能产生社区共同体的意识。

　　对于这样的硬件项目,政府的投入是有限的。建成之后如何维护、如何让它可持续,最终极的目标肯定是要老百姓参与其中。所以,刘悦来老师只将经费的20％投入到硬件之中,而剩下的80％是培训、培育和建立自治队伍的费用以及活动费用。一个"都市农园"项目会化成很多小项目,这些小项目需要小朋友和家长共同参与其中,激发他们改变环境的迫切愿望,产生参与感,这成为了"都市农园"项目最重要的环节。居民还可以自己做方案,又可以参与项目竞赛,都可以参与。

　　"都市农园"项目非常成功,全国各地很多人来参观。刘悦来老师甚至做了这样的规定：其他机构参访,由花园会来介绍的话,要付 1000 元;如果居委会书记介绍的话,要付 1500 元,居委会书记是自己推动这个项目的,有经验、有体会、有感受,介绍得更加生动。而这些收益就捐给社区基金会,专项用于这个活动,让每个参与项目的人都有收益,有的是精神的愉悦,有的是知识,有的就是现金的收益。刘悦来老师的目标就是通过这样的项目,打造有生产能力的社区。

如果一个社区单纯由政府掏钱,那么它是不可能有广泛的参与度的,也没有活力。这就是他前面说的,政府对硬件的投入越多,老百姓的参与度越低的原因。通过前面的分析,应该可以形成这样的共识,即社区规划应该更加强调软件的因素,这样才能使社区规划这件事能够可持续和有效,而不应仅仅成为设计师自 high 的小领域。

也如前面所分析的,如果把社区规划这件事作为一个事业来做的话,它的收入是不多的。就像刘悦来老师做的这些事,市场收益是不大的。规划设计的收费更是不多,因为这类项目更多的是社区治理要素。因此,作为社区规划师,他应该要把这个事当成一个公益事业来做。

在这次"壹号社会创新群"的沙龙上,大家的认知是一致的,即**社区规划师应该更加偏重社区,使参与的人更加广泛,而不应该仅仅是由学设计的人来做社区规划师**。

我认为好的社区规划师有这样的特点:一是要有社区情怀;二是要有社区动员的能力和社会工作的兴趣;三是一定要有一定的审美,比如美术老师等;四是要有一定的家庭经济基础,也就是我们常说的有钱有闲。

事实上,台湾地区的社区规划师也是这样,社区规划师来源非常广泛,由以下四类人组成:第一类是新手设计师,在社区里练手,如果作品好,未来收益是比较大的;第二类是社工和社区工作者,他们愿意做这个事,所以就参加社区规划师培训,进而成为了社区规划师;第三类是一些学美术的人和一些跨界的参与者;第四类是全职妈妈等社区志工骨干,他们有这方面的意愿。

回过头再看一下,如果我们坚持规划导向,那么在现实中也会出现一定的问题,追求一流的颜值就需要一流的投入。而在这一方面,政府可以一开始做几个亮点,但是不可能在面广量大的社区项目之中有更大的持续性的投入。即使这些项目做出来,也一定要重视软件因素,要有社区治理的参与,否则也难持续下去。没有一流的参与就出不了一流的治理,也不可能带来项目的活力。这是政府不愿意看到的。

我和某区某街道的领导也交流过,他说我们街道需要规划的项目是很多的,但只有一个社区规划师。这个社区规划师本身就是挺有名的教授,本来就很忙,他怎么会有精力来做这些事,而且给的钱也特别少。因为给的钱少,街道也不好意思提更高的要求。所以,他认为,用这些高大上的专家和教授来做社区规划师可以发挥一定的作用,但是最终是解决不了实质性问题的。

所以,我认为,社区规划师应该走下专业的神坛。对社区规划而言,不是不需要这些设计专业的参与,而是更需要社区参与、社区动员、社区治理。因此,社区规划师应该把这个事情当成公益事业来做,社区规划师应该是由一批有情怀的公益热心人士组成。

所以,应该让社区规划师 Low 下去,可能会更好一些。

第七章

由"乱"到"治"：破解社区治理难题

第一节　社区问题

◎　如何解决社区问题？

社区问题是考验社区工作团队的重要指标,如果社区问题长期无法解决,居民觉得找社区工作者也没用的话,那么他们对社区参与的意愿程度就会越来越低,所以本文我们专题讨论一下该如何解决社区问题。

第一个方面是,调研社区问题：一方面是让居民体验问题,体验完以后一起开会讨论,这样对问题的认识会更加细化,而后解决问题的决心也会越来越强。另一方面是组织外出学习好的做法,比如遇到停车问题,看看人家怎么解决,多看一些好的做法能够奠定解决问题的信心。

现在社区里养宠物的人越来越多,而宠物引发的问题也越来越大,因此可以召开文明养宠的专题座谈会,让大家充分认识到文明养宠的问题。宠物的随地大小便问题、宠物扰民的问题,还有养宠人士对宠物疏于管护,以致宠物在小区里横冲直撞,造成安全隐患的问题,这些通过讨论会可以坚定居民解决它们的决心。

第二个方面是分析问题,分析问题就是要共同分析问题从何而来,要分析得透彻,还要能够想到各种极端的问题,不要泛泛讨论。比如塘桥街道解决社区停车难的问题,白天商务楼宇里停不下,小区里空空如也,而到了晚上小区里停不下,商务楼宇地下停车库也空空如也,这就成了很大的问题。

另外还有商务楼宇与小区停车费差价的问题,像小区停车停一天只要 10 块钱,而商务楼宇每小时就需要 10 块钱,这就导致好多商务楼的车开到小区停。还有停车费收入使用不公开等也会成为居民关注的热点。当然,一些极端情况也要考虑,比如,如果将商务楼宇和社区停车打通,商务楼宇会担心开放晚上停车,他们早上不开走怎么办,他们考虑的都是具体的问题,也是必须解决的问题。

第三个方面是要找出共同的利益点,就是形成共识的过程。其实形成共识非常难,比如针对小区开放停车或商务楼宇开放停车,其实都是有不同的看法的。小区居民之中有车但没有停车位的人当然愿意参加到共享车位的过程中,而没车的人和有车有位的人就不愿意让外来车辆进入,让小区变得不安全。所以我们要在讨论问题的过程中找到大家共同的利益点。

对于小区和商务楼宇共享车位这个问题,其本质就是形成一个更好的社区环境,而这正是大家共同的追求。比如社区停车有序这个问题,对于车主来讲,共同的利益点是方便停车,对于社区居民来讲,共享停车收益是个利益点,针对那些没车的人来讲,如果通过社区停车有一定的收益,减轻了他们对物业的付出的话,他们也会支持这个决定的。当然,让所有的人形成共识非常难,如果形不成也可以靠制度化的手段。比如,业委会有一个决策流程,根据制度可以形成具体的决策。对于有意见的个别人可通过个性化的方法来解决,比如给他更多的关注和关心。

第四个方面是找到合适的第三方。问题一出现,利益的相关方都会有很多疑虑和顾虑,有些事是不应该由利益的相关方来主导的。比如居委会,大家会认为其和政府穿一条裤子。像停车这个问题,让企业来做的话,大家都觉得你要挣钱,比如物业公司肯定为了挣钱才做这个事。

所以,**具体问题的解决要找到合适的推动者**。而解决停车难这个问题,它的推动者就是一个叫物业服务社的社会组织,是一个专门致力于住宅小区综合管理服务的民非组织,在中间调节企业、居民、业委会、居委会的关系等。在项目之初就开展了实地调研,查明了社区停车的大数据,并且在项目执行过程中和在停车公约制定过程中开了许多座谈会，也进行了评估。这个服务社还扮演了老娘舅的角色，在各个场合协调各方诉求，做好了政府的合作伙伴。

第五个方面是要找到双赢的解决方案。像停车难问题的解决就是要找到一个双赢的方案，让商务楼宇高兴、居委会高兴、居民也高兴，能够达到这样的目标就是一个好的解决方案。停车难问题后来发展成了潮汐式的停车项目，白天商务楼宇的车可以停到社区来，晚上商务楼宇的地下车库向社区开放，而物业公司也承诺多收的这笔停车费将作为小区的公共收益专款专用，他们一分钱也不动用。

◎ 社区问题会越解决越少吗？

之前我参加了一个国际公益学院"公益项目和社区对接沙龙"。中国的"厕所先生"——昱庭基金会的创始人钱军先生作了主题演讲，他大力推动厕所革命，已经推动600多家学校建立或更新升级了厕所。由于他的坚持和努力，项目得到了国际认可，比尔·盖茨和克林顿都曾经接见了他，并且对他的坚持非常肯定。

厕所大家天天用，但是将它上升到"厕所革命"的高度还是始料未及。一个小小的厕所怎么能够引起那么多人关注？因为它是文明的标志，涉及国家政策推动，涉及技术发展，涉及对特殊人群的关爱，涉及国家西部扶贫，一个小小的厕所就是一个社会大问题，解决厕所问题成了社会创业家的一个空间。

沙龙主持人梁清宏问一个很出名的社会创业家：**"现在通过你的努力，今天的社会问题到底是越来越多了，还是越来越少了？"**这一问把社会创业家问愣了，他认真地想了想说："越来越多了。"以"厕所革命"为例，以前不觉得这是问题，可是一旦深入进去，这里面的问题还是特别多的。钱军先生说，他和很多大的建筑企业老总聊过厕所设计，一开始这些大建筑企业老总觉得这么小的厕所根本不是个事儿，但是听钱军讲完了需求，就马上陷入了沉思。

我们已经进入到了精细化的社会治理时代。以前不觉得厕所是个问题，觉得能够解决基本需要就可以了，但是现今这却成了一个大的社会问题，涉及环保、污水处理、运营成本、特殊人群关爱等诸多问题。随着社会进步，厕所成为社会文明的标志。国内的厕所中能够考虑到肢体残疾人、造口袋病人等需求的不多,绝大多数厕所都没有专门为残疾人设计的厕位。像日本这样的发达国家早就做到了这一点,沙龙上举了一个例子,日本有一个很小的厕所,政府专门为这个厕所修了一条残疾车车道,方便肢体残疾人如厕。钱军已经设计出了非常人性化的厕所,很多手术后需要戴造口袋的病人,其造口袋定期需要处理,厕所专门设计针对这样一批人的卫浴设备,这都是社会的进步。

国家的发展和文明的进步使得百姓的需求认知正在迭代,大家对更美好的生活都有了更热切的向往。像农村的厕所,几千年来都是化粪池似的厕所,既生态又方便,大家也不觉得有什么问题。但随着对卫生的认知的升级,大家知道了日常易患的腹泻、支气管炎等很多毛病都可能是由于使用这样的厕所所致。农民在城市看到过城里的抽水马桶,觉得又方便又干净,这也会产生改进厕所的冲动。

政府公共服务的能力在不断地提升,以往国家的财力可能只能关注到一些大事,今天改革进入深水区后,有精力和财力去关注厕所这样的小问题的解决,这是政府进步的标志。

现今,党和政府积极推进"厕所革命",不仅仅是景区城市要搞好厕所,农村更要来一场厕所革命,让农村群众用上卫生的厕所,要解决一些普通群众,特别是农民上厕所的问题。推动城乡公共服务的均等化,厕所成为了城乡文明建设和乡村振兴的一项很具体的工作,所以才会有具体的指标,政府部门对这个事也会更加配合。这也在促进中国公共基础设施和文明素质的大力提升,从而使中国的国际地位和文明程度相适应,这些都是中国政府对"厕所革命"的新思维和新要求。

前面谈的是一个具体领域——厕所。从这个小领域可以看出,任何一个社会问题越深挖进去,发现的问题就越多,对于社会实践者而言,会发现社会问题越来越多,越来越多的事值得干。

> 在当天沙龙上,我对主持人梁清宏开玩笑地说:"你没有问一个社区干部,如果你问了一个社区干部,你肯定会马上得出答案——社区问题比社会问题那可是多多了!"

　　当天晚上,街道相关领导分享了该社区的需求。当天是一个对接会,街道希望把社区的一些问题讲得清楚些,希望这些社会创业者们能够参与支持,因此当天她介绍了很多社区问题。这位街道领导本来的发言时间是 15 分钟,结果越讲越兴奋,讲了将近三刻钟。可见社区问题只要一展开,实在是太复杂、太多元了,什么样的困难都有可能遇到。她讲到一个案例,有一些非常有成就的人(说出来都是名人)住在这个社区,年老之后因为没有子女,由保姆来照顾他们。你可能想象不出,这样的名人不缺钱,生活条件特别好,但是没有亲人关心他们,最后成了弱势群体,这些保姆成了唯一依靠,但并不是每一个保姆都那么靠谱,有的做事有恃无恐,有的恶保姆还盯上了他们的财产,主人刚去世,半夜就偷偷把红木家具向外面运,想连夜卖掉。这背后就体现了独居老人的严重的社区养老问题。

　　让当天国际公益学院华东班的学员和这些社会创业者更吃惊的是,这么好的一个社区,怎么还会有穷困居民? 怎么还有 8 个居民点,那些住 72 家房客老石窟门房子的家庭,因为卫生条件不具备,还在每天拎着马桶或痰盂去倒。对于习惯了城市便利生活方式的人来说,这样的问题是不可想象的。所以,对于打算进入社会创业领域的人来讲,社区问题之多元与复杂远远超出了我们的想象。

　　8 个居民点倒马桶的事,政府已经想过了大量办法,能装厕所的家庭肯定都已经改造过了,用粉碎式厨卫设施让这些家庭的垃圾顺畅排出,能解决的都已经解决了。现在的这些拎马桶的家庭的问题还解决不了,是因为家里实在不具备这样的条件,比如说楼的隔板特别薄,薄到了根本不能装一个卫浴设施,若装了,楼下的人抬头就会看到楼上的马桶管道,隔音很差,当然这样的房屋也不具备装的条件。同时,今天的社区问题都成为了非常复杂的社区难题,而这些社区难题已经不可能再是单方能够解决的事了。

　　举一个例子,以前解决流浪宠物问题,只要政府发个打狗令,组织打狗队到街上打,流浪猫狗就不存在了。而如今这样的现象不太可能发生了,很多保护流浪猫狗的积极分子会抗议,居民文明素养提升了,政府如果再发布这样的打狗令,网上肯定是骂声一片。这样的事儿在十几年前的北方城市中发生过,政府发布了打狗令,但是民情激愤,后来政府不得不撤销了政令。所以,解决社区流浪猫狗问题就不再是政府一方的问题,而是需要政府、街道、小动物保护机构、社会组织、居民,包括专业人士、宠物医院,大家一起来解决的事。

社区问题的发展,在今天已经进入到了第三个阶段:

第一个阶段是政府解决阶段。这些社区问题是政府公共服务的一部分,政府有责任解决。这两年,政府公共服务在下沉,解决了很多便民服务问题,居民走出家门15分钟之内就能找到社区服务的点。随着"全岗通"以及信息化平台的使用,办事会变得越来越便捷,以往跑好几个部门、交多次材料等问题解决了。再以社区更新为例,社区更新点都是政府推动的,这里装一个健身点,那里要装一个步道,这些事随着政府精细化管理的推动会得到非常好的解决。

第二个阶段,专业机构解决的阶段。社区里有很多非常专业的事情,需要专业机构介入。像在老旧公房装电梯,这个事儿起码需要专业安装电梯的机构来解决。当然,现在解决社区问题的专业机构也不再是单纯的技术企业,而是变成了有社区参与和社区动员经验的组织。虹口区某个街道就专门成立了加装电梯的专业社会组织来推动加装电梯。解决厕所问题,像昱庭基金会就成为了专业推动和专业倡导的机构,所以他们拿出来的厕所解决方案从技术上就非常领先,可以引领这个行业解决这个社区问题的进程。

现在,社区问题已经进入第三阶段,治理型解决阶段。8个倒马桶的居民点的问题,政府已经仁至义尽,但再下去就到了社会创新领域所讲的"政府无用"阶段。这样复杂问题的解决真的需要钱军提出的技术解决方案;装厕所又会产生"邻避效应",边上的这些居民肯定会反对,所以还要吸引相应的社会工作机构来推动。当然,老百姓参与成了必选项,没有大家的支持不可能顺利地解决这个事。

总结一下,社区问题并不会因为社会实践者的推动解决而减少,而是随着社会的发展会越来越多。我们并不需要气馁,因为这是社会进步的标志。我们也看到,社区存在大量的问题,这些问题恰恰是社会创业者成就的空间。

◎ 社区治理如何"顺势而变"?

一个青年为了虚荣心,为讨好未婚妻和未来的岳父母,他把老爸的股票全抛了,买了辆保时捷,买了昂贵的见面礼,带女朋友海外游,大吃大喝,大肆挥霍。今年,觉得瞒不住了,就用剩下的钱买回了他老爸之前所有的股票,神不知鬼不觉,老爸至今没有发现。

这个神段子背后体现的是青年对美好生活的向往,同时反映了国家经济的低迷,尤其是股票市场的乱象。今天的经济低迷从专业角度来看还是会持续一段时间的,就是所谓的探底。而这样的经济形势对社区治理会有什么样的影响?

先来另外一个对照样本,就是被称为"四小龙"的台湾地区,现在"四小龙"几乎没人提了,台湾经济 20 年来一直低迷,生活和收入水平进入到低速、稳定发展阶段。台湾地区的生活节奏特别慢,比大陆慢了很多拍,去过台湾考察的人都应有体会。经济低迷有不利的方面,人才外流,活力不足,但也有好的方面——文创产业大发展,人慢下来,细细琢磨一件事情,琢磨到极致了,才是文创。

和台湾地区做社区营造的同仁聊天,他说台湾地区这两年对"社区营造"一词提得越来越少,背后的原因是**社区营造还是需要政府的持续投资,社区营造如果没钱了就很难推。**

2016 年,台湾地区的"国发会"推动了"地区创生计划",开始更加注重社区产业发展,提出了"创新、创意和创业"的机制,希望能够把地方的作品、产品和商品推出来,同时兼具设计力、生产力和行销力效应,目标在于把地区产业推动起来,把地区文创产品和人才挖掘出来。"地区创生计划"注重的是可持续性和在地性,旨在促进地方产业的发展,而不是引进麦当劳或肯德基这样的国际产业,重视的是培育当地人才,或者吸引外地人才回流。一个地方靠什么才能把大家连接起来,最重要的是靠在地文化,只有乡音、特产、宗祠等才能把大家很好地连接起来。

"地区创生计划"相对于社区营造来说是一种更加偏重于产业发展,侧重于社区可持续发展的模式。2016 年,大陆也发生了两件重大事情:一件是特色小镇建设,一件是国家层面的"双创"。特色小镇的推进更侧重于产业发展和小镇硬件,但是软件建设以及文化内涵的挖掘还不够,推进的方式也过于行政化和简单化,而体现社区营造及精神文化方面的内容很少。

从台湾地区的样本中可以看到,在经济低迷形势下,如果追求的是国际化产业,那么很容易受到国际经济大势的影响,而追求本地化的产品和产业,发展的是小产业,培育的是本地产品和本地人才,这更有利于社区特质的挖掘以及社区的可持续发展。社区营造向产业方向发展,这还有一个原因,就是需要长期投入的社区营造在今天很难由政府维持,政府也已经意识到了这一点。

社区治理的成本居高不下,维稳成本极高。网上有很多这样的例子和数据,这里就不展开讲了。

治理惯性导致成本高企。这应该还称不上是治理惯性,而是管理惯性,行政力量已经渗透到了社区毛细血管。有的地方在推党建网格员,或叫社区网格员,在居委会这个层面下再划分网格,即 300 户或 400 户设立一个网格员。如果网格员由楼组长或社区党员来兼职还可以,但是有些地方出现了专职化倾向。在进行第 68 期"壹号社会创新群"线下沙龙"成都社区营造"的专题讨论时,大家谈到了这一点:网格员的收入很大程度上决定了他们的素质,他们做的事情只不过是信息录入,而这样的信息录入在互联网技术发展的前提下,精准度肯定有问题,远比不上公安局搜集的准确,这样的信息重复收集是没有意义的;另外,这些网格员能不能协调居民矛盾、发现居民诉求、推动社区自治以及老百姓的参与,这都是要打一个巨大的问号的。网格员的大量配置极大地增加了政府行政成本,这是毋庸置疑的。

> 如果治理朝极致管理方向发展,必然会带来行政成本的居高不下,同时社区自治的活力也体现不出来。社会治理能力和社会治理体系的现代化肯定不是这样简单的行政化,在当前的经济形势之下,各方面的变革正在发生。

东北经济一塌糊涂的后果之一便是事业单位最激进的改革力度。锦州要把纳入改革的 352 个事业单位精简到 318 个,转企 18 个,撤销 10 个,精简比例达到 90.34%,所以他们全力以赴地要实现省委提出的不低于原机构数量 90% 的精简比例和财政供养比 39:1 的目标,全面解决"有事没人干,有人没事干"的问题。锦州已经成为了率先向自己动刀的一个城市。

另一方面,老百姓对美好生活的向往也不太可能因为经济的低迷而降低。无论是政府规划推动的 15 分钟社区生活圈,还是"最后一公里"及家门口服务体系,这些都是社区层面的供给侧改革。获得感、满意度以及幸福感已经通过国家政策以及媒体宣传成为老百姓耳熟能详的关键词,而老百姓在这些关键词背后的诉求肯定不会降低。

> 在社区里面实现对美好生活的向往以及体验的话,除了国家重大政策支持以外,最重要的还是真正地体现出老百姓自己对美好生活的创造,这恰恰是我们社区治理的本意。社区的资源由我们共同去营造,社区生活方式由我们自己创造,社区里的问题用自己的方法来解决,真正地体现共建、共制、共享,这是最重要的本质。

我们在此看到了社区治理的大方向,**在经济形势低迷的情况下,社区治理正在日益走向内部活力的激发、内在动力机制的培育、内在产业的复兴**。对于乡村社区治理,中央提出了乡村振兴战略,也是从这个意义上讲的;重视在地资源的开发和文化特色的培育,台湾地区推进的"地区创生计划"也是从这个意义上讲的。我们对社区营造的政府体系还不是全面地认可,因为社区仅仅只有管理是不够的,仅仅行政意义上的治理也是不够的。

> 我们要更加关注社区的全面性与包容性,体现出全面发展的特色,此即台湾"社区总体营造"的概念"人、文、地、产、景"。**如果再加上中国特色,就像深圳有个街道推动的叫"人、文、治、地、产、景",加上了"治",这也是中国特色的社区营造概念。**

"人文地产景"这样的逻辑对于乡村来讲是讲得通的,发展休闲旅游的农业,发展地区的文创产业,发挥自然环境的生态优势,开展特色小镇建设,促进相关产业的升级与调整。

　　但对于城市社区来讲,到底带来哪些变化? 先分析一下市场正在发生的转型,和社区最相关的是两个产业:一个是房地产业,一个是社区商业。我觉得他们正在走向融合:房地产业正在"去地产"化,走向运营。社区商业也在去"二房东化",也在走向运营。

　　当然,这些商业机构所推进的运营仅仅是商业的运营。但是,对于商业模式的创新,该探索的都已经探索了。比如,长租公寓创新模式,层层抵押,连环合同,将很多租户和房东都套了进去,这样的商业模式的创新就是瞎折腾,最终也导致了爆雷爆仓。

　　我们倡导的运营不应只是资本意义上的运营,而是真真正正要去做社区的运营,结合当前互联网技术和人工智能的发展,为社区居民提供更加人性化的服务,同时也是更加个性化的服务。对老百姓提供个性化服务是很难进行大的商业模式化的。卖书可以是一种商业模式,而要做一个读书会却很难成为一种商业模式。

　　现在的房地产企业,比如万科,提出了要去资本化和去大企业化。万科、万达等大量的房地产企业都在纷纷转型成为运营公司。现今的运营其实要朝社区的深度去做,就像万科物业公司推出的"万科万有邻基金",有点像社区基金会的那种模式。他们朝这个方向发展,充分体现了运营的价值和意义,这对整体商业模式的创新发展是有意义的。

　　当然,也有房地产业在直接做社区营造,如台湾信义集团的模式。他们在嘉定区马陆镇推进了这样的探索,鼓励住户参与社区总体营造。台湾地区的房地产企业也在推动造房的社区参与模式,二期的房东能够对一期的房型,包括物业服务、社区服务、社区配套等提出自己的意见。

　　自己买的房子自己有发言权,这是未来的一个发展方向,就如同国外的共享社区、共识社区等,都会成为未来的发展方向。我们可以预期的是,未来可能会有更多的创新型地产公司直接开始做社区营造,比如成立一个基金会支持社区营造,或者直接成立一个社区营造机构,推动建设房产的社区营造。

　　国内还有一些地产公司也在纷纷推出自己的社区运营项目。像东原集团提出的"原·聚场"就是一个运营周边社区关系的项目,其成为了一个"网红打卡点"式的社群空间,它的属性体现的是社区运营属性。另一个领域中,社区商业也在纷纷走向运营,而不是简单的二房东模式。很多创新型的社区商业正在做邻里中心、万有集市等诸多便民服务,甚至是党建联络点等服务也都集成到了这样的商业体中来,社区商业和社区关系更深度地融合在一起,这是一个方向。

再看另外一个领域,对于直接推动社区治理的街道来讲,最大的方向是真正推动基层自治,推动基层协商,推动社区问题的自治管理。有很多事要真正地还权于民,社区的还权于民是没有风险的,只不过就是把本就属于居民的权力还给他们,社区里面有很多公共空间和公共配套设施,本身就是居民的关联物权的设施,居民自己决定这里到底配置什么样的设施,停车该怎么管,停车费到底收多少钱等,这是合法而且合理的。

所以,要让老百姓承担起本该由他们承担的责任,支付本该由他们出的钱,而不是都由政府大包大揽。例如,很多社区的微更新改造是需要动用维修基金的,现在政府有钱,往往会兜底兜起来,作为一个实事工程在推动。但是这样的事情做多了,老百姓享受到了也不领情,这也是一个非常尴尬的事。成都在社区营造过程之中有一个坚持,对一些公服资金支持的项目,老百姓必须也要有自己的配套投入,如果单纯是政府出钱,他们就不予支持。这是一个非常好的点子。

在社区之中还有很多案例也是有价值的,就像社区基金会的运营,把社区里面的资金动员起来,把大家的爱心激活,而不是仅仅依赖于政府,动员国企捐钱。真正好的社区基金会模式是来自于老百姓又服务于老百姓的,这种模式的探索也会成为一个重点。

还有一点就是社区问题的解决,政府除经费支持外,党的领导下的自治协商也要跟进。实际上,很多社区问题都源于大家达不成共识,无论是流浪猫狗问题、停车难问题,还是加装电梯问题,最难的都是老百姓共识达成的问题。有了共识,大家都出一点,而不是单纯地完全由政府来投入,这才是可持续的模式。

当然,政府推进社区治理的创新应该出台内生型的、内在活力激发的政策。从大政方针上来看,是乡村振兴战略,是特色小镇计划,再小一点是推动社会企业的政策。像成都已经针对一些社会企业和在地化的企业出

> 台了相应政策,而这样的企业恰恰是社区治理之中产业发展的一个主要方向。从另外一个角度,社区问题的协商解决,社区营造以及社区规划师等政策的出台也会更好地促进老百姓对自己社区事务的参与度。

最后,对于社会组织而言,更多的是六个字:共建、共治、共享。更多地促进共享,社区共享是我们项目的方向,因为只有大家拿出资源进行共建共享,才能使社区可持续发展。坚持推动多元参与,而不是单一参与这应成为行动的共识,推进跨界合作应该成为社会组织的基本能力。

在经济持续低迷的情况下,推动社区治理其实不需要多么高大上的创新,而是最终要回归到社区治理的本源,开放合作、整合资源、多元参与、可持续发展,所有有利于这四条原则的模式都是好的创新模式。

第二节 垃 圾 分 类

◎ 从法律层面到落地社区:细节决定"垃圾分类"成败

2018 年 3 月 14 日,漕河泾街道举办了一期"垃圾分类"专题沙龙。之前社邻家已经举办了四期"垃圾分类"的专题论坛和沙龙,应该说对垃圾分类有了一个渐进的认识。前三次都是在《上海市生活垃圾管理条例》(以下简称《条例》)出台之前举办的:

第一次的主题是"垃圾分类这个事",形成的共识是"垃圾分类"既是城市管理问题,也是市民精神文明问题,更是社区治理问题。第二次的主题是"垃圾分类的市场化解决之径",请了很多企业,专门做装修垃圾处理的环保企业,小黄狗这样的有用垃圾回收的互联网企业等,讨论市场力量如何更好地发挥作用。第三次是一个规模较大的论坛，在长宁区举办，主题是"垃圾分类的社区治理创新"。

前三次都是在《条例》颁布之前，第四次就是上周的这一期，《条例》已经颁布了，颁布之后的效应，沙龙上就反映出来了：

第一个就是周春的感受，她说近期"垃圾分类"这件事像坐了火箭，近期活动多得不得了，两个多月做了67场的宣讲等活动。周春留学美国，立志从事环保事业，她感觉到美国的环保已经做得挺好，余地不大，所以就回国投身环保事业，而"垃圾分类"是她回来之后重点着力的领域。周春很快成了上海知名的"垃圾分类"倡导者。自从法规出台，从上到下对这个事情的热度已经达到了前所未有的高度。

第二个感觉就是大家对"垃圾分类"不再推三阻四了。以前的沙龙上每次都会有人呼吁，要出台政策，出了政策才好推。还把做不好的责任推给城市管理部门，觉得没有他们的配合，前端分得很好，到后端又统一回收，所以推不下去。而这次沙龙上，没有一个人再去谈困难，说这事我不要做，也再没有一个人把这个事情推给其他因素，大家都在讲我们怎样做才能更好落地。

所以说"垃圾分类"对于基层的社区工作者来讲，已经成了一个不再想这个事到底应该不应该，而是必须要做的一件事。这一期的沙龙除了请了一些专家和街道领导外，下面都是居委干部，还有一些是业委会主任和物业公司经理，这一次"三驾马车"都来了，并且发言很踊跃。说明大家和已经开始真正地考虑这件事了。

华东理工大学的唐有财教授也参加了沙龙，他说："我们经常去基层汇报工作，都觉得这个社区治理水平很高，我们无从判断，到底是他讲得好，文章写得好，还是新闻媒体吹得好，还是他真的做得好，这个说不清楚的，所以还不能真切地说明这个社区的治理能力和水平到底怎样！"所以，"垃圾分类"这件事成了摆在所有社区工作者面前的一个非常平等的、考验大家治理能力和水平的一个好项目。

这一次，大家都在一个起跑线上，做得好的也不敢说自己有多么成功，等到7月1日正式实施，大家一起面临一个课题，就像高考一样，所以，这个项目成为最公正地考核社区治理能力和水平的小考。

"垃圾分类"从2012年起就被列为市政府实事工程项目了，已经探索了很多年了,但成效如何呢?我看了很多关于"垃圾分类"的经验总结文章,感觉写得特别好,面面俱到,条分缕析,各个群体都有参与,十八般武艺全都使上,各个社区单位都有任务,可谓是一篇非常全面但又把握不了重点的文章。从文章中也看不出工作的关键点,说是党建引领,但党建引领又写得不具体,好像没写出真做了什么事。到底哪些是"垃圾分类"取得成效的关键?什么是最最核心的力量?哪些是坑?看那些报告也看不出来。我试图通过四次沙龙论坛的感受谈谈我的观点。

首先,"垃圾分类"已经成为一个攻坚战,所以任何求速战速决或想毕其功于一役的想法都是不现实的。"垃圾分类"追求统一模式,使用一个模式,然后快速出成绩、出数字、出政绩,这种思路极为偏颇。沙龙上大家讲到,有的地方提出说垃圾分类上头这么重视,咱们也学习了别人的做法,我们的目标是所有社区和楼组一起搞,不用搞试点。一起干就会遇到一些问题,你不知道大家对这个事情的反弹会到什么程度,一个楼道有反弹,咱们还可以改。如果全部来反对你,那你很难再推下去,这个事就比较麻烦了。

其次,人云亦云,依赖别人经验也是不行的。人家那边经验说撤桶效果最好,我们这里也要撤桶,实际上也是不对的。

"垃圾分类"是个系统工程,每个社区的居民素质、物业收费、房屋条件等都不一样,这导致"垃圾分类"的难题存在很大差异。因此,"垃圾分类"工作应是非常精细化的工作。市里要求"一类型一办法,一小区一方案",提得特别精准,并没有把这件事情一刀切,没有说要统一模式,然后政绩思维,抓速度,抓数量这样去完成。"垃圾分类"必然是稳扎稳打、各方参与、精细化管理的一个阵地战,这是我对这项工作的一个定位。

这里面一个最最重要的关键词就是"精细化"。

第一是精细化要求个性化,你一定要去考虑这个社区的特点,怎样才能进行好的宣传,如果单纯讲垃圾分类就是好,环保就是好,其实是没有多大用处的。当天沙龙有两个好的点子:一是宣传口号要创新,不能说教,这个口号要让大家有压力感。美国加州大力倡导居民使用电风扇节能,它用的宣传词都是环保怎么怎么好,用电扇多么节能等,但这些没什么大用。后来就用了一句口号说

"77％的居民都是用电扇的"。所有人看到后就怕自己是剩下的少数人,这一下子就提高了大家用电风扇的习惯。对于"垃圾分类",如果宣传说90％的人已经实现了垃圾分类,那么没有做到的可能就感觉到很羞愧,有压力感。还有一个好的宣传方法是,在小区里设一个红黑榜。做得好的人就在上面表扬,有照片,做得不好的人在里面也有照片,在哪个地方,老是在哪个楼栋乱扔垃圾,大家就拍出来。然后就是给大家一个更好的警示教育。

第二是精细化的劝导方式。有的人一句话就让人家笑,有的人说一句话就让人家跳,劝导居民垃圾分类需要话术,所以要对垃圾分类志愿者进行培训。这是什么岗位? 我也是普通居民,是为大家服务的,这样一下子就拉近了距离,并且我也不领钱。"你今天没分,我帮你分掉,你看,明天我们再自己分可以吧?"这种语气是比较精准的,不能指责说你怎么不分类? 这么大人了,什么示范! 一种批评的语气一下子就会引起反感。沙龙认为,宣传最好从小朋友抓起,小手牵大手。小朋友形成意识,回家劝父母,父母肯定会听孩子的。

第三是精细化的操作方法。是不是要撤桶等都是非常精细化的事。有的地方可能就非常有效,有的地方可能还要加桶。所以到底撤桶有效还是加桶有效,这里面就需要一个比较精细化的考量。有些地方推出的像"八步法"等都是慢慢在实践过程中积累出来的经验。应该说,精细化贯穿于垃圾分类工作的全程。

在这次沙龙上,有一个业委会主任说了三句话,我觉得特别对,就是"必须搞、允许错、慢慢试"。这就是科学地解决"垃圾分类"问题的应有态度,如果居民都有这样的素质,那垃圾分类何愁不成。

第四是精细化的评估。有没有这样一个指数,在分析一个社区的要素后,比如楼层数、物业费交纳情况、居民年龄层次等,就能计算出这个地方"垃圾分类"推动的难度系数。这就需要专业的第三方机构的精细化积累了,周春的机构就做了这样的事。

"垃圾分类"如何从法律层面延伸到社区落地并且做成,关键是居民对这个事情参与与否。从社区治理创新的角度看,"垃圾分类"如何更有效,沙龙上大家都认为居民自己教育自己最有效,居民自己管理自己最有效,居民自己服务自己最有效。其实就是我们常讲的居委会的"三自"——自我管理、自我教育、自我服务,体现在"垃圾分类"工作上也是这样。

这种参与肯定不可能再是单一力量的参与,单靠所谓的"专业人员"是不可能的。垃圾分拣靠清洁员,监管处罚靠城管,这是不可能的。以前有些社区设了个"分拣员"岗位干这个事,就是让清洁员多个事兼个职。但清洁员一干,居民垃圾分类的积极性就没了,为啥?我交了这么多物业费,雇的就是你清洁员,你清洁员来做这个事情是应该的,所以他不分也不会有愧疚感。

> 如果想让更多居民参与,那么就必须把"垃圾分类"做成社区共治自治的事,让居民在"垃圾分类"的全过程中形成参与、形成共识、形成习惯。能不能落地的最关键的因素就是看自我管理、自我教育和自我服务做得好不好。

在宣传方面,很多地方就有居民组成的讲师团,通过读书会等来宣讲,宣讲垃圾分类的有益之处,宣传垃圾袋的危害。居民觉得不是组织在教育我们,只有亲切感,没有抵触感,所以居民自己宣传自己,自己教育自己是最有效的。居委会干部在那里说,你要垃圾分类,你要垃圾分类,你要垃圾分类!重要的话说三遍,有用吗?可能还不如邻居跟你说一句"我们都垃圾分类了,总书记都说垃圾分类是时尚了,你不要落伍了啊!一开始不习惯,习惯了就好了!"

在组建队伍方面,组建起居民自我管理、志愿服务的志愿者队伍最为关键,这种志愿者队伍参与劝导、参与宣传等更加有效。

在议事协商方面,要重视居民"小三会"建设。垃圾怎么分,到底是撤桶还是不撤桶,是不是要建集中性的垃圾房,还有到底是先从哪个楼栋开始试,到底怎么样的试点……这些事都应该交给老百姓自己去议。包括业委会也可以承担起这方面的职责来,推进垃圾分类的具体举措不是街道说了算,也不是居委会说了算,而是让大家自己去讨论出共识。这些东西都讨论好了之后,在推的时候,居民配合的积极性就会更强。

在创新性活动方面,要发挥居民的特长,发掘社区达人。有的居民擅长编篮子,就可以搞个编篮子小课程,编好的篮子用来激励学员。鼓励大家多用篮子上街买菜,减少塑料袋的使用。如果编得好看一点,那就会成为一种时尚。

> 总结一下,要把“垃圾分类”做成社区治理创新的项目,既要有自上而下的精细化的考量、推动、机制、评估,也要有自下而上的自我管理、自我教育、自我服务。既有社区的精细化管理,又有居民的自治参与,居民参与议事协商、宣传倡导、志愿服务、践行劝导等全过程,从而使更多人形成共识,最终形成行动自觉,这样《条例》才能真正地从法规层面落到社区。

◎ 垃圾分类,像爱卫运动一样推可以吗?

2018 年 6 月,我参加了静安区公益创投大赛,其中有两个项目是关于垃圾分类的:第一个项目是对垃圾分类进行科普宣传,进学校和进社区进行垃圾分类知识的普及;另一个项目是打通社区内的垃圾分类体系和社区外的运转体系,形成“绿站联盟”。

> 在上海,垃圾分类的社会创新项目非常多,近期看到不少案例,都比较有新意,有的是高档社区的垃圾分类,有的是社会组织推动的,有的是企业推动的。由此想到了一个国人耳熟能详的词——“爱国卫生运动”,爱国卫生运动和当前的垃圾分类有异曲同工之妙,都是涉及城市文明生活方式的倡导,都是影响千家万户,从某种程度上来讲都是群众运动,需要所有的家庭和所有的单位都能够支持。

我在这里要问一个问题:是不是垃圾分类工作只要像爱国卫生运动一样推就可以了呢?

爱国卫生运动始于 1952 年,当时的背景是美国对朝鲜和我国发动了细菌战争,在保家卫国的浪潮之中,我国推动了群众性卫生防疫运动的深入发展。人民群众把这项运动称之为"爱国卫生运动"。党中央肯定了这个名称,并确定推动这项工作。

到了 1978 年 4 月,国务院发出了《关于坚持开展爱国卫生运动的通知》。同年 8 月,在山东烟台还召开了全国爱卫运动现场经验交流会。在会上,一些城市做了交流,像现在耳熟能详的"门前三包"——卫生、秩序、绿化三包等做法就是在这次会上交流后,在全国推动的。

到了 1989 年,国务院发布了《关于加强爱国卫生工作的决定》。经过十几年的推广,"爱国卫生运动"从一项运动变成了一项工作。1990 年,国务院对全国455 个城市进行卫生大检查,并且开始了国家卫生城市的评比。到了 2015 年,国务院又印发了《关于进一步加强新时期爱国卫生工作的意见》。

"爱国卫生运动"和垃圾分类工作有三点明显相同:第一点,都是涉及千家万户老百姓和倡导文明生活方式的项目。第二点,都是行政动员和群众运动相结合,都需要老百姓的广泛积极的参与。第三点,在执行上是面向基层、面向社区、深入社区。

那么,"爱国卫生运动"的工作策略是不是也可以用在垃圾分类工作上面?

"爱国卫生运动"的发展脉络是这样的:第一步是轰轰烈烈地倡导,成为影响千家万户的一项群众运动。第二步是对这个运动的好的做法进行经验总结,召开工作交流会。第三步是正式下发行政文件,成为正式工作,列入政府规划。第四步是进行全国层面的评比,推出全国卫生城市的评选。第五步是出台法律。目前,国家层面的爱国卫生条例是没有的,但很多城市纷纷出台了《爱国卫生条例》,这个在网上是可以搜到很多的。

因此,是不是垃圾分类工作也适用于这五个步骤?是不是通过这五个步骤,垃圾分类工作也能够得到非常好的解决?

首先,分析一下垃圾分类工作目前到底处于一个什么样的阶段。我觉得总体上还处于"运动阶段",就是大力宣传和倡导阶段。客观情况的确如此,即使是在上海这样的大都市,垃圾分类工作也还处于社会创新阶段,在街道和居委层面进行尝试。其背后是社会组织、与垃圾分类相关的企业,以及一些社区志愿者团队在宣传、倡导、推动。有的城市特别积极,相关部门大力开展各种各样的宣传活动、主题推广活动以及国际研讨会。比如,青岛去年就和日本的京都联合召开了生活垃圾分类减量交流研讨会。上海自 2012 年就开始将生活垃圾分类减量工作列为市政府实事工程项目,到现在已经推了六年,而且对这项工作越来越重视。

但是从总体上来讲,从全国范围来看,垃圾分类工作仍然处于运动和倡导的阶段,还没有进入到第二个阶段。即使有一些城市、有的区、有的街道社区召开过相应的总结交流会,但是目前来讲,没有特别成功的工作经验,仅有的成绩都局限在某个单项工作上面,如垃圾分类志愿者工作做得挺好,垃圾分类的技术取得了突破,垃圾分类的某个环节很有效率等,但总体上没有一个面积特别大的地区全面成功的例子。

当前,"爱国卫生运动"和垃圾分类减量工作所处的历史方位已经不一样,必然会有不同的策略。以前国家财力不允许有很大投入,卫生设施的建设和卫生防疫的政策想要惠及到更大人群都是要有一个相当漫长的过程。等到今天财力物力充足了,才会有越来越好的卫生服务。

但当下的垃圾分类工作的时代背景大不一样。垃圾分类工作日益成为城市顽症,很多城市憋着一股劲要把这个事做成,所以在这方面的投入是巨大的。同时,今天的技术手段已经很丰富,发展得也快。以往的人海战术和群众动员的做法在今天已经不合时宜了。所以,运动式推动至少在垃圾分类工作的推动上是不合时宜的。而轰轰烈烈地搞像卫生城市这样的评比也未必适合垃圾分类工作,因为垃圾分类这项工作毕竟是一个非常小的项目,称不上大体系。

关于垃圾分类工作的推动,我有如下几个认识:

第一,肯定是个持久战。"爱国卫生运动"已经 60 多年了,到今天还在推进新形势下的"爱国卫生运动",工作内涵、工作标准、工作水平都在不断提升。垃圾分类工作也是这样,是一项涉及千家万户,涉及方方面面的工作,要在全国推动这项工作肯定是一个持久战。在一个具体的城市,速度可能会快一点,但也需要广泛的宣传和深入到千家万户的动员,以及多样的政策手段、多样的激励方式等,有一个比较长的过程。所以,不能运动式地推动,而是要打一个稳扎稳打的持久战。上周的静安社创大赛上,上海爱芬环保社区发展中心提交的社区调研也说明了这一情况。他们对静安区共和新路街道推进这项工作的成效进行了调研。即使共和新路已经连续推了好多年,垃圾分类工作还是存在不少问题:垃圾分类的深度不够,虽然大家已经形成了干湿分类的习惯,但是还没有开展干湿分类之外的其他的专项回收;还有,社区宣传动员难度也比较大,没法有效地凝聚志愿者的力量;有的社区干湿分类效果还很差,分类工作还是主要依赖保洁员来开展等。

第二,更是群众运动。就像爱国卫生运动一样,垃圾分类是一场轰轰烈烈的群众运动,是一项影响千家万户居民的运动,需要大家共同参与和支持,需要社区单位、社区企业、社会组织等专业机构的共同推动。但是,垃圾分类也不同于"爱国卫生运动",其必须与专业机构实现更好的对接。如果老百姓动员得好,分得很好,但是到后面的运输环节出了问题,那么就一下子回到了从前,垃圾分类是没有任何效果的。推动垃圾分类工作更应是一个长期机制,对群众也需要一个长期的影响过程,可以通过招募社区志愿者并对其进行激励,通过"小手拉大手"等对孩子进行教育从而影响家庭等各种途径实现垃圾分类工作的深入人心。

第三,也是一个技术活。垃圾分类有一条非常长的链条,需要各个主体的密切配合,是城市管理的重要内容。从家庭的垃圾箱、垃圾袋到社区的垃圾房、中转站,再到垃圾车,最后到垃圾处理企业分类处理,这是一套完整的城市管理的网络和流程。同时,也是社区治理的一个专业体系,需要社区动员,市容环卫部门的专业指导,社会组织的创新参与,志愿者骨干的动员,还有相关企业在垃圾分类这一块的技术创新。

建筑垃圾怎么处理? 建筑垃圾体量大、物流成本高,如果在城市就近直接处理,那么建筑垃圾可以直接成为建筑材料,用在就近的城市建设之中,这样就节省了大量的成本。这样的技术就是技术创新,有一些企业就在做这样的事。还有的创业企业在对二手电器、旧衣服等进行专业回收,开发出可以摆在社区的一些回收机器等,这都是很好的技术创新。说它是个技术活,不仅仅是针对这些企业说的,对于社会组织而言,对于一线的社区工作者而言,我们也应该把它当成一个体现专业技术性的社区治理工作来对待,而不应该用以前那种大呼隆式的、运动式的群众动员手段来推进了。

第四,最终要靠法治,要靠非常严格的执法。有一次我和一个街道的领导交流,他在韩国做过一年的访问学者,对韩国的垃圾分类深有体会,他觉得韩国的垃圾分类做得特别好。最重要的一点是一定要严格执法,处罚严厉。如果没有这一点,其实很难影响到千家万户的居民去自觉形成垃圾分类习惯的。

正如现在的酒后驾车,因为执法严格,才使酒后驾车现象基本杜绝。在韩国,如果你没有遵守分类的做法,每次违反将会被处罚 100 万韩元,折合人民币6200 块钱。有个留学生把旧衣服夹在生活垃圾里,没有分类出来,结果就被罚了 1000 万韩元。执法人员会通过你扔出来的垃圾寻找出个人信息进行处罚,即使没有个人信息,他们也会通过摄像头翻查。在韩国,如果你开车的时候往外扔垃圾,一旦被监控到或者被后面行驶的车的行车记录仪拍到而被检举,将会被重罚。所以有了这么重的处罚就导致没人敢违反,久而久之就会成为习惯。

像垃圾分类这个事情,无论是运动倡导,还是大家的说服及宣传等手段,其实都是辅助性的手段,法治约束应该是最关键的手段,这一点我们在城市治理的很多方面都能够有所感受。

> 最后总结一下,垃圾分类工作和"爱国卫生运动"异曲同工,垃圾分类工作仍然处于运动阶段,即第一个阶段。推进垃圾分类工作是一个持久战,是群众运动,是一个技术活,更要靠法律。

第三节 社区环境整治

◎ 社区里的菜园情结

"环保先锋"公益组织的创始人马保虎谈到了他的"瓶子菜园"项目:利用那

些要被扔掉的色拉油大瓶子,挖空,填土,然后摆在架子上,放在地上,就变成了天然可移动的种菜的土壤。他推广"瓶子菜园"这个项目已经推了三年多了,已经在上海,甚至在全国都有了一定名气。松江有个小区,"瓶子菜园"面积大,成了社区的一景,吸引了居民的积极参与。上海很多社区,以及苏州、南京等地的很多参访团都去这边参访过。

由此引出了一个很有意思的现象,就是"社区里的菜园情节"。

以前,也就是十几年前,在社区里种菜还是农村残留下来的不文明习俗,是农村生活方式在向城市生活方式转变的过程中,城市社区管理必须克服的难题。当时,社区干部一听到"毁绿种菜"头就大。在很多社区,尤其是一些城郊结合部社区,居民搬来前都是动迁农民,生活习惯一时还真转不过来,毁绿种菜是非常普遍的现象。提起毁绿种菜这件事,社区工作者都是哭笑不得,有苦说不出。杜绝毁绿种菜是当时的文明小区创建的重要标准,是一个刚性的条件,社区工作者不得不面对。

三十年河东三十年河西,没用三十年,仅十几年之后,社区的菜园已经成为一个非常时髦的社会创新项目。这个项目也是一个非常好的社区各方都能够参与的好项目,大家都乐意参与推动。所需的资金量不是很大,容易发动居民,活动也容易组织,居民可以把本来就要扔掉的瓶子捐出来,也可以捐菜籽和工具,有钱出钱,有力出力。企业也方便参与,可以认养一块瓶子菜园,单位职工在中午时间来照顾照顾,既是企业团建内容,也是企业社会责任,这些菜收获之后就可以给社区的孤老送过去。对于社区居民来说,可以带着孩子来菜园浇水侍弄,在照料的过程中可以教给孩子这是什么菜,那是什么菜,这是很好的自然教育。

所以,这个项目就成了一个各方都愿意参与,各方都方便参与的一个社区自治项目。这个项目在上海的闵行、浦东发起,并被越来越多的社区所接受,全市几十个社区都在推进,在全国也有了一定的影响力。作为在钢筋水泥丛林里工作生活的一代人,我们对绿色和自然有着天然的向往。

有一次和同济大学的刘悦来老师在他的"都市农园"里聊了一个下午,主要聊他的"四叶草堂都市农园"项目。这个项目在五角场大学路那边,属于知名的

"创智天地"商业板块。在一个繁华的都市商住创业街区中,有一块地被拿出来做了一个"创智农园"。

我参观了这个农园,感触颇多,这个农园保持了原生态的面貌,有一些草刻意不去修剪,昆虫可以自然生长,不打农药,里面种的土豆、番茄等也不施化肥,那一天,我们还吃了自然成长出来的土豆,味道好极了。刘悦来提起了我们在城市之中不可能闻到的一种味道,就是牛粪的味道。他说,当时在农村大家都要积肥,小孩子就要去捡牛粪,倒在粪坑里面发酵,用来做肥料。小的时候,捡牛粪并不会嫌脏,直接就用手把抓起来。拾完了牛粪,用土把手抹一抹,就行了。闻一下手,觉得那是一种特别香的味道。

他说,对于今天的城里人来讲,牛粪的味道是不可思议的。大家都说,一朵鲜花插在牛粪上,觉得牛粪是非常臭的东西,意识不到这恰是自然的气息,我们再也没有机会去感受这种自然气息了。刘悦来老师对于这种自然的气息是有情结的,在城市居住已久的我们对这种自然气息都是有情节的。

可能大家会说,自然气息,城市并不缺啊,社区里有绿化和草坪,公园里有绿地,这些都可以感受到自然的气息啊。但是,为什么我们对都市里的菜园却更愿倾心呢?

> 对社区中的绿地和绿化,以及公园里的绿树和草坪,我们只是被动地接受,不可能参与规划,参与种植。社区里的草坪你也不能够随意拔掉,然后去种自己中意的树或花。还有一个原因是这些人工修理的、整齐划一的草坪和绿地并不是自然最好的安排,很多人并不喜欢这种人工堆砌的东西。

一位武汉的公益同仁把微信名改成了"坚决抵制人工草坪"。我们所见的那些绿得让人炫目、平坦得像毯子一样的人工草坪无一不是高能耗、高污染、高投入的奢华风景。这也是为什么高尔夫球场所到之处,整个生态系统就被破坏,奢华的草皮造就了高尔夫运动以及所谓的"奢华运动"的定位。作为都市社区人,我们都渴望有这么一个空间,可以让我们可以随自己的心意种东西,让我们可以看着这些植物自然地成长,如果能够形成一个较为完整的生态小系统的话,那就更好了。可以任由杂草生长,可以任由昆虫繁衍,而不去干涉的自然。

刘悦来老师在五角场的"创智农园"真有那么一点"都市桃花源"的感觉了。刘悦来还讲到了"都市农园"的升级之路:

1.0 阶段就是所有农园所需的仪器、种子、盆盆罐罐、工具等都是自己买来,工作人员种好,守好,看着它长成为都市的一个小菜园。

到后来升级为 2.0,积极鼓励居民参与进来。鼓励小朋友参与"都市农园体验营"活动,在这里观察植物;鼓励居民把家里的花盆、种子、工具,以及不用的物品等拿来这里共享,或者捐给这里,这种大家共治、多元参与的模式就是 2.0 模式。

3.0 模式呢?通过参与,慢慢形成了社群,这个园子就成了大家的,由社群自己来管理。在干活和管理的过程中就会有了骨干,形成了自组织。这样一个农园不仅仅是大家在投入人力物力,有一些项目可以收费,有些产品也可以卖,外面的参访还可以收点费,这些钱就成为了"都市农园自治金",从而这个项目就可以持续地发展了。当这个项目的资金来源和社群运营达到更为成熟的阶段时,就已经到了 3.0 阶段了。

除了"环保先锋"公益组织、刘悦来老师的"都市农园"项目等,做此类项目的社会组织、居委会、群众文化团队等越来越多,一些志愿者组织也在做。都市里的社区菜园已经成为一个非常好的社区项目,在如火如荼的实践之中不断地成长。

在未来的发展之中,我觉得有三个方面的现象:

第一就是产品化。有一个项目叫"一平方米"菜园,可以摆在家里的阳台上,在一平方米的空间里种种菜,菜可以有不同的品种,高的可以种茄子、西红柿,低的可以种葱、青菜。我还去参观过这样的农场,一个企业做的。一些公益组织也在不断开发创新产品,有一个项目叫"蚯蚓堆肥塔"。刘悦来也在推动这个项目,做一个箱子,有土,里面有不少蚯蚓。居民出去遛狗的时候,狗粪便可以扔在堆肥塔里面,蚯蚓会来处理,一周之后就可以降解了,而且不会有臭味。降解之后就是天然的肥料,可以直接用于社区菜园的堆肥。产品化之后,这个项目就可以标准化，做这个项目大约需要什么工具以及需要多少费用就可以计算出来。就像企业推出的"一平方米菜园"，一个箱子大约多少钱？可以有多少品种的菜？这样就方便居民去购买和种植了。

第二就是项目创新。在社区菜园的基础上会催生很多其他创新。这种创新可以是参与者项目，比如做一个体验营，让社区的小朋友来体验种菜；也可以做后端创新，种的菜在成熟后办一个社区冷餐会，或者搞一个公益活动——爱心送孤老，把这些爱心菜送给孤老或者送给敬老院，再到敬老院表演节目，这些都是拓展出来的创新项目。

第三就是做教育，就是自然教育。社区菜园天然是家门口的学农基地。菜园如果有点规模，物种够丰富，那么就能够更真实地体现社区的小生态，就像刘悦来老师所推动的"创智农园"，不仅仅有菜，还有树和花，陆生的和水生的植物都有，还有昆虫等动物，还有水循环，还有土壤知识，这就真正成为了家门口的"自然教育学堂"。再加上公益组织的推动和社区自治项目的创新，居民是愿意带孩子来这里玩一玩的，让孩子在玩中学到知识，亲近自然。对于中老年人来讲，在这里也有了亲近自然的机会，能够感受到久违的一些自然的味道。

◎ 租房、菜场、活动室运营的共同点

之前和专门做租房的青客公寓的一个高管聊天，他曾到美国考察美国的租房市场。美国人一生中会搬很多次家，有人做过统计，美国人一生要搬七八次家，最多的要搬十几二十次家，那么他们为什么能够如此方便地搬家呢？

青客公寓的朋友说，美国搬家搬得方便是因为美国租房服务这个产业非常专业，美国人搬家不像中国这样复杂，进去之后要搬电视、买床，还要把老家具处理掉等，非常麻烦，所以大家能不搬家尽量不搬家，搬一次家会折腾掉一层皮，但是在美国，租户基本上只要带个包就可以入住了。

美国为什么能够做到这一点？因为租房这个行业，美国已经做得非常专业了，实现了流程化管理。一些具体问题方面，像家具、电器等都是标配，由租房公司来操作的，客户只要把一些特殊的需求提交给租房公司，他们就一手代办了。

> 美国的租房服务也是从竞争之中不断得到提升的。以往,美国的租房公司特别多,而今天比较大的租房公司只有三家。这三家公司掌控了绝大多数的房源,且产品已流程化和标准化了,租房的整个服务可以保持在非常高的水准之上,从而使搬家变得更加便利。其实,日本的情况也类似。日本最大的租房公司——伊本也是用流程化的管理使搬家越来越方便。

而在中国,大家都知道租房市场是比较混乱的,只要找到社区的门面弄到两个电话就可以开个中介租房了。这种模式遇到了越来越多的挑战,中国也在走像美国和日本那样的道路,变得越来越专业化、标准化、流程化。在这样激烈竞争的背后,公寓租赁这个行业也会有几家大公司来垄断,这是一种事实上的垄断,一些前沿的租房的专业服务机构已经开始探索流程的全互联网化了。

在软件方面,比如要看房,一些新的技术像 VR 技术、在线直播等都开始应用,签约和支付也都实现了网上办理。签约时可以把合同通过网络传给对方,对方可以在手机 APP 端直接修改,改完之后再传回来,由专业公司确认并经双方都确认之后,在网上直接就完成了签约,现在网上支付已经很方便,付租金也很方便,所以看房租房就变得很方便。

租房公司还会提供标准化的装修,所以这个房子和那个房子都差不多,租客只要去看地段,或者用看房的软件看一看,而不一定到现场,接下来的签约和支付都可以在网上,这就节约了人们很多的时间,这就是未来的一种租房模式。这种租房模式实现了人口的数据化管理。对政府整治群租,以及对实有人口的管理都是有好处的,所以这样大的专业性的企业,政府也是非常支持的。

接下来我们聊一聊菜场,我参观了陆家嘴地区的一个菜场,这个菜场一直在向新加坡邻里中心学习,底楼是一个非常漂亮的菜场,干净整洁。二楼是一个被称为"生活教时"的地方,生活教时的"时"是时间的"时",提供理发、健身、英语教育、厨艺学习等社区服务,实际上是很多网红店的集合,因为这些网红店开在了二楼,自带流量,是一个非常时尚的、非常适合年轻人去的一个地方。

一楼的菜场非常干净,品牌名称是"万有集市",意味着一万个都有的集市,既有非常时尚的面包店，还有一些鲜果店、鲜花店等，当然它的核心就是菜市场，菜市场里面的菜整理得都非常好，有很多品牌供应商入驻其中。万有集市是由几个青联委员创办的，大都是 80 后的年轻人，而这批年轻人为什么盯住了菜市场去经营呢？

大家都看到了这一领域无比广阔的空间。菜市场最早是为了解决闲散就业而把社区的一块公共商业拿出来，同时为了服务周边的老百姓，所以里面的摊贩都是散的，没有规划的，你来卖什么东西，只要交了场地费就可以卖，那时大家对于环境要求也不是特别高，所以传统的菜市场都是脏乱差，污水横流，难以插脚。

这两年，上海市政府推动菜市场标准化改建之后，菜市场变得整洁了起来，外观也越来越漂亮，但是实质内容却没有变。后来，上海蔬菜集团与永辉合作推出了升级版的菜市场叫上蔬永辉菜场，实现了统一付款模式，通过蔬菜的电子标签，可以追溯蔬菜的产地，这就有点像超市了，但是样子还是菜市场的样子。

我想再朝后发展，就会变成像万有集市那样的由一批年轻创业者推动的菜市场模式，这种菜市场模式所主导的是一种生活方式，运作更加专业，把菜市场当成一个品牌去打造，这又是一个新的发展。

最后我们来聊一聊社区空间的运行，比如非常公益性的一些空间，像居委会的活动室、社区文化广场、文化中心等场地。很多领导对这一块的运作已经很不满意，为什么呢？

因为这一块已经遭遇到了三个方面的问题，同时也是难以解决的问题。

第一个问题是投入大，大量空间的运维，人力的投入，资金的投入都是非常大的。第二个问题是碎片化，这些场地有的是归街道管，有的是归区里的一些部门管，有的是归居委会管，而且都非常地分散，所以把这些场地整合起来也是非常难的。第三个问题是需求杂，因为它背后所反映的是老百姓对这一块的很大的诉求，有的是广场舞大妈必须要占领的场地，有的是一些残疾人的场地等，各种需求是非常杂的。

对于这样的一些空间的运营，政府现在的思路已经非常开放了，因为如果再按照这种分散管理和资源碎片化的方法去运营，则必将导致供给低效，以及服务效能跟不上，而这些问题都很难解决。有一个领导曾说，一个街道有一个文化中心,每个文化中心都要办一场社区纳凉晚会,每个街道预算是 10 万,而假如区里对文化中心这个项目进行统筹的话,由一个机构来巡演,同样是演 12 场,12 个街道的话成本可能就从分散到各个街道分别去演的 120 万减少到巡演的 50 万。

碎片化导致好多东西都没办法节约,比如搭纳凉晚会的背景板,节目的导演、演员等,这些其实都是可以通过批量采购而降低成本的,这就是运营的意义。今天越来越多的政府领导会对这样分散的碎片化的公共空间管理提出更高的要求。

前面我讲了三个方面的内容,一是租房,租房这个事是纯市场化的运营。二是菜市场,菜市场是公共性的空间。三是公益性的空间。最初像租房这样纯市场的空间运营,因为有利可图,所以很多专业运营机构在此深耕,通过多年的发展成为非常专业的租房运营商。菜市场虽然是一个公共性的服务空间,但是经过这么多年的发展,其也是从碎片化与散乱的状态慢慢地向标准化的产品、集团化的管理运营、品牌化的运营方向在发展。

而反观公益性空间,通过前两个方面的发展趋势,我们也会看到这样的发展方向,即必然会有一个或几个专业的运营机构产生,而途径就是标准化、流程化、规模化、品牌化,只有这样,空间才能让更多人受益,可以让更多人参与,空间的活力才能更好地显现,尤其是在上海这样寸土寸金的大都市,这一发展的趋势会更有意义。

后　记

　　闫老师叫我写一篇感想,谈谈关于看完整个书稿的最大感受是什么。我想说:社区营造将是一片"蓝海"!正因为有闫老师这样的开创者、实践者、倡导者,才能不断推动社区营造向前推进。

　　作为一名还在复旦大学读博的学生,目前的研究方向是政府购买服务这一块,虽然也时常去社区走访调研,但是仍然对社区治理停留在浅层次的理解上,所思所言往往难以符合实践需求,更别提能够推动实践发展。我们的学术研究往往滞后于实践,抑或只是实践的观察者而非探索者和推动者。

　　虽然在 2017 年夏,我曾以厦门大学的学生代表身份参访台湾地区,还特意参访了台湾桃源社区,这是社区居民共同参与营造的示范性社区,但是后来并未投入于此,也就没了后续。2019 年 5 月底,一个非常偶然的机会,有幸遇见闫老师,从此为我的研究打开了一扇大门!原来社区营造有这么多门道!原来闫老师所从事的领域是这么具有建设性意义!我要好好思考未来的研究方向了!

　　虽然自己在社区营造或社区治理领域还是一个初学者而已,甚至尚未入门,但是闫老师在《社会创新者说》上的文章确实给予我很大的震撼!

　　基本上每一篇短文均源于闫老师所接触到、参与到的实践而写成!当通读完此书之时,我最大的感受是社区营造绝对是一片"蓝海",当前城市化进程速度仍然在加快,越来越多的人生活在城市、居住在社区,当这些社区越来越不再符合"美学"的想象,如小区的共有财产日渐变得破旧、荒废,依靠任何单一的力量均难以有效地解决社区治理难题,无论是居委会、居民还是社会组织,我想必须走向社会力量联合，当然这种联合也并非基层政府单一向社会组织委托，也绝非靠某一社会组织凭借其"公益情怀"扎根于某个社区就能解决，而是能够以专业化的社区运营机构，把社区居民的服务需求进行有效整合，构建一个实体化和专业化的社区邻里中心，有专门的运营机构将各个领域的服务的最佳供应商集合起来，真正意义上地让居民能够选购最佳的社区服务，我觉得这一天将很快到来。因为在十几年前，我们还没有网上购物，还没有智能化家居，但是如今这一切都变为现实了。

　　刚开始整理之时，整个书稿的篇幅多达 47 万字！为了更好地呈现一部系统性和实践性的社区治理创新指南，我在帮忙整理的过程中对字数进行了一定的删减，并对口语化、日期等方面的论述进行了简单的调整，因为这不是一部学术性著作，不能按照我以往的编写经验予以理论化和学术化，这肯定也不是社邻家和闫老师共同编写此书的本意，我想这也更多是面向社区工作者，让更多的实践者看完此书后能有所收获，有所感悟，并将各种治理经验和工具用于指导实践，进而真正地推动中国社区治理创新，营造"生活美学"，让我们共同诗意地栖居于社区之中。

本书编撰志愿者、复旦大学国务学院博士研究生黄六招

2019 年 7 月 30 日

图书在版编目(CIP)数据

社区治理方法论. 社会创新者说/闫加伟著. —上海：上海三联书店，2019.8(2024.8 重印)

ISBN 978 - 7 - 5426 - 6743 - 4

Ⅰ.①社…　Ⅱ.①闫…　Ⅲ.①社区管理－研究－中国　Ⅳ.①D669.3

中国版本图书馆 CIP 数据核字(2019)第 157098 号

社区治理方法论——社会创新者说

著　　者 / 闫加伟

责任编辑 / 姚望星
装帧设计 / 葛晓婵
监　　制 / 姚　军
责任校对 / 张大伟

出版发行 / 上海三联书店

　　　　　　(200041)中国上海市静安区威海路 755 号 30 楼
邮　　箱 / sdxsanlian@sina.com
联系电话 / 编辑部：021 - 22895517
　　　　　　发行部：021 - 22895559
印　　刷 / 上海惠敦印务科技有限公司

版　　次 / 2019 年 8 月第 1 版
印　　次 / 2024 年 8 月第 6 次印刷
开　　本 / 710mm×1000mm　1/16
字　　数 / 420 千字
印　　张 / 21.25
书　　号 / ISBN 978 - 7 - 5426 - 6743 - 4/D・427
定　　价 / 88.00 元

敬启读者，如发现本书有印装质量问题，请与印刷厂联系 021 - 63779028